全球化背景下
两岸直接投资法律制度研究

Studies on the Legal System of
Cross-Straits Direct Investment under Globalization

吴　智◎著

中国检察出版社

教育部人文社科规划项目：两岸投资关系的法律问题研究（项目编号：11YJA820084）研究成果

湖南省高校哲学社会科学重点研究基地：WTO法律研究中心研究成果

本研究成果受湖南省重点学科建设项目资助

序

　　两岸投资问题一直是两岸经贸关系发展的重要方面。目前，两岸投资已由单向投资阶段进入双向投资阶段，尤其是《海峡两岸经济合作框架协议》（ECFA）签署之后，奠定了两岸投资发展的重要法律基础。按照 ECFA 的安排，ECFA 之后海协会和海基会（以下简称"两会"）继续针对两岸投资保障协议的问题进行了多次协商。然而，在两岸经贸关系发展进程中，两岸投资关系的发展长期以来滞后于两岸贸易的发展，表现出两岸投资问题在两岸经贸关系中更具有敏感性与复杂性，这在某种程度上也导致"两会"对两岸投资协议磋商没有取得预期的进展。

　　当今世界，各国外资法，经过近二十年来的修改，持续朝着对外资的管制更加宽松、对外资的限制更加减少的方向发展。在全球化背景下，国际投资规则已经呈现出一体化发展趋势，两岸投资关系未来的发展也应该"顺势而为"。然而，综观两岸投资现有法律框架，一方面，陆资赴台投资依然受限严重且无法得到有效法律保护，而台商投资大陆所受法律保护也有台商嫌不足；另一方面，两岸投资者对于未来两岸投资关系的发展期待良多。针对两岸投资关系的发展，过去学界可能基于政治敏感性而未曾投入应有的关注与重视。随着台湾方面有限开放陆资入台投资和 ECFA 的签署，对两岸投资法律制度的研究以及对未来两岸投资关系问题的探讨，应该提到应有的日程上来，以期为两岸投资发展所需要的持续、稳定、

---

[*]　武汉大学国际法研究所所长、教育部"长江学者"奖励计划特聘教授、中国法学会欧盟法研究会会长、中国国际经济法学会副会长，武汉大学法学院、澳门大学法学院前任院长。

可预期的法律体制提供全面、系统的理论支撑和指导。

令人欣喜的是，吴智博士早在六年前即开始关注全球化背景下两岸投资发展中的法律制度问题。经过多年针对两岸直接投资法律制度的不懈研究，取得了较好的前期研究成果。此次呈现在读者面前的这本著作，即为他多年潜心学习与研究的成果展示。全书共分为六个部分。

第一章论述了全球化背景下国际投资法律制度晚近发展情况，作者在该部分结合相关的国际投资争端案例，围绕着涵盖国际投资协议（IIAs）中的国际投资保护和投资自由化规则的核心问题进行了论证，指出了晚近 IIAs 发展中，强调投资保护的核心特征依然没有改变，而新一代 IIAs 已呈现出推动国际投资自由化的趋势。

第二章围绕着两岸在其投资协定下的投资保护与自由化义务进行了论述。该部分首先对中国大陆的国际投资保护与自由化义务进行了分析，指出在全球化背景下，中国大陆对于投资保护和自由化义务所坚持的基本原则和标准已经发生变化。接着，作者首次对台湾地区在 WTO 中承担的国际投资保护与自由化义务的基本内容以及台湾签署双边投资协定（BITs）和 FTAs 的努力与现状进行了阐述，并对台湾在其 BITs 和 FTAs 中承担的投资保护与自由化义务进行了较为全面的分析，以期对后续探讨两岸双向投资法律框架提供理论支撑与现实参考。

第三章是中国大陆关于两岸直接投资的法律制度的讨论。通过分析，作者既肯定了中国大陆已经建立了较为完善的保护台商权益的法律体系，也指出了大陆在台商投资权益保障方面仍然存在的问题；通过研究大陆方面调整陆资赴台投资的法规现状，指出了现行调整大陆企业赴台投资的法规过于原则性和宣示性，且缺乏保护陆资赴台直接投资的具体法律制度。

为了比较台湾地区长期以来在对待外资与大陆资本赴台投资、台商海外投资与投资大陆的差别待遇，作者在第四章针对台湾地区外资法与海外投资法律制度进行了探讨。通过分析可知，一方面，台湾地区自 20 世纪 50 年代初期即开始实施吸引华侨和外国人投资台湾的政策，并为此建立了相对完善的法律制度；另一方面，台湾当局也适时地出台了促进和鼓励台商海外投资的法律，并初步建立了保护台商海外投资的海外投资保证制度。

作者在第五章不但从 WTO 法的视角全面、深入地分析了民进党执政时期的台湾地区限制两岸直接投资的政策与法律制度，也对马英九执政的台湾当局就两岸双向直接投资法律制度的调整进行了探讨，肯定了台湾地区进一步放宽台商投资大陆和有限度开放陆资入台直接投资的积极意义，也指出了目前台湾地区在开放两岸直接投资方面依然过于谨慎，甚至在很多方面仍然停滞不前。特别是对于开放陆资入台直接投资，与台湾地区目前对外国人和华侨投资的开放程度相比较，仍有不小的差距。

第六章是构建适应全球化发展的两岸直接投资法律体制的论述。在本章，首先对在全球化背景下各自的两岸直接投资法律制度应如何调整进行了探讨。指出台湾地区应该顺应全球化和区域贸易安排下国际投资规则发展的历史潮流，全面遵守 WTO 规则及台湾地区"入世"承诺，公正、平等地对待两岸直接投资。中国大陆则应该进一步完善台商权益保护机制，出台具体的促进和鼓励陆资赴台直接投资的法律，并建立保护陆资赴台直接投资的法律制度。其次，对构建两岸直接投资法律框架的基本原则、形式和路径进行了探讨，并且针对全球化背景下构建两岸直接投资法律框架的实体问题程序问题进行了较为全面、深入的论证，并有针对性地提出了作者的合理化建议。

可以肯定的是，该书是迄今首部全面、系统地探讨两岸直接投资法律制度的专著。我希望该著作能引起致力于海峡两岸关系事务，尤其是经贸关系的部门、学界和实务界的高度重视。笔者曾有幸在吴智先生攻读博士学位期间担任其博导师，现应邀略志如上片语，是为序。

目　　录

引　言

一、全球化与国际投资规则的一体化趋势

当今，全球化早已成为世界的主要趋势，全球化在经济上的表现形式远远超出了传统国际范围的相互依赖。在全球化的大背景下，现代国际社会的相互依赖呈立体和交叉的态势。这种依赖关系的表现形式是国家政府和企业、企业和企业、企业和个人以及国家政府和个人之间的高频率、大幅度的经济交易和交往，[①] 甚至，各国经济上高程度相互依赖是全球化的特征之一。[②]

全球化的进程伴随着"法律全球化"的发展。如美国法学家 A. C. Aman 教授认为"'全球化'是指一种复杂、动态的法律和社会过程。它们可能来自创造商品、资本或劳动市场，不受任何国家控制的经济或政治势力。同样，全球化过程可以是诸如臭氧枯竭、地球变暖、生物多样化削弱等造成超越国境问题的结果。这些超国家的力量和问题产生了超国家的法律和全球化的立法"。[③] 美国加州大学法学教授 M. Shapiro 则更是指出，"法律全球化"是指某个国家或地区通行的法律制度，随着全球经济的发展、通讯手段的进步、各国之间交流的日益频繁、人们法制观念的变迁，而逐渐为全球普遍

---

① 王贵国:《全球化格局下的两岸经贸安排》，载王贵国主编:《两岸四地经贸安排研究》，北京大学出版社 2006 年版，第 1 页。

② 王贵国:《经济全球化与全球法治化》，载《中国法学》2008 年第 1 期。

③ A. C. Aman, Jr., *Introduction*, Indian Journal of Global Legal Studies, Vol. 1, No. 1, 1993. p. 1.

接受的现象和过程。① 英国伦敦经济学院法学教授 G. Teubner 认为，"法律的全球化在公民社会的各个部门创建了大量无中心的、独立于国家之外的立法过程"。② 我国著名国际经济法学专家王贵国教授认为，"'法律全球化'是指全球范围内的法律理论、法律价值观、法律制度、执法标准与原则的趋同化"。③ 国内也有学者指出，"法律全球化"即全球范围内法律的趋同化④和一体化。⑤ 可见，尽管不同学者对于"法律全球化"的理解并不完全一致，但是在全球化背景下，"法律全球化"已经成为不以人的意志为转移的历史趋势。⑥

对于"法律全球化"产生的背景，西方一些研究报告认为，主要涉及以下方面：变化中的生产方式；金融市场的连接；跨国公司日益增长的重要性；国际贸易日益增长的重要性和地区贸易集团的增加；结构改革和私有化；经济关系中新自由主义概念的主导地位；对民主化、人权保护以及"法治"的复兴以及推动人权和民主的超国家、泛国家人物的出现；等等。⑦ 有的学者则更加明了地

① See M. Shapiro, *The Globalization of Law*, Indian Journal of Global Legal Studies, Vol. 1, No. 1, 1993, p. 37.

② See G. Teubner, *Global Law without a State*, Dartmouth, Foreword, 1996, p. viii.

③ 王贵国：《经济全球化与中国法制兴革的取向》，载《国际经济法论丛》第 3 卷（2000 年），第 3 页。

④ 李双元主编：《市场经济与当代国际私法趋同化问题研究》，武汉大学出版社 1994 年版，第 3 页。

⑤ 车丕照：《法律全球化——是现实？还是幻想？》，载《国际经济法论丛》第 4 卷（2001 年），第 30—41 页。

⑥ 李巍：《"法律全球化"是不以人意志为转移的历史趋势》，载《国际经济法论丛》第 4 卷（2001 年），第 26—29 页；车丕照：《法律全球化——是现实？还是幻想？》，载《国际经济法论丛》第 4 卷（2001 年），第 30 页。

⑦ See D. Trubek, Yves Dezalay, Ruth Buchanan, John R. Davis, *Global Restructuring and the law: Studies of the Internationalization of Legal Field and the Creation of Transnational Arenas*, Case Westerm Reserve law Review, 1993, pp. 409 – 410.

指出，"法律全球化"的背景与动力是经济一体化，其实现途径是通过多边条约使国际社会的规范进入国家社会的范畴。①

总之，"法律全球化"的产生不但与全球化背景密切相关，而且"在高度全球化的世界里，内国法与国际法的分界线正在淡化，经由条约（如双边投资条约，BITs）和国际组织（如 WTO）的国际标准正在稳定和持续地进入主权国家的法律体制当中"。②

在国际投资法领域，在发展中国家寻求国家经济主权独立的过程中，发达国家在国际法层面上早已着手通过推动各种形式的国际协议来构建保护国际投资的法律机制。③ 迄今为止，不但在全球范围内建立了双边性的（如 BITs）、区域性或地区性的（如 WTO 框架下的区域贸易协定，RTAs）和多边性国际投资协议（IIAs）的国际投资协定网络，且 IIAs 缔结的数量还在持续增长。④ 这些 IIAs 构成了推动东道国修订其外国直接投资规则的外在压力，因为对于发展中国家而言，总体上是勉强（reluctant）将其外国直接投资（FDI）政策和投资框架，特别是有关 FDI 的保护和待遇受限于多边协议。⑤ 但是，无法否认的是，近二十年来，各国对外资法的修

---

① 王贵国：《经济全球化与中国法制兴革的取向》，载《国际经济法论丛》第 3 卷（2000 年），第 3 页。

② See Guiguo Wang, *China's Practice in International Investment Law: From Participation to Leadership in the World Economy*, The Yale Journal of International Law, vol. 34, No. 2, 2009, p. 585.

③ See UNCTAD, *International Investment Rule – making: Stocking, Challenges and the Way Forward*, United Nations, 2008, pp. 10 – 19.

④ See UNCTAD: *World Investment Report* 2009, United Nations, 2009, pp. 31 – 32.

⑤ See UNCTAD, *The Role of International Investment Agreements in Attracting Foreign Direct Investment to Developing Countries*, UNCTAD Series on International Investment Policies for Development, United Nations, 2009, pp. 2 – 3.

改依然朝着外资管制更加宽松，对外资限制更加减少的方向发展，[①] 呈现出国际投资规则趋于一体化的态势。

二、全球化背景下的两岸投资交流现状与困境

（一）两岸投资交流的现状

在台商投资大陆方面，虽然台商对大陆的投资起步较晚，但是发展较快。[②] 截至 2011 年 11 月底，大陆累计批准台资项目 85509 个，实际利用台资 539.7 亿美元。按实际使用外资统计，台资在大陆累计吸收境外投资中占 4.7%。[③] 台资排在中国大陆引进外资的第五位。[④] 台湾"经济部"公布的数据则显示，台湾自 20 世纪 80 年代开放对中国大陆投资，到 2009 年 5 月为止累计核准投资中国大陆金额已超过 771 亿美元。[⑤] 尽管由于两岸主管机关统计数据的口径不同以及历年来不少台商通过香港以及其他避税港等第三地来中国大陆投资而导致统计上的差异，但客观事实是，中国大陆不仅是台湾最大的贸易伙伴、台湾第一大出口地和最大贸易顺差来源地，也是台湾对外投资金额最多的地区和台湾企业主要的生产基地。[⑥] 且近几年来，台商赴大陆的投资，出现了从以往的小规模转向大型化

---

① See UNCTAD, *World Investment Report* 2009, United Nations, 2009, p.31.

② 滕家国：《外商对华直接投资研究》，武汉大学出版社 2001 年版，第 72—73 页。

③ 商务部：《2011 年 1—11 月大陆与台湾贸易、投资情况》，载商务部网站，http：//www.fdi.gov.cn/pub/FDI/wztj/tgajmtj/t20111226_139991.htm，2011-12-29。

④ 梅新育：《陆资入台的机遇与挑战》，载《中国外资》2009 年第 6 期。

⑤ 大陆事务委员会（台湾）：《开放陆资来台从事事业投资政策说明》，载海基会网站：http：//www.sef.org.tw/public/Data/972110512871.pdf，2009-11-05。

⑥ 李允杰：《两岸新形势下签署双向投资保障协议之分析》，载《展望与探索》（台湾）第 7 卷第 2 期（2009 年 2 月）。

投资，[①] 投资项目从传统劳动力密集型已经走向技术密集型，投资区域从沿海和发达地区走向内陆地区的发展态势。[②]

在陆资赴台直接投资方面，截至 2006 年年底，中国大陆对台湾直接投资金额仅为 2 千万美元。已进驻台北的陆企，全部是通过海外分支机构的名义承租。除了借由参访机会寻找投资台湾标的，中国大陆资金只能借由在香港设立公司的方式迂回进入台湾投资，或借由其他第三地私募基金模式进入台湾。[③] 自台湾地区于 2009 年 6 月 30 日宣布有限度开放陆资入台投资以来，截至 2011 年 5 月底，台湾"经济部"核准陆资入台投资件数为 147 件，核准投资金额计 1.52 亿美元。[④]

（二）两岸投资交流的困境

对于两岸投资交流，陈水扁当政时期的台湾当局不仅大量限制台商投资大陆的投资项目，采取一系列措施限制台商投资大陆；[⑤] 而且对于中国大陆直接投资台湾的限制更加严厉，中国大陆投资者几乎难以入台投资，[⑥] 导致两岸经贸交流长期以来停留在"投资带动贸易"和投资"单向、间接、局部"的框架之下。这种经贸格局的形成，主要是民进党当政的台湾当局一方面强调"布局全

①　王治：《台商大陆投资发展成因研究》，载《现代管理科学》2009 年第 5 期。

②　郑晓东：《台商大陆投资现状与趋势》，载《发展研究》2009 年第 8 期。

③　《陆资来台投资趋势研析》，载（台湾）工业总会服务网，http://www.cnfi.org.tw/kmportal/front/bin/ptdetail.phtml? Part = magazine9804 – 469 – 2，2010 – 01 – 21。

④　《台湾"经济部"近三年执政绩效——开放陆资来台》，载台湾"经济部"网站，http://www.moea.gov.tw/Tapp/main/content/Content.aspx? menu_id = 3645，2011 – 12 – 24。

⑤　陈水扁执政时期的台湾当局所采取的限制或禁止台商投资大陆的政策及其法律制度的论述，详见本书第五章。

⑥　See WTO, *Trade Policy Review of Chinese Taipei*, *Report by the WTO Secretariat*, WT/TPR/S/165, 16 May 2006, p. 14, para. 3.

球"，另一方面以所谓"国家"安全、投资大陆比例过重等理由，限制两岸投资正常化发展，所以，实际上两岸经贸关系的发展是建立在中国大陆单方面长期给予台湾优惠的基础之上。台湾这种违背全球化趋势和忽视两岸经贸内在联系紧密性的做法，成为两岸投资交流正常化的最大症结。

2009 年 6 月，台湾当局公布了《大陆地区人民来台投资许可办法》及相关政策与法规，有限度地开放陆资入台直接投资，两岸双向直接投资步入新的历史发展阶段。但是迄今为止，中国大陆资金入台投资的项目和资金额远没有达到原来预期的效果，这表明目前陆资入台直接投资，还处于探索和起步阶段。这与目前台湾当局对于陆资入台直接投资仍有很多障碍，允许陆资入台投资的限制依然很多，且两岸政府都没有出台相关有效促进、鼓励和保护陆资入台直接投资的政策与法律制度，以及两岸之间缺乏持续、稳定、可预期的双向直接投资法律框架密切相关。

三、本选题的国内外研究现状

在国际上，虽然不少国际法学者对于国际投资保护和区域贸易安排中的投资问题进行了相应的研究，但是对于两岸直接投资的法律问题的研究几乎没有。随着马英九执政的台湾当局宣布有限度地开放陆资入台直接投资，包含陆资入台直接投资法律保护在内的两岸直接投资的法律制度的研究变得非常紧迫和重要。但是，台湾学者对于两岸经贸问题的研究，过去主要从经济学或政治经济学角度进行宏观层面的探讨，即使对于两岸直接投资中的投资保护，也多集中于台商投资大陆权益保护问题的研究；直至台湾方面 2009 年 6 月宣布有限度地开放陆资入台投资，部分台湾学者开始针对两岸双向投资的法律问题展开相应的研究。不过，台湾学者对该问题的研究依然难以摆脱突出"台湾主体意识"的桎梏以及过于强调保护台商投资大陆的利益，忽视了两岸投资关系的发展应以坚持"九二共识"为前提，以投资的"双向性"和"互利性"为原则，对两岸投资发展的法律制度的研究也不够全面和深入。同时中国大陆学者对该问题的研究尚缺乏深入、全面的研究，仅有少量的研究成果散见公开出版的刊物或者研讨会议，系统性论述的文章并不多见，专门性的论著更是阙如。由此可见，已有的研究成果无法为未来两岸投资的发展提供系统、全面的理论支撑和指导作用。

四、本选题的研究目的、研究思路与研究方法

（一）研究目的

本研究的目的主要体现在：

1. 考察两岸直接投资法律的历史流变与现有法律制度的基本内容。

2. 对全球化背景下的国际投资法律制度的发展进行观察，审视两岸直接投资现有法律制度的不足与应有走向。

3. 探讨完善两岸直接投资现行法律框架的途径，从全球化背景下探讨两岸直接投资法律框架的构成与核心内容，并为此提出相应的合理化建议。

（二）研究思路

1. 对全球化背景下国际投资保护与投资自由化的法律制度现状进行考察与分析，为两岸建立双向直接投资法律体制寻求可借鉴的理论和实践依据。

2. 查找全球化背景下两岸各自签署的国际投资协议（IIAs）的法律文献，并对各自在 IIAs 中的投资保护与自由化义务的基本内容进行考察和分析。

3. 查找台湾有关外资与海外投资的法律文献以及两岸直接投资的政策与法律文献，剖析全球化背景下台湾当局实施限制两岸直接投资法律制度的非法性与不适当性，并对陆资入台直接投资与缺失法律保护体制的关系进行实证分析。

4. 结合两岸实际，探讨两岸直接投资法律框架建立的必要性与可行性，并有针对性地对两岸各自应如何完善两岸直接投资法律制度提出建议。

5. 以全球化为背景，前瞻性地论证和探讨建立两岸双向直接投资法律框架的实体内容，为两岸直接投资未来持续、稳定、可预期的发展提供强有力的法律制度保障。

（三）研究方法

1. 法律查询和文献分析法：如针对台湾当局鼓励和保护侨外资、鼓励海外投资以及两岸直接投资的法律制度进行查询与分析。

2. 实证分析法：如针对台湾当局保护侨外资和大陆保护台商合法权益的相关法律制度以及国际投资保护体制的实践与效用进行考察和实证分析。

3. 理论分析法和案例研究法：如针对国际投资规则发展的现状和法律实践，结合有关案例进行研究、分析与论证。

此外，比较分析法、历史的方法和归纳演绎法也是完成本选题研究所需要的基本方法。

第一章 全球化背景下国际投资规则的晚近发展

在全球化已经成为世界主要趋势的今天，"国际政治经济交织"和"国际规范地位日升"。[①] 在国际经贸规则发展方面，尽管多边贸易体制发展受阻，但是区域贸易协定的谈判却如火如荼，发展势头迅猛而强劲。[②] 在国际投资法领域，包含双边投资条约在内的国际投资协议缔结的数量持续增长，各国外资法的修改依然朝着对外资的管制更加宽松，对外资的限制更加减少的方向发展，总体上呈现出国际投资规则趋于一体化态势。本章将主要围绕着内国法有关外国直接投资的规则变化、多边性国际投资协议与国际投资规则、双边和区域性投资协议与国际投资规则发展等内容进行阐述。

第一节 内国法有关外国直接投资规则的变化

国际投资环境，特别是国际投资的法律环境对吸引外国直接投资（以下简称 FDI）起到至关重要的作用，在一定程度上将影响着国际投资的流向、格局和发展变化。

---

① 有关全球化趋势下，"国际政治经济交织"、"国际规范地位日升"的论述，详见王贵国：《全球化格局下的两岸经贸安排》，载王贵国主编：《两岸四地经贸安排研究》，北京大学出版社 2006 年版，第 1 页、第 5 页。

② 曾令良：《区域贸易协定的最新趋势及其对多哈发展议程的负面影响——兼析中国应有的对策》，载曾令良、余敏友主编：《全球化时代的国际法——基础、结构与挑战》，武汉大学出版社 2005 年版，第 327 页。

一、内国法有关外国直接投资规则的变化

联合国贸发会议（UNCTAD）《2009 年世界投资报告》公布的调查显示，2001—2005 年全球涉及 FDI 政策变化的数目分别为 207、246、242、270、203 项，其中对 FDI 更加有利的政策变化数量分别为 193、234、218、234、162 项，[①] 分别占当年度政策变化的 93. 2%、95. 1%、90. 1%、86. 7%、79. 3%。

在有关 FDI 的国家政策与法律方面，2008 年全球大多数投资规则的变化依然是使外国公司准入和经营的条件更为优惠。在 2008 年颁布的 110 项有关外国直接投资的新措施中，有 33% 是更有利的准入规则，另外有 44% 的措施是提升投资待遇或者改善营运条件。且 2006、2007、2008 年度更加有利于 FDI 的规则项目分别占当年 FDI 规则项目变化的 80. 2%、75. 5%、77. 3%。[②] 这种变化的比例，虽然与 20 世纪 90 年代以及 2001—2005 年的数据相比，更加有利于 FDI 的项目占当年关于 FDI 项目变化的比例整体上呈现下降趋势，但依然表现出近年来有关 FDI 的内国法投资规则趋向更加自由化的特征。

面对 2008 年开始的全球金融危机，许多国家采取了一些救援行动计划和单独的救济方案以支持那些处于危机之中的公司。对此，一些人公开表示担忧，将资本留在国内而阻碍投资输出可能导致投资保护主义。[③] 但是研究也表明，面对金融危机，并"没有出现以更加严格的 FDI 政策来应对经济危机的整体趋势迹象"，[④] 相反在全球"所有区域，有关 FDI 规则变化的数目中，更加有利

---

① See UNCTAD, *World Investment Report* 2009, United Nations, 2009, p. 31.

② 作者根据联合国贸发会议《2009 年世界投资报告》公布的统计数据计算，See UNCTAD, *World Investment Report* 2009, United Nations, 2009, p. 30。

③ See UNCTAD, *World Investment Report* 2009, United Nations, 2009, p. 31.

④ *Ibid.*

于 FDI 的规则变化数目明显超出那些更不利于 FDI 的规则变化数目"，① FDI 政策的总体趋势仍然是更加开放和自由化。即"迄今为止，当前的全球金融危机和经济危机对 FDI 规则政策本身还没有产生重大影响"，② 而且在大多数国家，投资自由化在持续。③

二、内国法 FDI 规则变化的原因分析

内国法投资规则变化的原因大致可以划分为两个方面：其一是投资东道国为吸引外资改善国内投资环境的内在需要；其二是国际投资协议的发展变化对投资东道国外资法的修改和完善起到了推动作用。

（一）投资东道国引进外国直接投资的需要：内在动力

第二次世界大战后，在众多发展中国家寻求独立的过程中，国家经济主权独立也是这些国家追寻的目标和基本要求。由于担心本国经济受到外国投资的操纵，发展中国家在某些情况下对外国投资予以国有化或征收，④ 力图阻止外国投资参与本国的经济建设，并且采取进口替代措施，强调发展本国控制的企业。很明显，这与发达国家——特别是西欧和北美发达国家所声称的习惯国际法——为外国投资者确立一种它们有权在投资东道国领土内享有的国际最低待遇标准存在严重分歧。发展中国家和社会主义国家否认所谓西方文明国家坚持的国际最低待遇标准——其核心内容之一是要求对被国有化或征用的财产按照"赫尔准则"补偿。⑤ 为此，发展中国家

---

① *UNCTAD*，*World Investment Report* 2009，United Nations，2009，p. 30.

② *Ibid.*，p. 31.

③ *Ibid.*，pp. 30 - 31.

④ 据统计，在 1960—1976 年期间，全世界有 1447 家外国企业被发展中国家收归国有。参见荣庆：《国际投资风险问题初探》，载《金融科学》1992 年第 1 期。

⑤ 所谓"赫尔准则"是指时任美国国务卿赫尔 1938 年所提出的"充分、即使、有效"的国有化补偿标准。

以联合国大会为舞台寻求确立其经济主权的目标，包括有权依照本国法律对外国投资予以国有化或者征收，并且分别在 1962 年和 1974 年的联合国大会上通过了《关于自然资源永久主权宣言》、《建立国际经济新秩序宣言》以及《各国经济权利义务宪章》等系列决议。由此，"二战"之后，众多新独立国家寻求新国际经济秩序建立①的系列实践和联合国大会通过的以上决议确实为发展中国家谋求国家主权完全独立②奠定了广泛的实践基础和相应的法律依据。③

但是，20 世纪 80 年代末，一系列政治事件导致国际投资环境发生了重大变化，从而使"国际投资协议的谈判环境也发生了重大变化"。④ 20 世纪 80 年代的主权债务危机导致商业银行不愿意向发展中国家提供贷款。发展中国家只能从国际金融机构和其他官方途径获得有限援助，因此它们越来越真切地认识到能够满足它们发展需要的最切实可靠的资金来源就是外国投资，而且，FDI 使得发展中国家有望获得技艺、培训、专有技术和市场准入机会，因此，FDI 也是一种相对诱人的扩充资本方式。与此同时，与很多撒哈拉沙漠以南的非洲国家和拉丁美洲国家奉行的进口替代政策相比，若干东亚经济体由于推行出口带动增长政策，其经济快速发展，这种局面表明加入全球市场经济能够对经济发展发挥宝贵的作用。另一

---

① 关于新国际经济秩序的建立内容的详尽论述，参见杨泽伟：《新国际经济秩序研究——政治与法律分析》，武汉大学出版社 1998 年版，第 171—172 页。

② 我国著名国际法学家王铁崖认为"新独立国家所强调的主权原则并不限于主权的政治方面，而且赋予主权以经济意义"。详见王铁崖：《国际法当今动向》，载《北京大学学报》（社科版）1980 年第 2 期。

③ 对于联合国大会决议的性质和约束力，国际社会有不同的认识和理解。详见曾华群：《国际经济法导论》，法律出版社 2007 年版，第 197—204 页。

④ See UNCTAD, *International Investment Rule - making: Stocking, Challenges and the Way Forward*, United Nations, 2008, p. 12.

方面，20世纪80年代末，东欧国家和前苏联的部分加盟共和国已经从社会主义体制向以市场为基础的经济体制过渡。

以上趋势的最终作用是，到20世纪80年代末，大批发展中国家开始允许在它们的经济体制中发展市场力量，并力求吸引FDI。大批发展中国家主要从两个方面采取措施来吸引外资：一方面，制定或修改外国投资政策，营造良好的投资环境；另一方面，积极签署国际投资协议（International Investment Agreements，IIAs），特别是加入缔结双边投资条约（Bilateral Investment Treaties，BITs）的浪潮当中，加强国内投资环境的稳定性和透明度，增强外国投资者的信心，促进外国投资。如1992年至1999年期间全球各国修订外国直接投资管理规则总计947项，其中888项政策修订都是为了营造更加有利的投资环境，[①] 占所有修订项目的93.8%，其中1992、1993、1994年更是达到了99%—100%。[②]

同时，一些发达国家也加入到了修改有关审查外国投资规则的行列当中。如加拿大的外资法发展变化[③]以及日本外资政策的变化。[④] 即使是2008年，在发达国家的22个有关FDI变化的措施中，更加有利的措施也占到了91%。[⑤]

因此，自20世纪80年代开始，为了吸引外资和发展本国的经

---

① 作者根据联合国贸发会议《2009年世界投资报告》公布的统计数据计算，See UNCTAD, *World Investment Report* 2009, United Nations, 2009, p.30。

② *Ibid.*

③ 余劲松、吴志攀主编：《国际经济法》，北京大学出版社、高等教育出版社2009年第3版，第255—256页；陈安主编：《国际经济法概论》，北京大学出版社2005年版，第429—430页。

④ 余劲松、吴志攀主编：《国际经济法》，北京大学出版社、高等教育出版社2009年第3版，第256页；陈安主编：《国际经济法概论》，北京大学出版社2005年版，第430页。

⑤ See UNCTAD, *World Investment Report* 2009, United Nations, 2009, p.31.

济，许多国家逐渐改变了过去所坚持的对外国直接投资进行管制和限制的原则和做法，不断修订和完善有关外国投资的规则和制度，给予外国直接投资更宽松的投资环境、更多的市场准入机会。乃至迄今为止，整体上有关 FDI 的内国法国际投资政策与法律继续朝着更加自由化的方向变化。

（二）IIAs 对东道国外资法修订的推动：外在压力

在发展中国家寻求国家经济主权独立的过程中，发达国家在国际法层面上早就着手通过推动各种形式的国际协议来构建保护国际投资的法律机制，[①] 而且迄今为止已建立了双边性、区域性或地区性的和多边性的 IIAs。由于"当代国际规范进入内国法具有高层次、具体化、强制化的特点"，[②] 所以，尽管"对于发展中国家而言，总体上是勉强（reluctant）将其 FDI 政策和投资框架，特别是有关 FDI 的保护和待遇受限于多边协议"，[③] 但是这些 IIAs 构成了推动东道国修订其 FDI 规则的外在压力。

在多边领域，发达国家从 1948 年要建立国际贸易组织的《哈瓦那宪章》中初次尝试意图发展一种投资保护的多边框架，[④] 到 1965 年世界银行将《解决国家与他国国民之间投资争端公约》提交各国签字；从 1985 年在世界银行主持下通过的《多边投资担保机构公约》，到关税与贸易总协定（GATT）乌拉圭回合谈判，缔结涉及投资问题的三项多边协议，即《服务贸易总协定》

---

① See UNCTAD, *International Investment Rule – making*：*Stocking, Challenges and the Way Forward*, United Nations, 2008, pp. 10 – 19.

② 王贵国：《经济全球化与全球法治化》，载《中国法学》2008 年第 1 期。

③ See UNCTAD, *The Role of International Investment Agreements in Attracting Foreign Direct Investment to Developing Countries*, *UNCTAD Series on International Investment Policies for Development*, United Nations, 2009, pp. 2 – 3.

④ See UNCTAD, *International Investment Rule – making*：*Stocking, Challenges and the Way Forward*, United Nations, 2008, p. 10.

（GATS）、《与贸易有关的投资措施协议》（TRIMs 协议）和《与贸易有关的知识产权协议》（TRIPs 协议）成为世界贸易组织协定中"一揽子"协定的内容，确认了各国一致承认的有关国际投资的多边规则，将对各国外资法产生重大影响。① 尽管目前尚缺乏统一、综合性的多边性 IIAs，已有的 IIAs 还处于就投资单个领域分别达成的协议，如投资争端解决、投资政治风险担保、与贸易有关的投资措施、服务贸易领域的投资准入与自由化等，但是，必须注意到发达国家希望通过世界贸易组织来积极推动全面、综合性的多边性 IIAs 的努力。②

　　在区域性或者地区性文件方面，发达国家的努力取得了较好的成就，特别是 1957 年成立的欧洲经济共同体是最成功的一体化举措。类似的情况如欧洲自由贸易联盟也开始于 1960 年。至于由欧盟领衔发展的区域贸易协定的形式，目前则不仅在发达国家之间进行，而且引发了发达国家与发展中国家以及发展中国家与发展中国家之间盛行发展的态势。尽管一开始这些区域性协议并没有涉及投资问题，但是，发展至今，它们都已经开始着手解决投资问题。此外，一些区域性组织也试图努力达成保护投资和/或促进投资自由化方面的协议。如经合组织（OECD）不但于 1967 年编写了《保护外国人财产公约草案》，③而且于 1995 年发起了一项多边投资协议（MAI）谈判，其协议的草案文本即包含投资自由化和投资保护条款。这项协议不仅原本打算成为首先被 OECD 国家通过的一项严

---

　　① 刘笋：《WTO 法律规则体系对国际投资法的影响》，中国法制出版社 2000 年版，第 49 页。

　　② See *Ministerial Declaration Fourth Session Doha*，9 - 14 November 2001，WT/MIN（01）/DEC/1，paras，20 - 22.

　　③ 尽管这份公约草案从没有开放供各国签字，但它的确促使发达国家缔结的 BITs 所保证的投资保护措施获得统一。See UNCTAD, *International Investment Rule - making*: *Stocking*, *Challenges and the Way Forward*, United Nations, 2008, p. 13.

格协议，而且后来还准备接受发展中国家和经济转型国家的签字。① 尽管 MAI 的谈判最终以失败告终，但其谈判的过程和协定本身的内容，已经足以彰显出发达国家在投资保护和投资自由化方面的意图和目标。

在双边性的文件方面，主要涉及双边投资条约（BITs）、双边税收协定②（Double Taxation Treaties，DTTs）和双边性的自由贸易协议（Free Trade Agreements，FTAs）。例如，就 BIT 而言，尽管对于 BIT 能否真正促进 FDI 流动的增加存在争论，③ 但是，由于大多数 BITs 对于 FDI 都提供了广泛的保证，④ BITs 在国际投资关系中正扮演着日益重要的角色。⑤

在四十多年前，发达国家与发展中国家缔结 IIAs 的目的主要在于保护其投资者在发展中国家的投资。但是，在过去的十五年中，新一代 IIAs 已经出现，且其数量急剧增长。⑥ 由于采用新一代 IIAs 背后的一个主要目标是以推动投资流动为手段来促进缔约国之间的经济一体化的进程，为此新一代 IIAs 确立了投资自由化义务，

① See UNCTAD, *International Investment Rule - making：Stocking, Challenges and the Way Forward*, United Nations, 2008, p. 18.

② 双边税收协定确立的避免对国际投资活动所产生的各种收益进行重复征税的机制，对促进国际投资将起到促进作用。See UNCTAD：*World Investment Report* 2009, United Nations, 2009, p. 33.

③ See Damon Vis - Dunbar, Henrique Suzy Nikiema, *Do Bilateral Investment Treaties lead to more foreign investment？* at http：//www. bilaterals. org/article. php3？ id_ article = 14958&lang = en, 2009 - 09 - 01.

④ See Roman Oleksik, *Investment protection - Bilateral Investment Treaties*, at http：//www. bilaterals. org/article. php3？ id_ article = 13675&lang = en, 2009 - 09 - 01.

⑤ See UNCTAD, *Bilateral Investment Treaties* 1959 - 1999, United Nations, 2000, p. iii.

⑥ See UNCTAD, *Investment Provisions in Economic Integration Agreements*, United Nations, 2005, p. iii.

提供法律保护和保证，促进投资或规范投资；或者结合某些或所有这些因素的内容。① 即新一代 IIAs 除了继续为国际投资提供保护之外，日益强调市场准入的自由化，② 而且这些协议对于推动国际投资流动产生了积极影响。③

目前，不但已经缔结了一个庞大的 BITs 的全球网络，而且 IIAs 的网络在继续扩张。④ 因此，几乎所有国家都面临着既要履行其缔结的 BITs 义务，也要履行其签署的 RTAs 或其他 IIAs 义务。这些 IIAs 从不同层面、不同角度影响和推动着东道国制定和修改其外资政策与法律。

本文接下来主要从多边性 IIAs 与国际投资规则、双边和区域性投资协议与国际投资规则发展两方面进行论述。

第二节　多边性国际投资协议与国际投资规则

为了保护国际投资，改善国际投资环境，国际社会为制定国际投资多边公约作出了种种努力。其中，特别重要的是《解决国家与他国国民间投资争端公约》和《多边投资担保机构公约》，在世界贸易组织（WTO）法律体系中的《与贸易有关的投资措施协议》、《国际服务贸易总协定》以及《与贸易有关的知识产权协议》也是国际投资中具有重要影响的多边协定。

---

① See UNCTAD, *Investment Provisions in Economic Integration Agreements*, United Nations, 2005, p. 41.

② See UNCTAD, *International Investment Arrangements: Trends and Emerging Issues*, United Nations, 2006, p. 3.

③ See Denis Medvedev, *Beyond Trade*, *the Impact of Preferential Trade Agreements on Foreign Direct Investment Inflows*, World Bank Policy Research Working Paper 4065, November 2006, p. 2.

④ See UNCTAD, *World Investment Report* 2009, United Nations, 2009, pp. 31 – 32.

一、《解决国家与他国国民间投资争端公约》

根据 1965 年 3 月 18 日由世界银行提交各国政府在华盛顿签署的《解决国家与他国国民间投资争端公约》（以下简称《华盛顿公约》），截至 2011 年 12 月 27 日，签署国已经达到 157 个，其中 147 个国家已经批准了该公约。[①] 根据《华盛顿公约》设立的"解决投资争议国际中心"（以下简称 ICSID 或"中心"）是国际上享有盛名的解决投资者——国家投资争端的国际机构。

根据《华盛顿公约》的规定，ICSID 行使管辖权[②]的必要条件中，争议双方一般应该具有不同的国籍。[③] 由于许多国家的外资法都要求，外国投资者在东道国设立的公司必须具有投资东道国的国籍，为此，《华盛顿公约》进一步规定，如果某法律实体与缔约国具有相同的国籍，但由于该法律实体直接受到另一缔约国利益的控制，如果双方同意，为了公约的目的，该法律实体也可被视为另一国国民。[④] 但是，《华盛顿公约》中"直接因投资而产生"的措词限定了"法律争端"的内容和范围。[⑤]

为了解决《华盛顿公约》中关于 ICSID 行使管辖权的局限性，ICSID 行政理事会通过和采用了 ICSID《附加便利规则》（Addition-

---

[①] ICSID, *ICSID Member States*, at http：//icsid. worldbank. org/ICSID/FrontServlet? requestType = CasesRH&actionVal = ShowHome&pageName = MemberStates_ Home, 2011 – 12 – 27.

[②] 有关《华盛顿公约》中管辖权问题的论述，详见单文华：《欧盟对华投资的法律框架：解构与建构》，蔡从燕译，北京大学出版社 2007 年版，第 201—204 页。

[③] See Article 25（1），ICSID Convention.

[④] See Article 25（2. b），ICSID Convention.

[⑤] 梁开银：《论 ICSID 与 WTO 争端解决机制的冲突及选择——以国家和私人投资争议解决为视角》，载《法学杂志》2009 年第 8 期。

al Facility Rules)。[1] 根据该《附加便利规则》[2] 的规定，授权 ICSID 秘书处可以受理争端国家方（state party）或者争端一方国民的国家（state whose national is a party）不是公约缔约国的国家——投资者之间直接因投资产生的法律争端，[3] 也可以受理争端国家方或者争端一方国民的国家是公约缔约国之间不是直接因投资产生的法律争端的调解或仲裁程序的申请。[4] 据此，只要投资争端双方同意，即使只有争端一方满足诉诸 ICSID 机制的要求或者非直接因投资产生的争端，也可以利用"中心"的《附加便利规则》调解和仲裁。显然，该《附加便利规则》的目的是为了扩大"中心"仲裁规则的适用范围。[5]

依据《华盛顿公约》创建的 ICSID，不仅为投资者与东道国之间的争端提供调解或仲裁便利，而且这种争端解决机制很快就在 BITs 中成为普遍做法。

事实上，已经有越来越多的投资者和国家以条约为基础在 ICSID 中提起仲裁申请。如自 ICSID 成立到 1994 年年底仅有 3 个与投资条约有关的争端提交到 ICSID，[6] 但是到 2005 年年底，ICSID 已经受理登记了 184 个与投资条约有关的争端，[7] 截至 2008 年年底，

---

① ICSID《附加便利规则》是在 1978 年的世界银行年度会议上，由 ICSID 秘书处提出建议，由 ICSID 行政理事会通过并采用。See Antonio R. Parra, *The Development of the Regulations and Rules of the International Centre for Settlement of Investment Disputes*, ICSID Review Foreign Investment Law Journal, Vol. 22, No. 1, Spring 2007, p. 61.

② See ICSID, *Introduction of ICSID Additional Facility Rules*, ICSID ICSID/11/Rev, 1 January 2003.

③ See Article 2（a）, ICSID Additional Facility Rules.

④ *Ibid.*, Article 2（b）.

⑤ 王贵国：《国际投资法》，北京大学出版社 2001 年版，第 477 页。

⑥ See UNCTAD, *International Investment Arrangements: Trends and Emerging Issues*, United Nations, 2006, p. 14.

⑦ ICSID, *ICSID Annual report* 2005, 2006, p. 3.

以条约为基础的 317 个国际投资仲裁案例当中，有 201 个案例向 ICSID（或其附加机构）提出。① 由于 ICSID 是唯一保留公开登记申请的仲裁机构，实际上以条约为基础案例的总数很可能更高，并且这些仲裁申请大多数是由来自发达国家的投资者提出。②

可见，不仅仅以条约为基础的投资者—国家争端案例自 2002 年开始保持一种趋势——每年新的案例在 28 到 48 个之间，表明国际投资仲裁不再是一种例外现象，而是"正常"投资景象中的一部分，③而且 ICSID 已经成为投资者——国家争端解决的主要机构和场所，由此有力地说明了"作为国际投资争端解决的多边法律框架，《华盛顿公约》对于国际投资法的发展具有意义深远的影响，有助于改善发展中国家的投资环境以及在发展中国家的发展议程中保持最前沿的主题"。④

二、《多边投资担保机构公约》

《多边投资担保机构公约》（以下简称《MIGA 公约》）是 1985 年在汉城召开的世界银行年会上正式通过，并向世界银行各成员国和瑞士开放签字的多边性国际投资条约。截至 2011 年 10 月 20 日，《MIGA 公约》的成员国有 175 个，其中发达国家（工业化国家）25 个，发展中国家 150 个，⑤ 成为国际社会普遍接受的一个重要公约。根据《MIGA 公约》设立的多边投资担保机构（以下简称 MI-GA）也成为国际社会普遍认可的一个重要国际机构。

---

① See UNCTAD, *Latest Developments in Investor - State Dispute Settlement*, IIA Monitor, No. 1 (2009), UNCTAD/WEB/DIAE/IA/2009/6/Rev1, p. 2.

② *Ibid.*

③ *Ibid.*

④ ICSID, *ICSID Annual report* 2005, 2006, p. 3.

⑤ MIGA, *MIGA Member Countries* (175), Last Updated：October 20, 2011, MIGA 网站，http：//www. miga. org/about/index_ sv. cfm? stid = 1789, 2010 - 02 - 05.

　　作为世界银行集团的成员之一，MIGA 的任务是促进外国直接投资（FDI）流入发展中国家以帮助支持其发展，减少贫穷以及改善人民的生活。为此，该机构为私人投资提供政治风险保险（保证），① 特别是为流入发展中国家的投资提供政治风险的担保。② MIGA 承保的政治风险除了传统上的三种非商业风险，即货币汇兑险、征收或类似措施险、战争与内乱险之外，还创设了一个独立的险种，即违约险。《MIGA 公约》不但明确定义了以上四种政治风险，③ 同时，依据一定的程序，机构还可以承保"其他非商业风险"④，即所谓的第五种政治风险。目前，MIGA 已经对"未履行主权财务责任"予以承保。⑤

　　由于 MIGA 承保的合格投资的条件不仅包括"投资的经济合理性及其对东道国所作的贡献"⑥、"符合东道国的法律条令"⑦ 以及"投资与东道国宣布的发展目标和重点相一致"⑧，还包括该投资在东道国"是否可得到公正平等的待遇和法律保护"⑨。显然，关于MIGA 承保的合格投资中，特别是要求投资在东道国"得到公正平

---

　　① MIGA 网站，http：//www. miga. org/about/index_ sv. cfm？stid = 1736，2010 – 02 – 05。

　　② See MIGA，2009 *MIGA Annual Report*，p. 4.

　　③ MIGA 承保的政治风险险别的定义，详见《MIGA 担保指南》，MIGA 网站，http：//www. miga. org，2009 – 11 – 15。

　　④ 《MIGA 公约》第 11 条（b）规定：应投资者与东道国联合申请，董事会经特别多数票通过，可将本公约的担保范围扩大到上述（a）款中的风险以外的其他特定的非商业风险。

　　⑤ 《MIGA 担保指南》中的规定，MIGA 网站，http：//www. miga. org，2009 – 11 – 15。

　　⑥ Article 12（d. i），Convention Establishing the Multilateral Investment Guarantee Agency（MIGA Convention）.

　　⑦ *Ibid.*，Article 12（d. ii）.

　　⑧ *Ibid.*，Article 12（d. iii）.

　　⑨ *Ibid.*，Article 12（d. iv）.

等的待遇和法律保护"的条件，一旦外国投资者需要在某个东道国进行投资，且考虑是否将某投资项目申请 MIGA 承保时，MIGA 将特别考察该投资东道国的外资投资环境和该申请投保的项目在该国是否能够"得到公正平等的待遇和法律保护"。

同时，根据《MIGA 公约》规定，对一旦发生承保事故，MIGA 将获得代位求偿权，[①] 这是《MIGA 公约》中明确规定的"机构的权力"[②]，且规定 MIGA 所拥有的这种代位权，全体 MIGA 成员国"应予承认"[③]，也即承认 MIGA 的代位权属于所有 MIGA 成员国必须承担的条约义务。

实践中，MIGA 往往与东道国就 MIGA 在其所担保的投资待遇签订有关协议，而且在某些情况下，签订这类协议是 MIGA 在特定东道国开展担保活动的前提。《MIGA 公约解说》中明确要求，如果一项外国投资根据东道国法律或双边投资协定得不到"公正、平等"的待遇和法律保护，MIGA 应根据 MIGA 公约第 23 条（b）款（ii）项或通过其他方式，就适用于 MIGA 承保的外国投资的待遇和东道国达成协议，然后才可签发担保。

显然，以上所述《MIGA 公约》要求投资在东道国"得到公正平等的待遇和法律保护"的 MIGA 承保条件和 MIGA 与投资东道国就投资待遇签订协议的做法以及 MIGA 的代位求偿权的确立将对投资者的投资起到投资保障作用。

加之，根据《MIGA 公约》规定，MIGA 除了担保业务之外，还将"进行研究，采取行动，促进投资流动，并就发展中会员国的投资机会散发信息，以改善投资环境，吸引外资流向这些国家"。[④] MIGA 的投资促进业务，无疑包括对于投资东道国的投资环

---

① See Article 18, Convention Establishing the Multilateral Investment Guarantee Agency（MIGA Convention）.

② *Ibid.*，Article 18（b）.

③ *Ibid.*

④ Article 23（a），MIGA Convention.

境的评价与投资机会信息的散发、公布等。MIGA 从事的"散发信息"、"改善投资环境"的业务也将对投资保护起到间接的作用。因为对投资者而言，真正的投资保护莫过于使其投资处在良好的投资环境当中，而不是投资利益受损之后的救济，尽管"没有救济就没有保护"①。

三、WTO 框架下与投资有关的多边协定

如前所述，在多边领域，发达国家在 1948 年要建立国际贸易组织的《哈瓦那宪章》中曾初次尝试意图发展一种投资保护的多边框架，② 实际上，GATT 缔约方也曾在 1955 年对于外国投资问题采取了行动，即在 1955 年通过了《关于经济发展的国际投资决议》，该决议建议 GATT 各缔约方进入缔结旨在外国投资安全、避免双重征税和外国投资收益转移的双边和多边协议谈判，③ 只是此后 GATT 缔约方对于该决议没有任何进一步的行动。④ 但是，WTO 法律体制中的《与贸易有关的投资措施协议》（TRIMs 协议）、《服务贸易总协定》（GATS）以及《与贸易有关的知识产权协定》（TRIPs 协议）都是与国际投资有关的多边协定。

GATS 不仅首次将国际服务贸易纳入多边贸易体制，确立了服

---

① 程燎原、王人博：《赢得神圣——权利及其救济通论》，山东人民出版社 1993 年版，第 368 页。

② See UNCTAD, *International Investment Rule - making*: *Stocking*, *Challenges and the Way Forward*, United Nations, 2008, p. 10.

③ GATT, *Basic Instruments and Selected Document*, Third Supplement (1955), pp. 48 - 49. 转引自 M. Koulen, *Foreign Investment in the WTO*, in E. C. Nieuwenhuys and M. M. T. A. Brus（ed.）, *Multilateral Regulation of Investment*, Kluwer Law International, 2001, p. 183。

④ See M. Koulen, *Foreign Investment in the WTO*, *Ibid*.

务行业投资自由化机制,① 而且 GATS 中也有专门针对"支付和转移"的规定。要求所有 WTO 成员承担涵盖投资资金及其利润在内的自由转移义务,除非符合保障收支平衡的例外情形。②

TRIMs 协议禁止针对外国投资设定某些与 GATT 的国民待遇义务和普遍取消数量限制原则义务不一致的措施;TRIPs 协议则要求所有 WTO 成员采取符合该协议所要求的各种保护知识产权的措施,制止侵犯知识产权的行为。

同时,在 WTO 框架下,与国际投资有关的几个协议都有关于透明度原则的规定。如 TRIMs 协议第 6 条、GATS 第 3 条、TRIPs 协议第 63 条等都是专门就透明度问题的规定。

所以,作为 WTO 法律体系中"一揽子"协定的不可或缺的文件,TRIMs 协议、GATS 以及 TRIPs 协议具有推动国际投资自由化和加强国际投资保护的作用。

特别值得注意的是,WTO 争端解决机制对国际投资规则的积极作用和影响。在 GATT 第 22 条和 23 条有关争端解决规则基础上继承和发展起来的 WTO 的"准司法性质"的争端解决机制,在一定程度上有效地解决和弥补了国际投资争议政治或外交以及仲裁解决的许多不足。"这种从强权型'外交'方式向规则型解决争端的'法律'方式的转化,被认为是国际法发展的新阶段。"③

如在投资措施方面,美国于 1982 年针对《加拿大外国投资审查法》所提起的"加拿大外国投资审查法案",首次将投资措施纳

---

① 《服务贸易总协定》(GATS)第二部分(一般义务与纪律)关于最惠国待遇和透明度义务、经济一体化要求以及第三部分(具体承诺)关于市场准入和国民待遇的规定都是推动服务贸易自由化方面的具体规定。

② 《服务贸易总协定》(GATS)第 11 条第 1 款。

③ See Ernest Ulrich Petersmann, *The Dispute Settlement System of World Trade Organization and the Evolution of the GATT Dispute Settlement System Since 1948*, Common Market Law Review, 1994, p.116. 转引自刘笋:《国际投资保护的国际法制——若干重要法律问题研究》,法律出版社 2000 年版,第 451 页。

入 GATT 体系解决的案件。[①] GATT 乌拉圭回合成功地将投资措施纳入贸易体系进行调整，即达成 TRIMs 协议并纳入 WTO "一揽子"协定，使得美国当年针对加拿大提起的这一"先例"成为 WTO 争端解决机制的"通例"。至今，凡是违反 TRIMs 协议以及其他涉及国际投资的 WTO 涵盖协议的所有投资措施都将有可能通过 WTO 争端解决机制被专家小组或上诉机构予以撤销或进行满意的调整。[②] 由此，WTO 框架下的几个与投资有关的国际协定通过 WTO 的争端解决机制能够更好地约束投资东道国的外资法律制度。

此外，虽然《国际货币基金协定》不是国际投资协定，但是该《协定》中所确立的条约义务在许多重要方面能够服务于投资自由流动。[③] 如该协定中规定："除了第 7 条第 3 款（b）（关于短缺货币——作者注）和第 14 条第 2 款（外汇限制过渡性安排——作者注）的规定之外，各会员国未经基金组织批准，不得对经常性国际交易的支付和资金转移施加限制。"[④]

第三节　双边和区域性投资协议与国际投资规则发展

一、双边和区域性投资协议的发展现状与特征——以 BITs 和 RTAs 为例

（一）BIT 的产生与现状

1. BIT 的产生

用来促进和保护一缔约方投资者投资到另一缔约方领土的 BIT

---

① 赵维田：《世界贸易组织（WTO）的法律制度》，吉林人民出版社 2000 年版，第 413—415 页。

② 梁开银：《论 ICSID 与 WTO 争端解决机制的冲突及选择——以国家和私人投资争议解决为视角》，载《法学杂志》2009 年第 8 期。

③ See UNCTAD, *Transfer of Funds*, *UNCTAD Series on Issues in International Investment Agreements*, United Nations, UNCTAD/ITE/IIT/20, 2000, p. 10.

④ 《国际货币基金协定》第 8 条第 2 款（a）。

产生于 1959 年。① 起初，BIT 是在发达国家与发展中国家之间缔结，通常是发达国家处于主动。② 如截至 1999 年年底，BITs 的数量达到 1857 个，其中 737 个 BITs 是在发达国家与发展中国家之间缔结，占总数的 40%；发达国家之间仅仅缔结了 11 个 BITs。参与缔结 BITs 的国家的数量从 1959 年的 2 个，发展到 20 世纪 90 年代末期时已经达到 173 个。③

2. BITs 的发展现状

目前，全球已经缔结了一个庞大的 BITs 网络，④ 截至 2008 年年底，BITs 的总数达到 2676 个，其中 2008 年各国之间新签订了 59 个 BITs，2009 年前 6 个月，各国之间已经签署了 25 个新的 BITs。⑤ 可见，BITs 数量的持续增加是个不争的事实。有关研究认为，BITs 在国际投资关系中正扮演着日益重要的角色。⑥

在所有 BITs 中，南—南之间的 BITs 占到了 26%，而且发展中国家之间的 BITs 数量还在持续增长，如 2008 年新缔结的 BITs 当中，在发展中国家之间签署的 BITs 有 13 个，这表明了关于投资问题南—南之间的继续合作很重要。⑦

---

① 第一个 BIT 是由联邦德国与巴基斯坦于 1959 年缔结。See UNCTAD, *Bilateral Investment Treaties* 1995 – 2006：*Trends in Investment Rulemaking*, United Nations, 2007, p. 1.

② See UNCTAD, *Bilateral Investment Treaties* 1959 – 1999, United Nations, 2000, p. 1.

③ *Ibid.*, p. 4.

④ See UNCTAD：*World Investment Report* 2009, United Nations, 2009, pp. 31 – 32.

⑤ UNCTAD, *Recent Developments in International Investment Agreements* (2008 – *June* 2009), United Nations, 2009, p. 3.

⑥ See UNCTAD, *Bilateral Investment Treaties* 1959 – 1999, United Nations, 2000, p. iii.

⑦ See UNCTAD, *Recent Developments in International Investment Agreements* (2008 – *June* 2009), United Nations, 2009, p. 32.

尽管对于 BITs 的重新谈判还处于较小规模，但是 BITs 的重新谈判正在继续。由于 2008 年完成了 8 个欧盟 BITs 的重新谈判，导致重新谈判的 BITs 总数已经达到了 132 个，而且暗示着未来这种发展趋势可能会加速。[①]

3. BITs 的发展特征

（1）依然以投资保护为其核心内容

由于大多数 BITs 对于 FDI 都提供了广泛的保证，如公正和公平待遇、充分保护与安全、征收保护、资本自由转移以及提供非歧视待遇等，[②] 传统 BITs 中强调外国投资的保护继续支配着国际投资协议（IIAs）的框架，特别是在南—南 BITs 中。[③] 事实上，BITs 也曾一度持续成为外国投资国际保护最重要的法律文件。[④]

首先，从 BIT 的产生和缔结目的来看，发达国家与发展中国家签署 BIT 的目的就是为了对其公司的投资确保额外的和提供比东道国法律更高标准的法律保护和保证。[⑤] 甚至，起初 BIT 被用来"保护来自于不完善或者腐败的司法体制的那些国家干涉的危害"。[⑥] 正是由于 BITs 传统上的目的主要是为了保护投资，所以从 BITs 产生至今，发达国家在 BITs 缔结方面都占主导地位。如截至 1999 年年底所

[①] See UNCTAD, *Recent Developments in International Investment Agreements* (2008 – *June* 2009), United Nations, 2009, p. 32.

[②] See Roman Oleksik, *Investment protection – Bilateral Investment Treaties*, at http：//www. bilaterals. org/article. php3? id_ article = 13675&lang = en, 2009 – 09 – 01.

[③] See UNCTAD, *International Investment Arrangements*：*Trends and Emerging Issues*, United Nations, 2006, p. 9.

[④] See UNCTAD, *Bilateral Investment Treaties* 1959 – 1999, United Nations, 2000, p. 1.

[⑤] *Ibid.*

[⑥] Dana Krueger, *The Combat Zone*：*Mondev International*, *Ltd. V. United States and the Backlash Against NAFTA Chapter* 11', 21 Boston University International Law Journal 399 (2003), p. 420.

达成的 1857 个 BITs 当中，由发达国家作为缔约一方的协议达到 1024 个，占所有 BITs 的 55%。^① 尽管发展中国家之间的 IIAs 无论是缔约的数量还是涵盖的地域范围在过去十年中都有实质性的增长，^② 且从 2008 年和 2009 年前 6 个月 BITs 缔结的数量上来看，似乎表明发展中国家有更多的参与，^③ 但是从整体来分析，在截至 2008 年总计 2676 个 BITs 当中，南—南之间所缔结的 BITs 仅占所有 BITs 的 26%。^④

在已缔结的 BITs 中，往往有绝对保护标准和相对保护标准之分，其中绝对保护标准包括公正和公平待遇原则、充分保护与安全原则、依据国际法的最低标准待遇原则。最近十年的 BITs 通常至少包括以上标准中的其中一个。迄今还有少量的 BITs 更详尽地明确了最低标准待遇的含义，包括公平和公正待遇原则与充分保护与安全原则的关系。^⑤

其次，对现有 BITs 的重新谈判中强调"现代的"保护标准。各国对原有 BITs 进行重新谈判的一个重要原因是希望在"古老的"条约中加入"现代的"保护标准，例如，涉及国民待遇和投资者——东道国投资争端解决的保护标准。^⑥

（2）近来 BITs 强调投资自由化承诺

在投资自由化方面，美国的 BIT 要求在投资准入阶段实行国民待

---

① See UNCTAD, *Bilateral Investment Treaties* 1959 – 1999, United Nations, 2000, p. 4.

② See UNCTAD, *South – South Investment Agreement Proliferating*, United Nations, 2008, p. 1.

③ 2008 年新签订的 59 个 BITs 中，发展中国家缔结了 46 个 BITs，发达国家缔结了 38 个 BITs。See UNCTAD, *Recent Developments in International Investment Agreements* (2008 – *June* 2009), United Nations, 2009, pp. 2 – 7.

④ See UNCTAD, *World Investment Report* 2009, United Nations, 2009, p. 32.

⑤ See UNCTAD, *Bilateral Investment Treaties* 1995 – 2006: *Trends in Investment Rulemaking*, United Nations, 2007, p. 43.

⑥ See UNCTAD, *International Investment Rule – Making*: *Stocktaking, Challenges and the Way Forward*, United Nations, 2008, p. 25.

遇，对于某些不能给予国民待遇的部门则作为例外在附录中加以列举。尽管这在当时是唯一要求缔约国在投资准入和开业阶段将外国投资与内国投资同等对待的 BIT，[①] 但是近年来，BITs 已经出现投资自由化的变化，如加拿大与日本将在数年之内在它们所缔结的 BITs 中补充自由化承诺，这些承诺与美国 BITs 中的自由化承诺相似。[②]

（二）RTAs 发展的现状及其特征

1. RTAs 发展的现状

区域贸易协定（Regional Trade Agreements, RTAs）是世界贸易组织（WTO）规则允许其成员采取更优惠的贸易政策来推动特定成员之间贸易关系更加自由化的合法有效形式，[③] 所以全球化进程中，在多边贸易体制发展受阻的今天，RTAs 受到 WTO 众多成员的青睐，以谋求各自的政治和经济利益。

RTAs 的数量不但自 20 世纪 90 年代早期以来在持续增长，而且已经生效的 RTAs 也在稳定增长，以及由于许多 RTAs 正在谈判当中，未来这种趋势很可能还会得以加强。[④] 事实上，近年来 RTAs 的发展非常迅速，如 2008 年通知到 WTO 的新 RTAs 有 35 个，这是自 WTO 建立以来收到新 RTAs 通知数量最多的年份。[⑤] 截至 2011 年 11 月 15 日，已经生效的 RTAs 是 313 个，但是已经通知

---

① 余劲松：《区域性安排中的投资自由化问题研究》，载王贵国主编：《区域安排法律问题研究》，北京大学出版社 2004 年版，第 45 页。

② See UNCTAD, *International Investment Rule‐Making：Stocktaking, Challenges and the Way Forward*, United Nations, 2008, p. 17.

③ RTAs 的合法性依据主要是 GATT 第 24 条、GATS 第 5.7 条，其中 GATT 第 24 条构成 RTAs 的主要法律基础。关于 RTAs 合法性依据的详尽论证，See Guiguo Wang, *The Law of The WTO：China and the Future of Free Trade*, Hong kong. Singapore. Malaysia. Sweet & Maxwell Asia, 2005, pp. 134 - 139。

④ See http：//www. wto. org/english/tratop_ e/region_ e/region_ e. htm, 2010 - 04 - 01.

⑤ See WTO, *WTO Annual Report* 2009, Geneva, 2009, p. 48.

到 WTO 的 RTAs 已经达到 505 个。① 甚至，"RTAs 不仅是多边贸易体制最突出的特征，而且 RTAs 已经成为许多 WTO 成员贸易政策的中心目标"②。在世界贸易中，不但约 40% 是发生在已经生效的 RTAs 成员之间，而且 RTAs 成员之间的贸易量在世界贸易中的比重还在增加。③

2. RTAs 的发展变化特征

（1）RTAs 的类型多样

区域贸易协定发展至今，已经表现出类型多样的各种形态。总体上，目前区域贸易协定呈现出六种基本类型：④ 即优惠的贸易协议（Preferential Trade Agreements，PTAs），如中国内地分别与香港、澳门特别行政区签署的《更紧密经贸关系的安排》（CEPA）、海峡两岸间签署的《海峡两岸经济合作框架协议》（ECFA）；自由贸易区（Free Trade Zone），如依据《北美自由贸易协议》成立的北美自由贸易区；关税同盟（Custom Union），如欧盟的初期；共同市场（Common Market），如欧盟进一步的发展形式；货币联盟（Monetary Union）；以及政治同盟（Political Union）。最后两种类型，如目前欧盟的状况。

（2）RTAs 体制的内容和范围变化多样

与 BITs 相比较，RTAs 体制的内容和范围变化多样。绝大部分 RTAs 内容广泛，不仅涵盖投资保护和自由化条款，而且包括货物

---

① See http://www.wto.org/english/tratop_e/region_e/region_e.htm, 2011-12-29.

② WTO, *WTO Annual Report* 2005, 10th *Anniversary* 1995-2005, 2005, Geneva, p.58.

③ See UNCTAD, *International Trade Negotiations*, *Regional Integration and South-South Trade*, *Especially in Commodities*, *Background Note*, UNCTAD/DITC/TNCD/MISC/2004/3, para.5.

④ 顾敏康：《CEPA 自由贸易框架下的反倾销问题》，载王贵国主编：《区域安排法律问题研究》，北京大学出版社 2004 年版，第 171—172 页。

贸易和服务贸易、知识产权、竞争政策、政府采购、商人临时进入、透明度、环境和劳工权利条款。最近缔结 RTA 的国家如澳大利亚、智利、日本、新加坡，特别是美国，所签署协议的范围更加广泛，内容更加具体。① 这些不同的 RTA 规则体制使国际贸易更加复杂，且可能削弱（undermine）至关重要的 WTO 原则，如透明度、可预期性和非歧视。有些研究甚至认为这样的创新可能动摇（lay）未来多边贸易规则的根基。②

（3）越来越多的 RTAs 强调投资问题

如前所述，绝大部分 RTAs 的内容都涵盖投资保护和自由化条款。如加拿大与哥伦比亚和秘鲁之间的 FTAs，包括有实质性关于投资自由化和投资保护的投资篇章。同时，欧共体（EC）与 15 个 CARIFORUM 国家签署的经济伙伴协议，共涉及 42 个国家，且设置了投资自由化的重要规则。又如中国与新西兰之间的 FTA 涵盖完全的投资保护篇章，与新加坡之间的 FTA 并入了中国—东盟 FTA 投资协议的条款。而东盟与日本签署涵盖总体投资合作条款的协议也设置了一个旨在建立关于投资的次一级委员会条款，以便进行更加实质性的投资讨论和谈判。

UNCTAD 的调查显示，截至 2008 年年底，含有投资条款的国际协议总数已经达到了 273 个。在这些含有投资条款的国际协议中，绝大多数是对缔约方的投资自由化和投资促进产生约束力的 FTA。相比 BITs 条款，这些 FTAs 投资篇章的范围还涵盖投资者—东道国争端解决条款。③

---

① See UNCTAD, *International Investment Arrangements: Trends and Emerging Issues*, United Nations, 2006, pp. 9 - 10.

② See WTO, *WTO Annual Report* 2009, Geneva, 2009, p. 48.

③ See UNCTAD, *World Investment Report* 2009, United Nations, 2009, p. 33.

二、双边和区域性投资协定中的投资保护规则发展

如前所述，BITs 的显著特征依然是以国际投资保护作为其核心。在 RTAs 方面，自 NAFTA 之后，越来越多的 FTAs 将投资问题纳入其中，甚至特设专章予以规定，并以投资保护作为其主要内容之一。这些国际投资协议（IIAs）中通常包括一个或几个普遍性的原则，这些原则或是一起规定或是独立规定，旨在提供全面的标准来判断给予投资的待遇是否满意。虽然不同协议对于投资保护的规定在具体条款设置和措词上并不一致，学者们对投资保护条款的理解也存在差异，在投资者—国家争端解决过程中，不同仲裁庭对于投资保护条款的解释并没有取得一致意见，但是总体上，晚近双边和区域性投资协定的规则依然强调和重视国际投资保护。

（一）公正与公平待遇问题

公正与公平待遇原则缘起于关于外国人财产保护习惯国际法，并提供一个不同于东道国国内法的基本标准来对付东道国征收外国投资行为。[①] 尽管不同的 IIAs 对这一原则的规定并不相同；在国际投资争议中，一些已有的仲裁庭裁决对于投资东道国是否违反了公正与公平待遇问题的解释也并不一致，导致在最近的 IIAs 中，"公正与公平待遇"标准的含义已经成为一个争论的问题，[②] 但是，不可否认的是，公正与公平待遇已经是 IIAs 中的普遍性原则之一。[③]

在 IIAs 中关于公正与公平待遇的规定，最重要的区别在于，公

---

① UNCTAD, *Investor – State Dispute Settlement and Impaction on Investment Rulemaking*, United Nations, 2007, p. 40.

② See UNCTAD, *International Investment Arrangements: Trends and Emerging Issues*, United Nations, 2006, p. 31.

③ UNCTAD, *Investor – State Dispute Settlement and Impaction on Investment Rulemaking*, United Nations, 2007, p. 40.

正与公平待遇是否以国际法为依据，或是否不得低于国际法的要求。① 发达国家在实践中，从美国的 BIT 到经合组织的 MAI（多边投资协议——作者注）草案，都将公正与公平待遇与国际法的要求联系起来，而许多发展中国家则不愿将此二者相联系。②

　　值得注意的是，依据北美自由协定（NAFTA）和美国、加拿大、日本等国近年来有关投资条约的规定，若缔约国违反了公平与公正待遇并给外国投资者造成损害或损失时，投资者可以提起国际仲裁并据此索赔。③ 实际上，目前在国际投资争端实践中，仲裁庭对该待遇标准作出的解释也不一致。如基于 NAFTA 第 11 章（投资篇章）提起的仲裁中，如何决定公正与公平待遇标准范围和内容成了争论的问题。至少在 *Metalclad v. Mexico* 案④、*S. D. Myers v. Canada* 案⑤以及 *Pope & Talbot v. Canada* 案⑥的投资争端中，要求仲裁庭解释 NAFTA 第 1105（1）条，仲裁庭在这三个投资争端中的某些调查结果引发了不同的争论。

　　对于公正与公平待遇标准，最新的案例则表现出对于该标准的解释有更具体、明确的内容或原则，同时也表明了对于该标准的理解也更加宽泛。如在 *Rumeli v. Kazakhstan* 一案中，仲裁庭指出公正与公平待遇标准尤其包含以下几个具体的原则：（a）国家必须以透明的方式行动；（b）国家有义务诚信行动；（c）国家的行为不能武断的、

　　① 余劲松：《区域性安排中的外资公平与公正待遇问题研究》，载王贵国主编：《两岸四地经贸安排研究》，北京大学出版社 2006 年版，第 45 页。

　　② See UNCTAD, *International Investment Arrangements: Trends and Emerging Issues*, United Nations, 2006, p. 33.

　　③ *Ibid.*

　　④ *Metalclad v. Mexico*, ICSID Case No. ARB（AF）/97/1, Award, 30 August 2000.

　　⑤ *S. D. Myers v. Canada*, UNCITRAL, first Partial Award, 13 November 2000.

　　⑥ *Pope & Talbot v. Canada*, UNCITRAL, Award on the Merits, 10 April 2001.

非常不公正的、不正当的、特定的、歧视的或者缺乏应有程序；（d）国家必须尊重程序上的适当和应有程序。仲裁庭还认为，案例法确认遵照国家必须尊重投资者的合理的和合法期望的标准。①

（二）充分保护与安全问题

传统上，充分保护与安全标准已经被确定为最低待遇标准的部分。尽管该标准没有明确地限制于哪种具体环境，但是传统上，投资者—国家争端解决法理学已经坚持，该标准包括外国投资者由于在起义（insurrention）、民变（civil unrest）和其他公众骚乱期间的激烈事件中所蒙受的损害或者亏损，不管这些损害是否直接归因于政府行为还是缺乏政府行政或治安部门足够的投资保护。②

在现代国际投资法中，许多 IIAs 都规定要给予投资"充分保护与安全"待遇，尽管不同 IIAs 在措词上还是有些差异，但是一些发达国家缔结的 IIAs 中不但将"充分保护与安全"与"公正与公平待遇"一起作为最低标准待遇的内容，且规定要按照习惯国际法的要求给予保护。如美国 2004 年 BIT 范本规定："'充分保护与安全'要求每一个缔约方维持提供依据习惯国际法所要求的充分警力水平的保护（the level of police protection）。"③ 且 2004 年之后，美国 FTA 中关于投资待遇与保护问题的规定基本按照美国2004 年 BIT 范本的要求。如美国—韩国 FTA 第 1105 条中关于"充分保护与安全"的规定与美国 2004 年 BIT 范本第 5 条中关于"充分保护与安全"的规定完全一致。④

---

① See *Rumeli v. Kazakhstan*, ICSID Case No. ARB/05/16（Turkey – Kazakhstan BIT），Award，29 July 2008，para. 609. 转引自 UNCTAD，*Latest Developments in Investor – State Dispute Settlement*，IIA Monitor，No. 1（2009），UNCTAD/WEB/DIAE/IA/2009/6/Rev1，p. 6。

② See UNCTAD，*Investor – State Dispute Settlement and Impaction on Investment Rulemaking*，United Nations，2007，p. 46.

③ Article 5. 2（b），US Model BIT（2004）.

④ See Article 1105，US – Korea FTA.

　　值得注意的是，在投资者—国家投资争端解决实践中，一些仲裁庭表现出合并"充分保护与安全"和"公正与公平待遇"来论证东道国给予投资的待遇是否符合条约的规定。一些仲裁庭认为因为投资已经遭受到不公正和不平等待遇，所以已经违反了充分保护与安全标准。如在 *Occidental v. Ecuador* 一案①中，仲裁庭认为，尽管不存在任何外在的暴力和损害，但是充分保护与安全标准已经被违反。仲裁庭阐述如下："仲裁庭认为被告已经违反了条约第 II（3）（a）条下其给予公正和公平待遇义务……是否已经违反了充分保护和安全，在该条款下变得毫无意义，因为不公正和不公平的待遇自动地涵盖投资缺乏充分保护与安全。"②

　　尽管有评论认为在 *Occidental* 和 *Azurix* 案例中合并"充分保护与安全"和"公正与公平待遇"的结果是否将建立投资者—国家争端解决实践一个新的模式可能还太早，③但是，笔者认为，这种合并充分保护与安全标准和公正与公平待遇标准以及扩大解释"充分保护与安全"的投资争端解决实践的后续影响值得关注。毕竟，充分保护与安全标准起初仅仅被运用于暴力（violence）情形，但是，在提供法律保护和安全意义上，近来已经有更多案例适用于非暴力情形。④由此，对于投资东道国而言，将意味着有可能需要给予外资保护更高的保护标准。

---

　　① 在 *Occidental* 争端中，源自美国石油公司和负责厄瓜多尔石油勘探与生产厄瓜多尔政府公司之间履行合同。投资者已经投资，在发现厄瓜多尔宣告关于合同的先前决定无效之后，投资者主张其合法期望已经落空。*Occidental Exploration and Production Company v. Ecuador*, London Court of International Arbitration, Case No. UN 346, Award, 1 July 2004, para. 187.

　　② *Ibid.*

　　③ See UNCTAD, *Investor - State Dispute Settlement and Impaction on Investment Rulemaking*, United Nations, 2007, p. 47.

　　④ *Ibid.*, pp. 46 - 47.

（三）国民待遇和最惠国待遇保证

"国民待遇是 GATT/WTO 体制中基本的市场准入原则"①，而最惠国待遇则"已经成为 GATT 的基石（cornerstone）和 WTO 贸易体制的支柱（pillars）之一"②。在 IIAs 中，国民待遇和最惠国待遇也是其基本内容之一，尽管不同协定的规定存在差异，有关的投资争端解释也不完全一致。

在给予国民待遇的 IIAs 中，对于国民待遇适用范围最大的差异在于东道国给予投资准入前国民待遇还是准入后国民待遇。③

在关于国民待遇投资争端的实践中，决定东道国是否已经违反了其给予投资者及其投资所涵盖的国民待遇义务，大多数仲裁庭已经遵循三步分析：首先，确定用于比较的有关目标；其次，考虑每一个比较者得到的相关待遇；再次，如果发现不同待遇，审查可比较的目标是否"在同等情况下"（in like circumstances），换言之，是否有任何因素可以证明不同的待遇是正当的。④

关于国民待遇义务的解释保持了开放，由仲裁庭更进一步明确地给予解释。许多案例的审查已经接受了这样的标准，无论是法律上还是事实上的歧视依赖于逐案分析某一措施对外国投资者的影响。这考虑到对这些措施的审查不仅仅是清楚地表明在外国和国内

---

① Mitsuo Matsushita, Thomas J. Schoenbaum and Petros C. Mavroidis, *The World Trade Organization Law*, *Practice and Policy*, Oxford University Press, 2003, p. 156.

② Appellate Body Report, Canada—Automotive Industry, para. 69. 转引自 *Ibid*.

③ 关于投资准入前国民待遇与准入后国民待遇的详尽论述。See UNCTAD, *International Investment Agreement*: *Flexibility for Development*, United Nations, 2000, pp. 94 - 103. 或者参见余劲松，《区域性安排中的外资公平与公正待遇问题研究》，载王贵国主编：《两岸四地经贸安排研究》，北京大学出版社 2006 年版，第 48—52 页。

④ See UNCTAD, *Investor - State Dispute Settlement and Impaction on Investment Rulemaking*, United Nations, 2007, pp. 48 - 51.

投资之间的差别待遇是否更支持后者，而且要审查在表面上非歧视的这些措施，与在相同情况中给予国内投资者的待遇相比，是否有给予外国投资者较少优惠待遇的效果。

最惠国待遇（most‑favoured‑nation treatment，简称 MFN）是指"一国通过协议给予另一国及其国民的各种优惠待遇，无论是现在还是将来，都不应低于任何其他国家及其国民的优惠、特权或豁免待遇"[1]，"最惠国条款的目的与功能在于维持国际间待遇的平等"[2]。所以数百年以来，最惠国待遇一直是贸易政策的中心支柱。[3]在 WTO 的基本原则中，被称为 WTO 基石的最惠国待遇原则，[4] 还是"贯穿于 WTO 多边贸易各个领域的一条总的指导思想"[5]。

在国际投资领域，MFN 条款是 IIAs 中的关键条款之一。MFN标准意味着东道国在同等情况下给予一个外国投资者的待遇必须与其给予任何其他外国投资者的待遇相同。[6] 或者说投资东道国必须给予一个外国投资者的待遇不低于在同等的情况下其给予任何其他外国投资者的待遇。[7] 该标准旨在预防以外国投资者的国籍为基础对其实施歧视，给了投资者一个抗辩东道国采取某些形式歧视的保证。可见，该待遇标准最关键之处在于给来自不同国家的投资者确

---

① 曾令良：《世界贸易组织法》，武汉大学出版社 1996 年版，第 139 页。

② 王铁崖：《最惠国条款的解释》，载邓正来编：《王铁崖文选》，中国政法大学出版社 2003 年版，第 407 页。该文原载于《清华周刊》（清华大学）1932 年，第 11 期。

③ ［美］约翰·H. 杰克逊：《世界贸易体制——国际经济关系的法律与政策》，张乃根译，复旦大学出版社 2001 年版，第 176—177 页。

④ 王贵国：《世界贸易组织法》，法律出版社 2003 年版，第 42 页。

⑤ 赵维田：《世贸组织（WTO）法律制度》，吉林人民出版社 2000 年版，第 51 页。

⑥ See UNCTAD, *Most‑Favoured‑Nation Treatment*, *UNCTAD Series on Issues in International Investment Agreements*, *UNCTAD/ITE/IIT/*10（*Vol. III*），United Nations, 1999, p. 5.

⑦ *Ibid.*, p. viii.

立平等的竞争机会。①

整体上，MFN 涵盖的范围十分广泛，几乎适用于所有形式的投资活动，诸如经营、维持、使用、出售或投资清算等。尽管不同 IIAs 中对于最惠国待遇标准的规定并不一致，但是在所涉及的投资事项方面，MFN 条款显示出相同的基本结构，即它们通常是互惠的（指所有缔约方受最惠国待遇条款约束）、无条件的以及适用于所有与投资有关的事项。②

当然，由于在 IIAs 中调整 MFN 义务使用方式的多样性在很大程度上也解释了为什么投资法理学就 MFN 问题在过去的十年中没有统一。

关于 MFN 投资争端实践中的主要问题通常涉及 MFN 标准的实体权利问题和 MFN 标准是否应该适用于争端解决程序的问题。因为一方面，大多数投资者—国家争端解决实践处理了有关 MFN 标准的实体权利；但是另一方面，似乎更多近来的投资案例法也处理了 MFN 标准是否应该适用于争端解决程序的问题。③ 但是对于 MFN 标准是否应该适用于争端解决程序，并没有形成统一的做法或者模式，而是存在较大的争议。

总之，近来的 IIAs 在国民待遇和 MFN 条款范围上已经有了一些变化，不少 BIT 实践在缩小国民待遇和 MFN 的适用范围。如一些近来的 IIAs 仅仅在涉及投资的特定活动（specified activities）中适用国民待遇和 MFN 条款。④ 此外，通过排除特定的其他协议所

---

① See UNCTAD, *Most - Favoured - Nation Treatment*, *UNCTAD Series on Issues in International Investment Agreements*, *UNCTAD/ITE/IIT/10*（*Vol. Ⅲ*），United Nations, 1999, p. 1.

② *Ibid.*, p. 5.

③ See UNCTAD, *Investor - State Dispute Settlement and Impaction on Investment Rulemaking*, United Nations, 2007, p. 52.

④ See UNCTAD, *International Investment Arrangements*: *Trends and Emerging Issues*, United Nations, 2006, pp. 35 - 36.

提供的 MFN 标准，IIA 也可能使 MFN 的范围缩小。例如，加拿大模式的 BIT 附件Ⅲ规定 MFN 条款"不适用于所有生效的或者先于本协议生效之日已经签署的双边或者多边国际协议所给予的待遇"。而 2001 年中国—荷兰 BIT 中，排除了中国现有的不一致的措施和对这些不一致措施的任何修订（不增加这些措施的不一致性）的国民待遇和 MFN 义务。[1]

（四）征收及其补偿问题

尽管"大规模的征收已不再是当前国际投资的主要威胁"[2]，但是征收问题仍然是 IIAs 中独立、首要和最重要的保护问题，[3] 特别是在 BIT 谈判中，征收问题一直是排列在前的问题，[4] 而且传统上，关于征收问题的争论已经达到了国际投资中争论问题的顶峰。[5] 或者可以说，征收赔偿[6]是国际法和国际经济法学界争论最为激烈的题目之一。[7]

发达国家起初坚持东道国没有权利对外国投资者进行征收，而后又要求以征收补偿达到"赫尔准则"作为合法征收的条件，但发展中国家在 20 世纪 40 年代至 70 年代的一系列国有化或者征收

---

① 2003 年中国—荷兰 BIT 第 3 条第 2 款、第 3 款。

② Guiguo Wang, *China's Practice in International Investment Law: From Participation to Leadership in the World Economy*, The Yale Journal of International Law, vol. 34, No. 2, 2009, p. 582.

③ See UNCTAD, *Investment Provisions in Economic Integration Agreements*, United Nations, p. 106.

④ See UNCTAD, *Bilateral Investment Treaties 1995 – 2006: Trends in Investment Rulemaking*, United Nations, 2007, p. 44.

⑤ See UNCTAD, *Investor – State Dispute Settlement and Impaction on Investment Rulemaking*, United Nations, 2007, p. 56.

⑥ 关于国有化与补偿问题的详尽论述，参见余劲松：《跨国公司法律问题专论》，法律出版社 2008 年版，第 369—401 页。

⑦ 王贵国：《国际投资法》，北京大学出版社 2001 年版，第 216 页。

行动对此予以了有力的回击,① 而且发展中国家在通过联合国大会舞台争取独立经济权利的过程中,也为发展中国家征收外国投资的合法性与补偿标准谋取了相应的法律支持。如 1974 年联合国大会通过的《各国经济权利和义务宪章》即为例证之一。与"赫尔准则"形成针锋相对的"卡尔沃主义",不但主张东道国有权对外国投资者的投资进行征收,而且坚持不予补偿。我国著名国际法学家李浩培先生也主张采取国有化措施的国家无须给予补偿。② 总之,20 世纪关于征收的大多数争论还是集中于合法征收的条件。

尽管有学者认为"现代国际法并没有规定国有化必须补偿的法律义务"和"国家没有对财产被国有化的外国人支付补偿的国际法律责任"③,而且发展中国家试图努力改变国际经济旧秩序,建立国际经济新秩序,④ 但是从目前 IIAs 的发展和国际投资争端实践来看,显然发达国家依然占据了主动。有关研究已经表明,当今的 IIAs 中更多的协议已经逐步接受了合法征收的四个条件,即征收措施(1)是为了公共目的;(2)采取措施与可适用的法律和应有程序一致;(3)非歧视;以及(4)给予补偿。甚至,似乎已经认识到,关于国家征收的习惯国际法的基本原则可能是,外国人所有的财产不能被征收或者不能遭受"相当于"(tantamount)征收的措施,除非满足以上四个条件。⑤

---

① 1974 年联合国秘书长向联合国大会报告,从 1960 年到 1974 年中期,有 62 个国家实行了 875 件国有化,均未实行"充分、及时、有效"补偿。姚梅镇:《比较外资法》,武汉大学出版社 1993 年版,第 802—803 页。

② 李浩培:《李浩培文选》,法律出版社 2000 年版,第 545—552 页。

③ 余劲松:《跨国公司法律问题专论》,法律出版社 2008 年版,第 381 页。

④ 关于发展中国家合作对建立国际经济新秩序的努力、成绩等方面的论述,详见陈安:《南南联合自强五十年的国际经济立法反思——从万隆、多哈、坎昆到香港》,载《中国法学》2006 年第 2 期。

⑤ See UNCTAD, *Investor - State Dispute Settlement and Impaction on Investment Rulemaking*, *United Nations*, 2007, p. 56.

同时，笔者注意到涉及征收的潜在投资争端近年来已有显著增加，过去十年来，许多仲裁裁决也已经处理了间接征收问题，尽管在实践中，对于哪些措施构成间接征收也不确定，[①] 对于在国际法下哪些因素构成征收的关键问题并没有取得统一意见。只是认为涉及征收行为是否事实上已经发生，需要以逐案为基础作出决定。

（五）"保护伞条款"问题

在 IIAs 中，"保护伞条款"（Umbrella Clause）已经成为一个非常普遍的条款。该条款通过对投资东道国和外国投资者合同义务作出规定，对投资者提供额外的保护。但是，在 IIAs 中，关于"保护伞条款"的措词或用语并不相同，因此，不但学界对该条款的理解存在争议，而且在国际投资争议解决实践中，仲裁庭对"保护伞条款"的解释也并不一致。甚至，"国际仲裁庭在对投资争议作出裁决时，最大的问题之一就是"保护伞条款"的含义"[②]。

"保护伞条款"广泛存在于 BITs 当中，例如，据 OECD 曾对2500多个 BITs 的统计中发现，有接近 40% 的 BITs 包含"保护伞条款"。[③] 尽管 BITs 中关于"保护伞条款"具体措词各异，但几乎都是采用强制性用语，大部分 BITs 关于"保护伞条款"规定的是由国家承担的有关义务而不涉及私人之间的义务。

针对该条款，国际上许多学者认为它是一个将合同义务上升为条约义务的条款。在国际投资争议实践中，一些仲裁庭坚持应该在"正常违反商业合同"和"违反条约"之间进行区分，认为"保护伞条款"仅仅适用于"违反条约"的情形，也即并非所有的裁决都对"保护伞条款"作广泛的解释。尽管目前在法学理论上还不能就此得出结论，"保护伞条款"涵盖所有国家义务，也包括合同

---

① 余劲松：《跨国公司法律问题专论》，法律出版社 2008 年版，第 392 页。

② OECD, *Interpretation of the Umbrella Clause in Investment Agreements*, in *International Investment Law: Understanding Concepts and Tracking Innovations*, 2008, p. 102.

③ *Ibid*, 2008, p. 105.

义务，但是，近来越来越多的仲裁庭认为，"保护伞条款"涵盖所有国家义务，也包括合同义务。由此，似乎缔约方政府对投资协议中包含"保护伞条款"意图的进一步解释，以及在新的条约中采取清楚的用语，将受到欢迎且需要更多发展。

（六）投资者—国家争端解决

由于投资解决争端的有效体制是加强法律规则和增加法律稳定性很重要的手段，所以许多 IIAs 都规定了投资者—国家争端解决机制。如从 NAFTA 开始，美国和澳大利亚已在其 FTAs 中一致地涵盖投资者—国家争端解决机制。[①] 而且，近年来，日益增加的投资者—国家投资争端都是以条约为基础而提出。[②]

通常，投资者—国家争端解决的方式将涉及协商、调解、诉讼和国际仲裁，但是在投资者—国家争端解决中，越来越多的投资者采用仲裁方式来解决争议，且涉及的范围非常广泛。这意味着在 IIAs 中通常所包含的大多数实质性条款已经成为投资者—国家争端解决程序的主题。[③] 而且，从 2008 年投资者—国家投资争端解决的发展来看，进一步确认了增加利用国际仲裁解决投资争端的趋势。[④]

不可忽视的是，越来越多的投资者—国家争端通过仲裁这种独特机制解决的发展现状与趋势正在造成相当大的负担，特别是对发

---

① See Gilbert Gagné and Jean – Frédéric Morin, *The Evolving American Policy on Investment Protection: Evidence from Recent FTAs and the* 2004 *Model BIT*, Journal of International Economic Law, Vol. 9, No. 2, 2006, p. 372.

② See UNCTAD, *Latest Developments in Investor – State Dispute Settlement*, IIA Monitor, No. 1 (2009), UNCTAD/WEB/DIAE/IA/2009/6/Rev1, p. 2.

③ See UNCTAD, *Latest Developments in Investor – State Dispute Settlement*, IIA Monitor, No. 1 (2008), UNCTAD/WEB/ITE/IIA/2008/3, p. 12.

④ See UNCTAD, *Latest Developments in Investor – State Dispute Settlement*, IIA Monitor, No. 1 (2009), UNCTAD/WEB/DIAE/IA/2009/6/Rev1, p. 12.

展中国家。例如:①

首先，由国际仲裁庭对条约义务所作出的解释趋向分歧。这已经导致投资者新的不确定性和有冲突的裁决数量不断增加;

其次，仲裁规则的不同，尽管可以提供给外国投资者在不同选择项之间进行选择，但也导致投资者—国家争端体制的不连贯和缺乏可预见性;

最后，仲裁中所涉及的费用，实际上所作出裁决数额的大小对国家而言是令人忧虑的，特别是对于发展中国家。如投资者针对美国的诉讼已经花费的代价从 2000 万美元到 10 亿美元不等。②

可见，投资者—国家争端解决程序不仅仅是重复发生和不可预见，而且这些程序也是代价昂贵。

总之，尽管投资保护问题长期以来一直是国际投资协议中的核心问题，但是对于投资保护，近年来在国际投资关系中已经发生了一些新的变化，即使以美国为代表的发达国家似乎也已经从过去一味强调投资保护，加强投资保护标准，转而在投资保护与投资东道国利益之间试图找到平衡。如在签署 NAFTA 十三年之后，美国关于国际投资法的政策开始革新。不仅表现在美国在 2004 年 2 月发布了一个修订的 BIT 范本和在该修订 BIT 范本下美国于 2004 年 9 月签署了第一个 BIT（美国—乌拉圭 BIT）以及近来美国的 FTAs 已经纳入这种经修订的、不同于先前 BITs 条款和 NAFTA 条款的 BIT 范本条款，③ 而且"近来美国 FTAs 的新特征和修订的 BIT 范本旨在在投资保护和国家主权保护之间达到更好的平衡。"④

---

① See UNCTAD, *Latest Developments in Investor - State Dispute Settlement*, IIA Monitor, No. 1 (2009), UNCTAD/WEB/DIAE/IA/2009/6/Rev1, p. 12.

② See Gilbert Gagné and Jean - Frédéric Morin, *The Evolving American Policy on Investment Protection: Evidence from Recent FTAs and the* 2004 *Model BIT*, Journal of International Economic Law, Vol. 9, No. 2, 2006, p. 366.

③ *Ibid.*, p. 358.

④ *Ibid.*, p. 357.

三、双边和区域性投资协定中的投资自由化规则发展

尽管传统的 BITs 中强调外国投资的保护继续支配着 IIAs 的框架，尤其是在南—南 BITs 中。然而，数量不断增加的 BITs 中既涵盖了更加复杂、具体的投资条款，也包括了投资自由化义务。[①] 而且，绝大部分区域贸易协定（RTAs）内容都涵盖投资保护和自由化条款，甚至投资自由化成为了区域一体化协议重要的内容之一。[②] 有关研究还表明，大多数的经济一体化投资协议（Economic Integration Investment Agreements，EIIAs）包括了以缔约方之间投资自由化的具体义务作为履行贸易自由化和市场一体化程度更加深化的手段，一些 EIIAs 的类型主要或几乎集中（focus on）于以自由化为中心。[③]

即使面对 2008 年的金融危机，有关国际组织也在继续关注国际投资自由化问题。如 UNCTAD 和 OECD 于 2009 年 12 月 7 日—8日共同在法国巴黎举办的"国际投资第八次全球论坛"中，主要集中于旨在结束危机和达到可持续的、长期经济发展战略的两个关键问题是：需要对国际投资维持开放市场；需要改善全世界范围的投资环境。[④]

本节中关于双边和区域性投资协定中的投资自由化规则的论述将主要涉及投资准入和设立、投资资金转移、履行要求、投资透明度等方面的内容。

---

① See UNCTAD, *International Investment Arrangements：Trends and Emerging Issues*, United Nations, 2006, p. 9.

② 余劲松：《区域性安排中的投资自由化问题》，载王贵国主编：《区域安排法律问题研究》，北京大学出版社 2004 年版，第 45 页。

③ See UNCTAD, *Investment Provisions in Economic Integration Agreements*, United Nations, 2006, p.44.

④ OECD, *Beyond the Crisis：International Investment for a Stronger, Cleaner, Fairer Global Economy*, OECD Global Forum on International Investment Ⅷ, Paris, 7 - 8 December 2009, 2009 - 12 - 22.

（一）投资准入和设立

在习惯国际法下，没有国家被要求在其境内允许承认或设立另一个国家国民或公司的投资。一国不可能允许外国投资者不受限制地享有在其境内投资的权利。①因为在习惯国际法下，对外国投资者进入和设立投资的控制，有关一个国家的主权，②而且这种准入权是一个国家在其境内专属控制的国内管辖权事项，③因此投资东道国在决定是否以及在什么条件下允许外国投资者进入时有非常广泛的自由决定权。④

UNCTAD 的有关研究表明，当设立权利出现在某一个 IIA 中时，通常以某种方式加以限制，且表现出四种非常明显的基本方式。

第一种方式是规定投资者在东道国有投资设立权，但也规定了例外。如 2001 年东盟投资区框架协议第 7（1）条规定："根据本条款，每一成员方应：（a）立即对东南亚国家联盟的投资者开放所有工业领域的投资。"但是，本条款的其他部分规定了设立权利的临时例外，这些例外到 2010 年逐渐停止。且该投资设立权进一步被紧急保障条款所限制。

第二种方式是保证投资者在东道国投资设立权的国民待遇和MFN。这些保证有时被描述为"设立前"的国民待遇和最惠国待遇保证。"设立后"的国民待遇和 MFN 没有放宽投资流动的限制，因为该待遇体制强调东道国没有义务允许投资，仅仅规定在投资设立后给予非歧视待遇。"设立前"的权利通常受到允许东道国具体经

---

① See UNCTAD, *International Investment Arrangements：Trends and Emerging Issues*, United Nations, 2006, p. 26.

② See UNCTAD, *Admission and Establishment*, *UNCTAD Series on Issues in International Investment Agreements*, United Nations, 2002, p. 7.

③ Ian Brownlie, *Principles of Public International Law*, 5th ed, Oxford, Clarendon Press, 1998, p. 522.

④ See UNCTAD, *Admission and Establishment*, *UNCTAD Series on Issues in International Investment Agreements*, United Nations, 2002, p. 7.

济部门不适用该权利的条款限制，即所谓的"否定式清单"（negative list）方式。在一些协议中，"设立前"的义务仅仅规定 MFN。[①]

第三种方式保留最普遍的例外，要求缔约方承认投资"与缔约方法律一致"。在该方式下，投资设立权被限制在东道国法律允许的范围内，且东道国可以在任何时候进行改变。如此，该条款保护外国投资者所享有的对抗东道国拒绝投资设立的权利，仅仅是在东道国的拒绝投资设立违背了其自身的法律之时。

第四种方式是简单地规定将来自由化。该方式在协议生效时不会导致任何自由化。该方式的意义完全取决于缔约方将来所采取的行动。

大多数 BITs 遵循传统的方法，即允许东道国对外国投资实施任何许可和审查机制以及决定允许外国投资进入该国的条件。[②] 但是，涵盖市场准入前权利的协议的数量在增加。这样的 BITs 突出地表现在由加拿大和美国所缔结的 BITs，而且更多是日本近来所缔结的 BITs。[③] 这意味着外国投资者关于要进行的投资有权享受的待遇不低于东道国国内投资者的待遇。

因此，越来越多的发展中国家实际上将面临适用两种不同的 BIT模式，即"准入条款"（admission clause）模式（大多体现在与欧洲国家签署的 BITs）和"设立权"（right of establishment）模式（主要体现在与加拿大和美国所签署的条约）。[④] 遗憾的是，似乎发展中国

---

① See UNCTAD, *International Investment Arrangements: Trends and Emerging Issues*, United Nations, 2006, p. 27.

② See UNCTAD, *Bilateral Investment Treaties* 1995 - 2006: *Trends in Investment Rulemaking*, United Nations, 2007, p. 21.

③ See Gilbert Gagné and Jean - Frédéric Morin, *The Evolving American Policy on Investment Protection: Evidence from Recent FTAs and the 2004 Model BIT*, Journal of International Economic Law, Vol. 9, No. 2, 2006, p. 359.

④ See UNCTAD, *Bilateral Investment Treaties* 1995 - 2006: *Trends in Investment Rulemaking*, United Nations, 2007, p. 23.

家并没有多大的决定权甚至是选择权，因为要面临哪种 BIT 模式，要依赖于它们的缔约方是谁。同时，关于 BITs 的一个正在形成中的趋势是关于条约的改革，即改革的目标旨在阐明"投资"定义的范围和某些关键义务的含义，规定投资规则制定时更加透明，清楚地阐明投资保护不会为了寻求以其他基本公共政策事项为代价以及要提高透明度和争端解决程序的可预期性。因此，尽管关于市场准入前待遇的改革，迄今为止还主要限于少数国家，如加拿大、哥伦比亚、日本、韩国和美国等国所缔结的 BITs，将来是否会有更多的国家采用这种方法尚待分晓（it remains to be seen）。[①] 但是，发展中国家面临着保持其所签署的 BIT 一致性的挑战似乎已经不可避免。

（二）投资资金转移

关于资金转移，除了如前所述《国际货币基金协定》中的规定[②]所确立的条约义务能够服务于投资自由流动，[③] 以及《服务贸易总协定》（GATS）中针对"支付和转移"的专门规定，[④] 要求所有 WTO 成员承担涵盖投资资金及其利润在内的自由转移义务，除非符合保障收支平衡的例外情形。一些双边和区域性投资协定也非常重视投资资金转移问题，因为投资者的投资资本、利润和其他支付及时转移是其投资正常经营的关键条件之一。

例如，OECD 在其《资本流动自由化法典》中规定，各成员为了有效的经济合作应不断（Progressively）取消相互之间对资本流动的限制。[⑤]

---

① See UNCTAD, *Bilateral Investment Treaties* 1995 – 2006：*Trends in Investment Rulemaking*, United Nations, 2007, p. iii.

② 《国际货币基金协定》第 8 条第 2 款（a）。

③ See UNCTAD, *Transfer of Funds*, *UNCTAD Series on Issues in International Investment Agreements*, United Nations, UNCTAD/ITE/IIT/20, 2000, p. 10.

④ 《服务贸易总协定》（GATS）第 11 条第 1 款。

⑤ See Article 1 (a), the OECD Code of Liberalisation of Capital Movements, OECD (2009).

　　NAFTA 中不仅明确规定每一缔约方应该允许所有在另一缔约方领土内与投资有关的资金自由和毫无迟延地转移，对可以自由转移的资金种类也作出了非常明确的规定。①

　　尽管自 1995 年以来缔结的 BITs 中关于转移条款的范围、内容和详尽程度存在差异，但是，大量的 BITs 已经遵循相同趋势，涵盖准予投资者有权毫不迟延地、以自由兑换的货币和以确定的兑换利率转移与投资有关的资本的条款。同时，大量的 BITs 已经涵盖这些义务的例外。②

　　由于资金转移不仅事关投资者利益，也与投资东道国利益，甚至与东道国的根本利益密切相关，所以许多 BITs 中都规定了资金转移的不同特定例外。例如有的 BIT 规定，转移条款不能阻止缔约方确保遵守与诸如破产、有价证券交易、刑事法律有关事项的其他措施或者遵守审判结果。③

　　近来的 BITs 已经日益使用类似例外规定，如在由澳大利亚、加拿大、日本、美国、墨西哥和一些拉丁美洲国家谈判的 BITs 中涵盖这种例外，在有些情况下也包含适用有关基于统计目的资金转移报告的法律权利。④

　　正是由于资金转移条款对于投资者和东道国都是非常关注的重要问题，所以在过去十年期间，资金转移条款的起草已经集中于在投资者利益和那些东道国之间寻求平衡。⑤

---

①　See Article 1109 (1), NAFTA.

②　See UNCTAD, *Bilateral Investment Treaties* 1995 – 2006：*Trends in Investment Rulemaking*, United Nations, 2007, p. 56.

③　See Article 6 (3), Mexico – Korea BIT (2000) .

④　See UNCTAD, *Bilateral Investment Treaties* 1995 – 2006：*Trends in Investment Rulemaking*, United Nations, 2007, p. 62.

⑤　*Ibid.* , p. 63.

（三）关于履行要求①

"履行要求"（performance requirements）是指东道国政府要求私人投资者为特定行为的措施，通常是基于东道国的经济发展需要对投资者施加的条件限制。② 一国使用履行要求的基本原理是促使某些投资者的行为推动特定政策目标。执行履行要求的目的在于影响投资定位和特征，特别是投资成本和利润。③

传统上，大多数 BITs 不包括关于履行要求的任何清楚规定。但是，目前国际社会已经广泛认识到，至少某些履行要求对于国际贸易可能有扭曲作用。特别是 TRIMs 协议对于禁止履行要求的规定是突出而明显的例证。④ "在履行要求的国际规则方面，TRIMs 协议构成了一个标准的里程碑，而且 TRIMs 协议对许多 BITs 也有重要影响。"⑤ 所以数量日益增长的 BITs 对于履行要求已经清楚地作出规定，且这些规定旨在限制东道国适用履行要求的自由决断力。同时，从现状来看，这些 BITs 中关于履行要求所规定的层次倾向于超出 TRIMs 协议所涵盖义务的水平。⑥

不仅如此，履行要求的也是 RTAs 谈判所关注的内容。在许多

---

①　关于国际投资协议中的履行要求问题的详尽论述，参见余劲松：《区域性安排中的投资自由化问题》，载王贵国主编：《区域安排法律问题研究》，北京大学出版社 2004 年版，第 54—60 页。

②　余劲松：《区域性安排中的投资自由化问题》，载王贵国主编：《区域安排法律问题研究》，北京大学出版社 2004 年版，第 54 页。

③　See UNCTAD, *Bilateral Investment Treaties* 1995 – 2006: *Trends in Investment Rulemaking*, United Nations, 2007, p. 64.

④　TRIMs 协议附件中列举了违反 GATT 第 3 条国民待遇原则和第 11 条普遍取消数量限制原则的几种措施，主要包括：当地成分要求、贸易平衡要求、外汇平衡要求、国内用汇限制和国内销售要求。See the annex to the WTO Agreement on Trade – Related Investment Measures（TRIMs）.

⑤　See UNCTAD, *Bilateral Investment Treaties* 1995 – 2006: *Trends in Investment Rulemaking*, United Nations, 2007, p. 65.

⑥　*Ibid.*

情形下，履行要求被强调作为允许设立投资的条件或者作为获得特殊利益或者优惠的条件。

当然，由于认识到一些东道国认为履行要求是其经济发展政策的重要因素，近来的 IIAs 在履行要求上包含的规则仍然使用不同的含义，以留给东道国一些行动的自由来运用这些履行要求，以及据此在东道国的经济发展政策和外国投资保护之间找到平衡。例如，一种方式是允许缔约方在条约附件中列出维持履行要求禁止例外；另外一种方式是对两种履行要求种类进行区分，即将那些认为是最不合乎要求、可能无论如何也不能用于投资的履行要求列为第一种；将那些认为是有些不合乎要求（somewhat less undesirable）、可能作为获得优惠条件用于投资的履行要求列为第二种。如果那些履行要求属于第二类，东道国可能给投资提供特殊的优惠来换取投资遵守某些履行要求的承诺。在这种方式下，两种履行要求的禁止通常属于列入附件中的例外。[1]

（四）投资透明度问题

关于透明度原则的内容，有学者认为包括两个方面：其一是指法律、法规、行政规章和行政命令等应事先公布然后再予以执行和实施；其二是指执行和实施的程序、标准和规则要公开化。[2] 有学者认为，透明度内容主要包括政府的措施与信息要及时公开以及争端解决程序透明两大方面。[3] 也有学者认为，WTO 规则中的透明度原则的主要内容包括贸易政策措施的公布、贸易政策的通知和贸易政策的评审三个方面。[4] 可见，学者们对透明度原则内容的理解并

---

[1] See UNCTAD, *Bilateral Investment Treaties* 1995 – 2006: *Trends in Investment Rulemaking*, United Nations, 2007, pp. 42 – 43.

[2] 王贵国：《世界贸易组织法》，法律出版社 2003 年版，第 87 页。

[3] 余劲松：《区域性安排中的投资自由化问题》，载王贵国主编：《区域安排法律问题研究》，北京大学出版社 2004 年版，第 61 页。

[4] 曹建明、贺小勇：《世界贸易组织》，法律出版社 2004 年版，第 77—80 页。

非完全一致。笔者认为，国际投资领域中的透明度问题将首先涉及与国际投资有关的政策与法律的公布；其次是与国际投资有关的政策与法律的执行与实施要公开化；最后是国际投资争端解决程序要透明。

透明度问题在国际协定中已经受到广泛关注，并且成为 WTO 协议、FTAs 以及其他 IIAs 的重要内容之一。[①] 在国际投资关系中，不但"透明度问题是投资规则制定的领域之一"[②]，且投资自由化与透明度密切相关。因为透明度有助于投资者了解其投资准入及活动方面的条件，或从事经营活动所必要的信息，明确其在投资过程中的权利和义务，从而提高投资关系的稳定性和可预见性。[③]

如 OECD 在其《投资政策框架》中指出："透明度、产权保护和非歧视是投资政策原则，这些原则加强了创造稳定投资环境努力的基础。"[④] 在投资政策透明度方面，要考察和判断"政府采取了什么步骤确保调整投资和投资者，包括中、小型企业的法律、规则及其执行和贯彻是清晰、透明、容易接受和未增加不必要的负担"[⑤]，且 OECD 认为，"有关政府如何执行和改变调整投资规则和规章的透明信息在投资决定中是关键的决定因素。透明度和可预期性对中、小企业参加经济的具体挑战特别重要"[⑥]。

透明度要求在许多 BITs 中不但有具体体现，且透明度本质在新一代的 IIAs 中已发生重要改变。更多近来的 IIAs 已经开始强调缔约方在所有与投资有关交易的透明度为一般义务。该义务可能涵

---

① 余劲松:《区域性安排中的投资自由化问题》，载王贵国主编:《区域安排法律问题研究》，北京大学出版社 2004 年版，第 61 页。

② See UNCTAD, *Bilateral Investment Treaties 1995 – 2006: Trends in Investment Rulemaking*, United Nations, 2007, p. 76.

③ 余劲松:《区域性安排中的投资自由化问题》，载王贵国主编:《区域安排法律问题研究》，北京大学出版社 2004 年版，第 61 页。

④ OECD, *policy Framework for Investment*, 2006, p. 13.

⑤ *Ibid.*

⑥ *Ibid.*, p. 23.

盖东道国允许投资者参与影响其投资的国内规则制定程序的要求。①

值得注意的是，违反透明度义务可能和公正与公平待遇相关联。例如，*Metalclad* 案仲裁庭认为："墨西哥未能为 *Metalclad* 公司的商业计划和投资确保一个透明和可预期的框架。……由于墨西哥未采取与 NAFTA 中透明度义务相一致的行动方式，依据国际法，墨西哥没有授予投资者公正与公平待遇"。②

总之，在 IIAs 中，透明度不再被认为仅仅是缔约方交换与投资有关的信息的事项，而被认为是培养更有预期性的投资环境的工具，由此投资者能够清楚地评估适用于其投资的条件和规则。

本章小结

在现代国际法下，投资保护依然是国际投资中非常突出的主题。但是在全球化发展的进程中，随着一些发展中国家和转型经济国家的经济发展和对外投资能力的提升，发达国家在国际投资保护的问题上原来所坚持的一些原则已经发生一定程度的改变。典型的代表莫过于美国关于国际投资保护政策的发展与变化。美国意图在投资保护和国家主权保护之间达到更好的平衡的趋向。

在国际投资自由化方面，全球范围内外资法的修订依然保持外资政策朝着更加自由化的方向发展。近来一些 BITs 的修订和将来的修订可能都将涉及投资政策更加自由化，而且绝大部分 RTAs 内容都涵盖投资保护和自由化条款，甚至一些经济一体化投资协议（EIIAs）几乎以自由化为中心。显然，投资自由化已经成为 IIAs 中最为重要的内容之一。

---

① See UNCTAD, *International Investment Arrangements*: *Trends and Emerging Issues*, Untied Nations, 2006, p. 47.

② *Metalclad v. Mexico*, ICSID Case No. ARB (AF) /97/1, Award, 30 August 2000, para. 99.

在国际投资争端解决实践中，越来越多的投资者采用仲裁方式来解决争议，且涉及的范围非常广泛，这意味着在 IIAs 中通常所包含的大多数实质性条款已经成为投资者—国家争端解决程序的主题。但是，由于不同 IIAs 中对于公正与公平待遇和充分保护与安全、国民待遇和 MFN 原则、征收及其补偿、"保护伞条款"、履行要求、穷尽当地救济等问题的规定和要求存在差异；在学理上，不同学者的理解也并非一致。而在国际投资争端实践中，由于国际仲裁庭对条约义务所作出的解释趋向分歧和有冲突的仲裁裁决数量不断增加，已经导致投资者需要面对新的不确定性；而协议中规定的不同仲裁规则所提供给外国投资者的不同选择，在一定程度上也导致了投资者—国家争端体制的不连贯和缺乏可预见性；加上国际仲裁中所涉及的费用，特别是仲裁庭的裁决中要求东道国赔偿额度的大小不仅仅对于发展中国家是令人忧虑的，[①] 严重的甚至可能引发"国际投资法律危机"，[②] 或许这也是近年来美国在投资保护和国家主权保护之间寻求达到更好平衡趋向的原因之一。

---

① 单文华：《从"南北矛盾"到"公私冲突"：卡尔沃主义的复苏与国际投资法的新视野》，载《西安交通大学学报》（社会科学版）第 28 卷第 4 期（2008 年 7 月）。

② 刘京莲：《阿根廷经济危机后的"国际投资法律危机"研究——兼及对中国的借鉴意义》，载《太平洋学报》2006 年第 6 期。

第二章　两岸的国际投资保护与自由化义务

第一节　中国大陆的国际投资保护与自由化义务

一、中国大陆缔结国际投资条约的概况

在全球化的大背景下，中国大陆不但主张在多边贸易体制框架内达成更公正的国际贸易体制，积极推动贸易与投资自由化和便利化，而且，在国际投资法领域，中国适时地签署了一些重要的国际投资条约，积极推动缔结双边投资条约和区域性投资协定，为中国创建良好的国际投资环境打下坚实的法律基础。

（一）适时签署多边性国际投资条约

我国于 1990 年 2 月签署了《解决国家与他国国民间投资争端公约》（《华盛顿公约》或《ICSID 公约》），1993 年 1 月 7 日提交了加入该公约的批准书，1993 年 2 月 6 日该公约正式对我国生效。由此，我国与该公约缔约国国民之间的投资争议，在符合"解决投资争议国际中心"（ICSID）管辖权的前提下，也可以提交 ICSID 仲裁解决。我国在加入该公约时已经向 ICSID 发出通知，提出了保留条件，即"根据该公约第 25 条第 4 款，中国政府只考虑将由于征收和国有化而产生的赔偿争议交由 ICSID 管辖"。

我国于 1988 年 4 月 30 日批准了《多边投资担保机构公约》（《MIGA 公约》），成为多边投资担保机构（MIGA）这一重要国际机构的创始成员国。中国不仅在 MIGA 中成为一个负责任的成员国，也与 MIGA 进行了良好的合作，而且 MIGA 为外国投资者在中国的投资提供担保也积极地促进了国际投资流向中国。据 MIGA 公布的统计显示，截至 2009 年度，MIGA 为投向中国的投资提供的

项目担保项目是 37 个，主要涉及水和废水处理、基础设施、制造业、运输、电力等领域的项目。[①]

中国政府自 1986 年即向 GATT 提出恢复关税与贸易总协定（"复关"）的申请，表达了融入世界多边贸易体制的意愿。经过多年的努力，于 2001 年 11 月 10 日在卡塔尔首都——多哈举行的 WTO 第四届部长级会议期间，WTO 成员以全体协商一致的方式，通过了中国加入 WTO 的决定。中国政府代表于 2001 年 11 月 11 日向 WTO 总干事递交了中国加入 WTO 批准书。这样，按照加入 WTO 的程序，中国于该年 12 月 11 日正式成为 WTO 第 143 个成员。

《建立 WTO 协定》中明确规定，"附件 1、附件 2 和附件 3 所列协定及相关法律文件为本协定的组成部分，对所有成员具有约束力。"[②] 因此，WTO 框架下 TRIMs 协议、GATS 以及 TRIPs 协议等有关国际投资的几个协议对我国的投资政策与法律制度都将产生约束力。

（二）积极缔结双边投资条约

尽管中国对外缔结 BIT 的实践起步较晚，但是自 1982 年中国与瑞典缔结第一个 BIT 以来，中国在推动 BIT 方面取得了令世界瞩目的成绩。据学界有人不完全统计，截至 2008 年年底，中国已经与 124 个国家签署了 BIT。[③] 在 BIT 缔结的数量上，中国仅次于德国而位居全世界第二。[④] 中国在实施改革开放政策不久即启动了 BIT 行动，表明了中国政府承担国际投资条约义务的积极意愿，在一定程度上进一步彰显了中国政府推行改革开放的决心和信心。事

---

① MIGA 网站，http://www.miga.org/projects，2010 - 02 - 05.

② 《建立 WTO 协定》第 2 条第 2 款。

③ 季烨：《中国双边投资条约政策与定位的实证分析》，载陈安主编：《国际经济法学刊》第 16 卷第 3 期（2009 年）。

④ UNCTAD，*Recent Developments in International Investment Agreements* (2008 - *June* 2009)，United Nations，2009，pp. 2 - 7.

实上这些 BITs 的缔结对中国的外资政策产生了积极影响，甚至在面对全球 BITs 逐年新增缔结数量总体下滑的趋势下，中国的 BIT 实践似乎并未受到太大影响，反而呈现出跳跃攀升之势。[①]

目前中国不仅正在与加拿大[②]和美国进行 BITs 的谈判，[③] 而且，中国也是积极从事 BIT 重新谈判的国家之一，已经与荷兰等 14 个国家商签了 14 个新的 BITs，重新签订的 BITs 数量也仅次于德国，位居世界第二。

在地域分布上，中国 BITs 缔结对象遍及亚洲、美洲、欧洲、非洲和大洋洲，其中特别是与亚洲国家缔结的 BITs 最多，达到 38 个。在国家类型分布上，中国缔结的 BITs 的对象既包括发达国家，也包括发展中国家与经济转型国家。当然，笔者也注意到，中国缔结的 BITs 当中，大多数是在 20 世纪 90 年代中期以后所缔结，如最近十年缔结的 BITs 达到 53 个，占中国所缔结 BITs 的 43%。

（三）大力推动签署区域贸易协定

在区域性投资协定方面，中国不仅积极参与亚太经合组织（APEC）的活动和推动亚太地区贸易与投资的便利化进程；而且面对 WTO 多边贸易体制发展受阻和美国、日本、欧盟等国家和经济体积极推动区域贸易安排的发展态势，我国也积极作出了反应。如 2007 年 10 月，胡锦涛总书记在党的十七大报告中适时地提出要

---

① 季烨：《中国双边投资条约政策与定位的实证分析》，载陈安主编：《国际经济法学刊》第 16 卷第 3 期（2009 年）。

② 截至 2009 年 4 月，中国与加拿大 BIT 谈判已经进行了第九轮。See Background on the Canada – China Foreign Investment Promotion and Protection Agreement (FIPA)，加拿大外交事务与国际贸易部网站，http：//www. international. gc. ca/trade – agreements – accords – commerciaux/agr – acc/fipa – apie/china – chine. aspx? lang = en，2009 – 12 – 10。

③ Cai Congyan, *China – US BIT Negotiations and the Future of Investment' Treaty Regime：A Grand Bilateral Bargain with Mulatilateral Implications*，Journal of International Economic Law，Vol. 12，No. 2，2009，pp. 457 – 506.

"拓展对外开放广度和深度，提高开放型经济水平"，要求"实施自由贸易区战略"，扩大开放领域，优化开放结构……形成经济全球化条件下参与国际经济合作和竞争的新优势。[①] 可以说，自由贸易区已经成为加入 WTO 之后，我国对外开放的新形式、新起点，以及与其他国家或地区实现互利共赢的新平台。

目前，中国正与五大洲的 28 个国家和地区建设 15 自由贸易个区。其中，已经签署了 10 个自由贸易协定，分别是中国与东盟、新加坡、巴基斯坦、新西兰、智利、秘鲁、哥斯达黎加自由贸易协定，中国大陆与香港、澳门特别行政区的更紧密经贸关系安排，以及与台湾地区的《海峡两岸经济合作框架协议》；除与哥斯达黎加的自由贸易协定外，其他 9 个自由贸易协定已经开始实施，实施情况良好。正在商建的自由贸易区有 5 个，分别是中国与海湾合作委员会、澳大利亚、挪威、瑞士、冰岛自由贸易区。同时，中国已经完成了与印度的区域贸易安排联合研究，与韩国结束了自由贸易区联合研究，正在开展中日韩自由贸易区官产学联合研究。此外，中国还加入了《亚太贸易协定》。[②]

尽管这些协议的名称是建立自由贸易区或者自由贸易协定，但是，这些协议大多规定了投资的问题。

二、中国在多边投资条约中的投资保护与自由化义务

中国不但已经先后成为《MIGA 公约》和《华盛顿公约》的缔约国，而且也成为 WTO 的成员国，接受 WTO 规则的约束，WTO 体制中 TRIMs 协议等几个与国际投资有关的协议都将对中国

---

① 《胡锦涛在中国共产党第十七次全国代表大会上的报告》(2007 年 10 月 15 日)，http://cpc.people.com.cn/GB/104019/104099/6429414.html，2009 - 11 - 19。

② 中国商务部中国自由贸易区服务网站：http://fta.mofcom.gov.cn/，2011 - 12 - 29。

的外国投资政策与法律产生约束力。[①]

（一）ICSID 机制对我国外商投资的保护

《华盛顿公约》对我国外商投资者的保护，主要体现在外商投资者可以利用投资者—国家投资争端机制来寻求投资保护，特别是利用 ICSID 提供的仲裁机制来保护投资。

在 ICSID 行使管辖权[②]的必要条件中，原则上要求投资者和东道国一般应该具有不同的国籍。[③]由于许多国家的外资法都要求，外国投资者在东道国设立的公司必须具有投资东道国的国籍，所以《华盛顿公约》进一步规定，如果某法律实体与缔约国具有相同的国籍，但由于该法律实体直接受到另一缔约国利益的控制，如果双方同意，为了公约的目的，该法律实体也可被视为另一国国民。[④]如在中国境内举办的外商独资企业，按照中国《外资企业法》的规定，该外商独资企业具有中国国籍，[⑤]但因其为外国人所控制，如果该投资者是来自 ICSID 缔约国，且经中国同意后，可将该具有中国国籍的外商独资企业视为"另一缔约国国民"，其与东道国（中国）的投资争议可以提交 ICSID 调解与仲裁。因此，在中国投资的"三资企业"如果要获得 ICSID 管辖的适格性，关键在于如何认定"受另一缔约国利益的控制"。

由此，作为 ICSID 的成员，我国与该公约缔约国国民之间的投

---

① 如就台商保护问题，针对两岸无法签署投资保障协定的现状，台湾学界有人曾建议应"透过相关贸易及投资国际公约，特别是如何透过《解决投资争端公约》（即《华盛顿公约》——作者注）、WTO 机制来保障台商投资"。参见易建明：《论大陆对台商直接投资之征收等法律问题》，载杨光华主编：《WTO 新议题与新挑战》，元照出版公司（台湾）2003 年版，第 288 页。

② 有关《华盛顿公约》中管辖权问题的论述，详见单文华：《欧盟对华投资的法律框架：解构与建构》，蔡从燕译，北京大学出版社 2007 年版，第 201—204 页。

③ See Article 25（1），ICSID Convention.

④ See Article 25（2. b），ICSID Convention.

⑤ 中国《外资企业法》第 2 条。

资争议，在符合 ICSID 管辖权条件的前提下，也可以提交 ICSID 仲裁解决。实际上，我国缔结的许多 BITs 和一些 FTAs 中关于投资者—国家投资争端解决中都规定了经过一定程序，如穷尽当地行政复议程序之后的一定期限内，投资者可以提交争端到 ICSID。①

一直到 2011 年 5 月 24 日，ICSID 秘书处受理登记了马来西亚公司 Ekran Berhand 对中国提起的申诉案件，② 打破了我国在 ICSID 中多年来一直没有成为被告的先例。这在一定程度上反映了多年来我国一直致力于国际投资环境的建设，并建立了良好、稳定的投资环境。

当然，针对中国政府在 ICSID 的保留可能对台商的保护造成一定的影响，有台湾学者认为，中国政府应将透过 ICSID 解决的范围由征收和国有化的范围扩大至直接投资。③

（二）MIGA 机制对我国外商投资的保护与促进

由于 MIGA 承保的合格投资条件中，特别是要求投资在东道国"是否可得到公正平等的待遇和法律保护"④ 的条件，一旦外国投资者需要在中国进行投资，且考虑将某投资项目向 MIGA 申请投保时，MIGA 将特别考察中国的外资投资环境和该申请投保的投资项目在中国是否能够"得到公正平等的待遇和法律保护"。

根据《MIGA 公约》第 23 条和《MIGA 公约解说》中的规定，MIGA 与中国政府经过磋商，于 1991 年 11 月 11 日以换文形式签署了《多边投资担保机构和中华人民共和国政府关于承保外国投资

---

① 如 2004 年中国—芬兰 BIT 第 9 条第 2 款、2007 年中国—韩国 BIT 第 9 条第 3 款、2008 年中国—新西兰 FTA 第 153 条第 1 款、2009 年中国—东盟全面经济合作框架协议投资协议第 14 条第 4 款。

② ICSID Case No. ARB/11/15, at http：//icsid. worldbank. org/ICSID/FrontServlet? requestType = GenCaseDtlsRH&actionVal = ListPending，2011 – 12 – 05.

③ 易建明：《论大陆对台商直接投资之征收等法律问题》，载杨光华主编：《WTO 新议题与新挑战》，元照出版公司（台湾）2003 年版，第 304 页。

④ Article 12 (d. iv)，MIGA Convention.

法律保护的协定》。该协定第2条规定："考虑到本机构根据《公约》第23条（b）款（ii）项为达成有关本机构在承保投资方面享有的待遇的协定而进行的努力，贵政府同意授予本机构不低于中华人民共和国在一投资保护协定中已经给予或将来给予任何国家或该国的投资担保机构的待遇。此种待遇仅适用于本机构作为得到赔偿的投保人的代位人而继受的权利。"显然，包括该规定在内的 MIGA 与中国政府之间签订的上述协定，将不仅消除外国投资者对中国是否为 MIGA 合格东道国的担心，并可确保 MIGA 在中国投资非商业风险保险市场上的优势地位，显示了相当的灵活性。[1]

同时，MIGA 根据《MIGA 公约》获得的代位求偿权，[2] 全体 MIGA 成员国"应予承认"，[3] 也即中国也必将毫无例外地承认 MIGA 的代位求偿权地位。加之，MIGA 的业务还包括"投资促进"，即 MIGA 还将"进行研究，采取行动，促进投资流动，并就发展中会员国的投资机会散发信息，以改善投资环境，吸引外资流向这些国家"。[4] MIGA 的投资促进业务，无疑也包括对于中国的投资环境的评价与投资机会信息的散发、公布等，可见，MIGA 从事的"散发信息"、"改善投资环境"的业务也将对于投资保护起到间接的作用。

作为 MIGA 的创始成员国，中国不仅要遵守公约中的义务，也要遵守 MIGA 与中国签署上述协定中的义务。即中国的外资法律体制中必须提供符合 MIGA 公约要求的待遇和保护，否则，MIGA 将不会对外商投资中国的项目进行承保。由此，MIGA 将为外国投资者到中国的投资提供国际法律保护。事实上，通过 MIGA 为外国投

---

① 陈安主编：《MIGA 与中国》，福建人民出版社 1995 年版，第 455—456 页。

② See Article 18，MIGA Convention.

③ *Ibid.*

④ Article 23（a），MIGA Convention.

资者在中国的投资提供担保也积极促进了国际投资流向中国。[①]

（三）WTO 框架下的投资保护与投资自由化

WTO 法律体制中的 TRIMs 协议、GATS 以及 TRIPs 协议都是与国际投资有关的多边协定。[②]《建立 WTO 协定》中明确规定，"附件1、附件2 和附件3 所列协定及相关法律文件为本协定的组成部分，对所有成员具有约束力。"[③] 要求所有 WTO 成员必须接受涵盖《建立 WTO 协定》在内的附件1、附件2 和附件3 所有协定的约束。

在中国"入世"承诺中，中国政府承诺"应以统一、公正和合理的方式适用中央政府有关或影响货物贸易、服务贸易、与贸易有关的知识产权或者外汇管制的所有法律、法规及其他措施以及地方各级政府发布或者适用的地方性法规、规章及其他措施"。[④] "中国对其领土内的个人或企业只实施、适用或执行与 WTO《与贸易有关的知识产权协定》（TRIPs 协定）和《与贸易有关的投资措施协定》（TRIMs 协定）不相抵触的，与技术转让、生产工序或其他专有知识有关的法律、法规或措施。"[⑤] 在服务贸易方面，"对于减让表中所列减让和承诺的实施期"，中国有义务按照"有关减让表相关列明的时间执行"[⑥]。显然，中国政府已经承诺将全面执行 WTO 规则和中国的"入世"承诺，包括按照 WTO 规则给予外国直接投资保护和承担自由化义务。

[①] MIGA 官方网站，http：//www. miga. org/projects，2010 – 02 – 05。

[②] 关于 WTO 法律规则体系对国际投资法的影响以及重大发展的详尽论述，参见刘笋：《国际投资保护中的国际法制——若干重要法律问题研究》，法律出版社 2002 年版，第 283—455 页。或者 See M. Koulen, *Foreign Investment in the WTO*, in E. C. Nieuwenhuys and M. M. T. A. Brus（ed.），*Multilateral Regulation of Investment*, Kluwer Law International，2001，pp. 183 – 191。

[③] 《建立 WTO 协定》第 2 条第 2 款。

[④] 《中国加入 WTO 议定书》第 2 条（A）2。

[⑤] 同上，第 49 段。

[⑥] 《中国加入 WTO 议定书》第二部分第 1 条。

中国在正式成为 WTO 成员之前即已经着手修改或者废除所有与国际贸易、国际投资有关的与 WTO 规则不一致的法律、法规，认真积极地履行 WTO 义务和中国"入世"承诺。

其中，中国在关于投资保护与自由化方面，履行 WTO 义务及其"入世"承诺的行动主要表现在：对"三资企业法"及其配套法规进行修订，以符合 TRIMs 协议的要求；对中国知识产权法进行修订，提高了知识产权的保护标准，以适应 TRIPs 协议；进一步开放了相关服务行业，以满足 GATS 下的服务贸易逐步自由化的目标和中国关于服务贸易开放的承诺。

如在 2000 年 7 月至 2001 年 7 月期间，中国对外商投资的三大基本法，即"三资企业法"进行修订的背景[1]之一即是履行中国"入世"承诺，使中国外资法符合 WTO 框架中 TRIMs 协议的有关规定，因为 TRIMs 协议禁止 WTO 成员使用违反该协议所规定的与贸易有关的投资措施（TRIMs）。尽管直到 WTO 协议实施之初，东南亚国家、美国、加拿大、巴西等国家在其相关法规中都有违反 TRIMs 协议的状况。[2] 但是中国外资法的此次修订，废除了 TRIMs 协议所禁止的所有 TRIMs，包括当地成分要求、贸易平衡要求及出口实绩要求。[3] 中国还修订了《外商投资产业指导目录》[4]，逐步开放了外商投资的产业部门，而且也修改了我国外资法体系中存在

---

① 有学者认为，中国修改外资法的背景有两个方面：其一是为了履行其在"入世"谈判中所做的承诺；另一方面同样重要，或许更为重要的原因是进一步改革与开放的内在需求。参见单文华：《欧盟对华投资的法律框架：解构与建构》，蔡从燕译，北京大学出版社 2007 年版，第 44—45 页。

② See Robert H. Edwards, Jr. &Simon N. Letter, *Towards a More Comprehensive World Trade Organization on Trade Related Investment Measures*, Stanford Journal of International Law, 1997, pp. 180 – 186.

③ 《中国加入工作组报告书》第 203 段，WT/ACC/CHN/49，2001 年 10 月 1 日。

④ 国家发展改革委、商务部 2011 年 12 月 24 日修订公布《外商投资产业指导目录（2011 年修订）》，自 2012 年 1 月 30 日起施行。

的技术转让要求措施，从而"使中国大陆的外资法与 WTO 规则保持了一致"。①

　　此次外资法的修订，② 无疑是中国认真并积极履行其"入世"承诺的积极信号。

　　事实上，从中国政府接受 WTO 的评审来看，中国政府在履行 WTO 义务和"入世"承诺方面已经得到 WTO 及其大多数成员的高度评价与肯定。③ 同时，从中国"入世"之后多年来引进外资的发展来看，表明中国在改善投资环境、注重外商投资保护以及推动投资自由化方面所做的努力得到了积极回应，获得了国际投资家们的青睐。即使面临 2008 年下半年开始的世界金融危机，全球 FDI 流动急剧萎缩的大背景下，④ 中国 2008 年引进的外资依然同比增长 23.58%。⑤

三、中国在双边和区域性投资协议中的投资保护义务

（一）关于公正与公平待遇保护义务

　　我国所缔结的 BITs 基本上都对公正与公平待遇问题作出了规定，⑥ 甚至，"公正与公平待遇已经成为中国近来 BITs 中的一个共

---

　　① 余劲松：《区域性安排中的投资自由化问题研究》，载王贵国主编：《区域安排法律问题研究》，北京大学出版社 2004 年版，第 60 页。

　　② 关于此次中国外资法修订所涉及的基本内容和评价，参见单文华：《欧盟对华投资的法律框架：解构与建构》，蔡从燕译，北京大学出版社 2007 年版，第 46—47 页。

　　③ See WTO, *Trade Policy Review Report by the Secretariat People's Republic of China*, pp. 29 – 59, WT/TPR/S/161, 28 February 2006.

　　④ See UNCTAD, *World Investment Report* 2009, United Nations, 2009, p. 3.

　　⑤ 商务部：《2008 年 1—12 月全国吸收外商直接投资情况》，商务部网站，at http://www.mofcom.gov.cn/aarticle/tongjiziliao/v/200902/20090206021530.html, 2010 – 02 – 11。

　　⑥ 但有少数 BIT，如 1988 年中国—日本 BIT、1992 年中国—韩国 BIT 中没有对该问题的规定。

同的待遇标准。"①

尽管在中国 BITs 中，关于公正与公平待遇问题的具体的措词存在"公平合理待遇"、"公平待遇"、"公平、平等待遇"和"公正与公平待遇"等用词的差异，甚至少数 BITs 还规定了"符合国际法规则的公正与公平待遇"。但是经笔者考察，中国所缔结的BITs 中更多的是用"公正与公平"待遇的措词。

特别值得注意的是，我国近期有少量 BITs 中规定了符合普遍接受国际法规则的公正与公平待遇。如 2007 年中国—哥斯达黎加BIT 中规定："缔约一方的投资者在缔约另一方的领土内的投资应始终享受符合普遍接受的国际法规则的公正与公平的待遇。"② 而2008 中国—墨西哥年 BIT 首先规定，"任一缔约方应根据国际法给予缔约另一方投资者的投资包括公正和公平待遇以及完全的保护和安全的待遇。"③ 并进一步规定，"本条规定将给予外国人的国际法最低待遇标准作为给予缔约另一方投资者投资的最低待遇标准。"④可见，我国当前的 BIT 实践已经尝试性地给予投资者的投资以"国际法最低标准的公正与公平待遇"。

我国已签署的涉及投资问题的 FTA 中⑤几乎都规定了缔约方应给予另一方投资者的投资公平和公正的待遇。如 2009 年中国—东盟投资协议中规定："各缔约方应给予另一方投资者的投资公正和

---

① Guiguo Wang, *China's Practice in International Investment Law: From Participation to Leadership in the World Economy*, The Yale Journal of International Law, vol. 34, No. 2, 2009, p. 581.

② 2007 年中国—哥斯达黎加 BIT 第 3 条第 1 款。

③ 2008 年中国—墨西哥 BIT 第 5 条第 1 款。

④ 同上，第 5 条第 2 款。

⑤ 由于两个 CEPA 仅仅涉及投资便利化的简单规定，故不纳入本研究中提及的"我国已签署的涉及投资问题的 FTA"当中。本研究中"我国已签署的涉及投资问题的 FTA"是指中国—东盟投资协议、中国—巴基斯坦 FTA、中国—新西兰 FTA、中国—秘鲁 FTA 和中国—新加坡 FTA。

公平的待遇"①。

笔者注意到,中国新近缔结的 FTAs 中对公正与公平待遇作出了一定的解释,或者试图对公正与公平待遇予以明确,也即相对明确了公正与公平待遇的适用范围。② 同时,特别值得注意的是,相比我国 BITs 中关于公正与公平待遇的规定,我国新近一些 FTAs 中对于公正与公平待遇是否要符合国际法规则或习惯国际法的规定更加具体,如中国—新西兰 FTA③和 2009 年中国—秘鲁 FTA 中的规定。④ 其中,中国—秘鲁 FTA 还规定:"'公平公正待遇'和'全面的保护和安全'的概念并不要求给予超出根据习惯国际法标准,给予外国人的最低待遇标准所要求之外的待遇";以及"违反了本协定的其他条款或其他国际协定,并不意味着违反外国人最低待遇标准"。⑤ 笔者认为,这种规定即是基于国际上对公正与公平待遇的习惯国际法规则的理解,无论从理论到实践都存在歧义的考虑。

由此,近来中国 FTAs 的实践进一步印证了我国在 IIAs 中尝试接受普遍国际法或者习惯国际法下公正与公平待遇标准的立场。可以预见,我国在今后的 BITs 和 FTAs 协定中会有越来越多的协议写入以上类似的规定。

(二)关于"充分保护与安全"标准

尽管我国已缔结的 BITs 中,对于"充分保护与安全"待遇标

---

① 中国—东盟投资协议第 7 条。

② 如中国—东盟投资协议第 7 条第 2 款第 1 目;中国—新西兰 FTA 第 143 条第 2 款。

③ 中国—新西兰 FTA 第 143 条第 1 款规定:"按照普遍接受的国际法规则,始终给予各方投资者在另一方境内投资公平和公正待遇,提供全面保护与安全。"

④ 中国—秘鲁 FTA 第 132 条第 1 款。

⑤ 同上,第 132 条第 2 款。

准的措词存在差异。如有的 BIT 仅仅一般性地规定投资享受"保护"①、"保护和保障"②；有的明确规定要提供"充分的保护"③、"充分的保护与安全"④。显然，在我国 BITs 的早期就已经接受提供"充分保护与安全"的义务，以此表明中国承担积极保护外商投资合法利益的国际条约义务。

我国在 BITs 中接受给予外商投资"充分保护与安全"保护标准这一立场在我国 FTAs 中也有了具体体现。

在我国已签署的涉及投资问题的 FTAs 中，除了中国—巴基斯坦 FTA 外，其他协议都规定，缔约方应为另一方投资者的投资提供"全面保护和安全"⑤。而且，有的协议还对该待遇标准作出了进一步的明确或者解释。例如，中国—东盟投资协议中规定："全面保护与安全要求各方采取合理的必要措施确保另一缔约方投资者投资的保护与安全。"⑥ 中国—秘鲁 FTA 还规定："'全面的保护和安全'标准在任何情况下都不意味着给予投资者比投资所在缔约方国民更好的待遇。"⑦ 即缔约方并不需要承担超"国民待遇"的安全和保护义务和责任。

尽管目前关于"充分保护与安全"的国际投资争端实践是否将为未来的国际投资争端解决提供新的模式还有待观察，而且目前还没有投资者针对我国 BIT 中"充分保护与安全"待遇的案例，但是

---

① 如 1986 年中国—瑞士 BIT 第 3 条第 1 款。

② 1985 年中国—丹麦 BIT 第 3 条第 1 款、1988 年中国—澳大利亚 BIT 第 3 条第 2 款、1988 年中国—日本 BIT 第 5 条第 1 款。

③ 如 1985 年中国—意大利 BIT 第 4 条、1985 年中国—奥地利 BIT 第 2 条第 2 款。

④ 如 1988 年中国—马来西亚 BIT 第 2 条第 2 款、1989 年中国—保加利亚 BIT 第 3 条第 1 款。

⑤ 如中国—东盟投资协议第 7 条第 1 款、中国—秘鲁 FTA 第 132 条第 1 款、中国—新西兰 FTA 第 143 条第 1 款。

⑥ 中国—东盟投资协议第 7 条第 2 款第 2 目。

⑦ 中国—秘鲁 FTA 第 132 条第 4 款。

笔者认为，一般性地规定投资享受"保护和保障"或"保障其安全"与规定投资享有"充分的保护"、"充分的保护与保障"；甚至是"充分和全面的安全保障"或"全部的和完整的保护和安全保障"，投资者很容易认为给予其投资的保护程度上存在差异。特别是在 *Azurix v. Argentina* 一案中，仲裁庭"相信公正和公平待遇与给予投资者充分保护与安全义务的相互关系……仲裁庭认为被告未能给予投资公正和公平待遇，认为被告也违反了 BIT 下的充分保护与安全标准"[1]。仲裁庭这种合并充分保护与安全保障及公正与公平待遇原则的国际投资争端实践，值得我国在国际投资实践中予以关注。

（三）关于征收及其补偿保护义务

尽管"大规模的征收已不再是当前国际投资的主要威胁"[2]，但是，"中国对于征收问题一直特别注重"[3]。

中国所有 BITs 都规定了征收条款，只是很少从正面直接肯定国家对外资的征收权。如 1982 年中国—瑞典 BIT 中即规定"缔约任何一方对缔约另一方投资者在其境内的投资，只有为了公共利益，按照适当的法律程序，并给予补偿，方可实行征收或国有化，或采取任何类似的其他措施"[4]。而后，我国许多 BITs 中都采取类似的措词模式来规定征收问题。显然，这种规定中已经涵盖了直接征收和间接征收。这既表明了我国对外资给予保护的基本态度，也反映了我国 BITs 实践旨在提高外国投资者的积极性和促进国际投资流动。

对于征收条件，我国 BITs 实践中，大多数协定都规定了要给

---

① *Azurix v. Argentina*, ICISD Case No. ARB/01/12, Final Award, 14 July 2006, para. 408.

② Guiguo Wang, *China's Practice in International Investment Law: From Participation to Leadership in the World Economy*, The Yale Journal of International Law, vol. 34, No. 2, 2009, p. 582.

③ *Ibid.*

④ 1982 年中国—瑞典 BIT 第 3 条第 1 款。

予补偿、符合公共利益、非歧视和依照正当法律程序等四个要件。① 尽管对于补偿标准，很长时间以来我国 BITs 当中似乎有意回避，② 但是在我国近来的一些 BITs 实践中，③ 我国实际上已向其他国家允诺了对征收予以充分的补偿，从而接受了"赫尔准则"，④或者说"这些条款在本质上反映了'赫尔准则'"。⑤

　　我国规定投资问题的 FTAs 中同样都对征收问题作出了规定，而且中国—秘鲁 FTA 和中国—新西兰 FTA 还以附件形式专门就"征收"问题作了进一步的规定。

　　在关于征收的条件方面，我国 FTAs 中，首先明确了缔约方不得采取征收、国有化或其他类似措施的基本原则，同时确立了如果缔约方要实施征收行为，则必须同时符合下列条件：为了公共利益；依照国内法律程序；非歧视性的；以及给予补偿。这种做法基本符合目前国际上已经广泛接受征收"四要件"条件说的标准。但是，在中国—新西兰 FTA 中，对于征收的条件，除了以上四个要件之外，还规定了另外一个条件，即"不违背一方已给予的保证。"⑥ 而且，根据中国—秘鲁 FTA 的附件 9 中的规定，如果"违反政府对事前向投资者所作的具有约束力的书面承诺，无论此种承

---

① See Paul Peters, *Recent Developments in Expropriation Clause of Asia Investment Treaties*, Asian Yearbook of International Law, Vol. 5, 1995, pp. 56 - 67. 或参见季烨：《中国双边投资条约政策与定位的实证分析》，载《国际经济法学刊》第 16 卷第 3 期（2009）。

② 季烨：《中国双边投资条约政策与定位的实证分析》，载《国际经济法学刊》第 16 卷第 3 期（2009）。

③ 如 2008 年中国—墨西哥 BITs 第 7 条中，关于征收条件的规定。

④ 车丕照：《从国际法角度看我国物权法草案中的征收补偿标准》，载《时代法学》2009 年第 1 期。

⑤ Guiguo Wang,, *China's Practice in International Investment Law：From Participation to Leadership in the World Economy*, The Yale Journal of International Law, vol. 34, No. 2, 2009, p. 583.

⑥ 中国—新西兰 FTA 第 145 条第 1 款第 4 目。

诺是通过协议、许可还是其他法律文件作出的"构成对财产的剥夺，则"应被认为构成间接征收"①，在中国—新西兰 FTA 附件中几乎也有同样的规定。② 虽然以上两个协议附件的上述规定确立的是构成间接征收的情况，但依照该规定，只要东道国违背了其已经给予的保证且对投资者构成财产的剥夺，则东道国的上述行为将构成征收。由此，笔者认为，这样的规定似乎进一步明确了"违背一方已给予的保证"是构成征收的条件之一。如此看来，这种条约实践是否会形成征收条件"五要件"标准实践的开端值得关注。

同时，在征收补偿标准上，我国在这些 FTAs 中已经接受了补偿额按照被征收投资在征收时的公平市场价值来计算，③ 并且补偿是以可兑换和自由汇出以及补偿支付不得被不合理拖延的基本标准。④ 即，我国 FTAs 中关于征收及其补偿实际上也同样接受了"赫尔准则"的标准。

（四）关于"保护伞条款"

我国缔结的 BITs 当中，第一个规定"保护伞条款"的 BIT 是1983 年中国—罗马尼亚 BIT，该 BIT 中规定："缔约一方应恪守其对缔约另一方投资者在其境内投资已承担的所有其他义务。"⑤ 据笔者不完全统计，与我国在 20 世纪 80 年代缔结的 BITs 中很少规定国民待遇义务不同的是，同时期我国有 13 个 BITs 中规定了"保护伞条款"，占同期我国缔结 BITs 总数（含中美之间以换文方式达成的"投资保证协定"）的 46.4% 。20 世纪 90 年代有 11 个 BITs 中规定了"保护伞条款"，占同期我国缔结 BITs 总数的 16.18% 。从 21 世纪到 2008 年年底有 21 个 BITs 对"保护伞条款"作出了规

---

① 中国—秘鲁 FTA 附件 9 第 5 条。

② 中国—新西兰 FTA 附件 13 第 4 条。

③ 如中国—新西兰 FTA 第 145 条第 2 款。

④ 如中国—秘鲁 FTA 第 133 条第 2 款、中国—东盟投资协议第 8 条第 2—3 款。

⑤ 1983 年中国—罗马尼亚 BIT 第 8 条第 2 款。

定，占同期我国缔结 BITs 总数的 60.0%。可见，进入 21 世纪以来我国 BITs 实践中，越来越多的 BITs 将"保护伞条款"纳入其中，强调东道国对于投资者的投资承诺或义务的保证。

在我国的 FTAs 当中，仅有中国—巴基斯坦 FTA 中规定了"保护伞条款"，① 尽管该条款的内容并不是在投资待遇的条款中作出规定，而是设置在"其他义务"的条款之下。但是，这并不影响其作为"保护伞条款"的效力。

尽管国际上对于"保护伞条款"的规定和理解存在差异，国际仲裁庭对该条款含义的解释也没有形成一致的意见，但是，鉴于国际投资争端中已有不少仲裁庭对该条款所作宽泛解释的事实，以及我国不少协定中对于"保护伞条款"宽泛措词的实践，在未来我国对外缔结或重新谈判的双边或区域性投资协定中，对于此类条约的争端解决机制的管辖对象，应限定为"与本协定义务有关的投资争端"，而避免采用"与投资有关的一切争端"、"就投资产生的任何争端"以及"就投资产生的争端"等宽泛措词。②

（五）投资者—东道国投资争端保护

在利用 ICSID 仲裁机制方面，中国早期 BITs 中通常排除 ICSID 的管辖权，③ 直到 1992 年中国—韩国 BIT 中才正式接受 ICSID 的仲裁管辖权。④ 由于我国在 1993 年 1 月 7 日才批准了 ICSID 公约，所以在此之前的 BITs 中仅有个别 BIT 中提及利用 ICSID 仲裁机制的可能性。⑤ 但是，直到 1998 年之后我国 BITs 实践中才逐步提高接

---

① 2006 年中国—巴基斯坦 FTA 第 55 条第 2 款。

② 徐崇利：《"保护伞条款"的适用范围之争与我国的对策》，载《华东政法大学学报》2008 年第 4 期。

③ Guiguo Wang, *China's Practice in International Investment Law：From Participation to Leadership in the World Economy*, The Yale Journal of International Law, Vol. 34, No. 2, 2009, p. 584.

④ 1992 年中国—韩国 BIT 第 9 条第 3 款。

⑤ 如 1983 年中国—德国 BIT 议定书第 4 条第 4 款。

受 ICSID 的仲裁管辖权的比例，2001 年之后的绝大部分 BITs 中才比较固定化地规定接受该机制的管辖。这种改变与我国日益增加的企业进行海外投资有关，即为了保护中国的海外投资，中国有必要接受投资者—国家仲裁作为国际投资法标准。[①]

在关于当地救济规则方面，中国 BITs 中大体上有三种规定：[②]其一是对于征收补偿额之外的争端，投资者必须采取当地救济，完成该程序之后，方可提请国际仲裁。[③] 其二是在将争端提交国际仲裁之前，少数 BITs 并不要求投资者寻求当地救济，仅要求当事方进行磋商，如磋商不成即可提请国际仲裁；[④] 甚至并无任何与东道国进行磋商的要求，允许投资者直接将争端提交国际仲裁。[⑤] 其三是将当地救济作为允许投资者选择的多种争端解决方式之一。有的BIT 甚至规定了"岔路口条款"，[⑥] 有的则未加以限制，[⑦] 也有的BIT 允许投资者将已提交东道国法院管辖的争端依法撤回，再终局性地提交国际仲裁。[⑧] 但是，2001 年之后的 BITs 中，当地救济规则已经逐渐固定化，即要求投资者在提请国际仲裁前，必须穷尽当

---

① Guiguo Wang, *China's Practice in International Investment Law: From Participation to Leadership in the World Economy*, The Yale Journal of International Law, Vol. 34, No. 2, 2009, p. 584.

② 季烨：《中国双边投资条约政策与定位的实证分析》，载《国际经济法学刊》第 16 卷第 3 期（2009）。

③ 1984 年中国—芬兰 BIT 议定书第 3 条。

④ 如 1984 年中国—挪威 BIT 议定书第 2 条、1990 年中国—土耳其 BIT 第 7 条、2005 年中国—西班牙 BIT。

⑤ 如 1985 年中国—奥地利 BIT 议定书第 3 条第 2 款、1991 年中国—匈牙利 BIT 第 10 条第 1 款。

⑥ 如 1985 年中国—新加坡 BIT 第 13 条第 2—3 款、2005 年中国—葡萄牙 BIT 第 9 条第 2—3 款。

⑦ 如 1990 年中国—土耳其 BIT 第 7 条第 1—2 款。

⑧ 如 2005 年中国—捷克 BIT 第 9 条第 4 款、2003 年中国—德国 BIT 议定书第 6 条第 3 款。

地行政复议程序，但时限最长不超过 3 个月。

我国 FTAs 中规定的投资者—东道国投资争端解决方式主要有：协商/磋商或者谈判解决方式、东道国法院诉讼解决和仲裁解决方式。

我国 FTAs 都对协商/磋商方式解决投资者—国家争端作出了明确规定，且都允许协商未果之后，投资者可以选择缔约方法院诉讼解决。如中国—东盟投资协议规定，对于磋商未果的争端，投资者可以选择"提交有管辖权的争端缔约方法院或行政法庭"。① 另一方面，笔者注意到这些 FTAs 中也并没有规定寻求东道国国内的诉讼程序是必经程序，而仅仅是可以选择的争议解决方式。同时，由于这些 FTAs 中毫无例外地规定了投资者在通过协商或者磋商程序之后的一定期限内，可以选择诉讼程序，也可以选择国际仲裁方式解决争议。这种规定可能会导致诉讼解决的方式在投资争端实践中变得很少适用，因为"投资者们大多数情形下宁愿选择国际仲裁"。②

对于当地救济问题，目前我国 FTAs 中明确规定，如果投资者选择国际仲裁方式来解决投资争议，东道国可以要求投资者先寻求当地救济，但是都没有要求"穷尽当地救济"。③ 即使中国—巴基斯坦 FTA 则规定，在协商未果后，"争议所涉的缔约方可以要求有关投资者在提交'解决投资争端国际中心'之前，用尽该缔约方法律和法规所规定的国内行政复议程序。"④ 该协定虽然使用了"用尽"的措词，但也仅仅针对"国内行政复议程序"而已。由此，以上 FTAs 中没有任何一个协议要求在投资者将争端提交国际仲裁之前，投资者必须"穷尽当地救济"，而只是规定东道国可以

---

① 中国—东盟投资协议第 14 条第 4 款第 1 目。

② See Guiguo Wang, *China' Practice in International Investment Law：From Participation to Leadership in the World Economy*, The Yale Journal of International Law, Vol. 34, No. 2, 2009, p. 585.

③ 中国—新西兰 FTA 第 153 条；中国—东盟投资协议第 14 条第 6 款第 2 目、中国—秘鲁 FTA 附注 18。

④ 中国—巴基斯坦 FTA 第 54 条第 2 款第 2 目。

要求投资者寻求或者用尽"国内行政复议程序"。

关于提交仲裁的效力，仅有中国—东盟投资协议和中国—巴基斯坦 FTA 中作出了明确规定。如中国—东盟投资协议规定："任何缔约方不得对其投资者和任一其他缔约方依照本条应同意提交或已提交调解或仲裁的相关争端，提供外交保护或国际要求"，"除非此缔约方对此争端未能遵守所作出的裁定。"① 中国—巴基斯坦 FTA 中规定，一旦投资者已决定将争议提交"中心"，对其选择"应是终局的。"②（即所谓的"岔路口条款"）

四、中国在双边和区域性投资协议中的投资自由化义务

（一）投资和投资者的定义

关于投资的定义，国际上主要有两种做法：③ 一种是基于资产的定义方法，这是一种广义的定义法；另一种是基于企业的方法，也称狭义的定义法。

我国第一个 BIT，即 1982 年中国—瑞典 BIT 中就对投资有了非常明确而具体的规定。④ 后来的大多数 BITs 基本上按照这一模式予以界定"资产"。我国的 BITs 中对于"资产"几乎都是采用"广义"的定义方法。有的协定对于"收益"作出了规定。⑤但是，我国新近的 BITs 关于投资的定义更加广泛，如 2008 年中国—墨西哥 BIT 中对于"资产"的定义虽然还是基于资产的方法，但是所涵盖的资产范围更为广泛，涉及企业；企业发行的股票；企业发行

---

① 中国—东盟投资协议第 14 条第 8 款。

② 中国—巴基斯坦 FTA 第 54 条第 2 款第 2 目。

③ 余劲松：《区域性安排中的投资自由化问题研究》，载王贵国主编：《区域安排法律问题研究》，北京大学出版社 2004 年版，第 66 页。

④ 1982 年中国—瑞典 BIT 第 1 条第 1 款。

⑤ 2006 年中国—印度 BIT 第 1 条第 3 款，类似规定于 1994 年中国—罗马尼亚 BIT 第 1 条第 3 款。

的债券（有限制条件）；以及对企业的贷款等范畴。①

关于投资者，我国 BITs 中大多数协定是分别对中国的投资者和缔约另一方的投资者作出界定。② 总体而言，在中国方面，对于"投资者"一般的规定是包括经中国政府核准进行投资的任何公司、其他法人或中国公民。在缔约的另一方，一般都涵盖该缔约方的自然人、法人、公司，或者原则性地规定"依照缔约任何一方法律设立或组成，其住所在该缔约方领土内的经济实体"。③ 尽管根据我国国内法，至今未开放自然人对外投资，但是我国 BITs 中关于中国的投资者都涵盖了自然人作为投资的主体。

我国 FTAs 中基本采用基于资产来进行定义的广义定义法。即首先一般地规定投资是指"各种投资"，然后通过列举的方式明确协定涵盖的资产范围，且基本上与我国 BITs 中的规定类似。④ 值得注意的是，中国—新西兰 FTA 中，还包括了其他类型的公司参股；政府发行的债券在内的债券、信用债券、贷款及其他形式的债以及由此衍生出的权利；并明确了"投资包括由一方投资者拥有或控制的第三国法人，在另一方境内已设立的投资"⑤。可见，在我国已经缔结的 FTA 中，"投资"一词包括了各种各样的财产和财产权，其涵盖的范围十分广泛，不仅包括直接投资，也包括间接投资。

我国已经签署的这些 FTAs 当中，关于投资者的定义基本是参照国际协定中通行的做法，投资者不仅包括自然人，也包括法人。

---

① 2008 年中国—墨西哥 BIT 第 1 条第 2 款。

② 如 1982 年中国—瑞典 BIT 第 1 条第 2 款、1983 年中国—德国 BIT 第 1 条第 3 款、1984 年中国—比利时、卢森堡 BIT 第 1 条第 1 款。

③ 1998 年中国—埃塞俄比亚 BIT 第 1 条第 2 款、2000 年中国—博茨瓦纳 BIT 第 1 条第 2 款。

④ 如中国—巴基斯坦 FTA 第 46 条第 1、2 款和中国—秘鲁 FTA 第 126 条所列举的财产范围。

⑤ 中国—新西兰 FTA 第 135 条。

如，中国—东盟投资协议中规定"一缔约方的投资者"是指正在
或已在其他缔约方境内进行投资的一缔约方的自然人或一缔约方的
法人。"一缔约方的法人"是指根据一缔约方适用法律适当组建或
组织的任何法人实体，无论是否以营利为目的，无论属私营还是政
府所有，并在该缔约方境内具有实质经营，包括任何公司、信托、
合伙企业、合资企业、个人独资企业或协会。① 但是，有的协议中
规定的投资者的范围更为广泛，即除了自然人之外，不限于法人，
而是规定"法律实体，包括根据缔约任何一方法律设立或组建且
住所地在该缔约方境内的公司、社团、合伙及其他组织"。②

（二）国民待遇义务

关于国民待遇，中国 BITs 实践中呈现出基本不接受国民待遇
义务阶段、部分接受国民待遇义务阶段和几乎接受国民待遇义务阶
段的历史发展过程。

中国 BIT 缔结初期基本上不接受国民待遇义务。中国 20 世纪
90 年代以前缔结的 BITs 中基本上不涉及国民待遇义务的规定，③
仅有 1988 年中国—日本 BIT 涉及国民待遇义务的问题。④ 20 世纪
90 年代中国缔结的 BITs 中，大多数依然没有规定国民待遇，⑤ 仅
占同期中国签署 BITs 总量的 10.3％。⑥ 实际上，该段时期中国所
缔结 BITs 的缔约方已经遍及欧洲、亚洲、非洲、大洋洲和美洲的
国家，也涉及中国与一些发达国家，如与澳大利亚、西班牙、葡萄
牙等国之间的 BITs，当然中国的 BITs 更多是与发展中国家和特别

---

① 中国—东盟投资协议第 1 条第 1 款第 5、6 目。

② 中国—巴基斯坦 FTA 第 46 条第 3 款。

③ 如 1984 年中国—芬兰 BIT、1988 年中国—新西兰 BIT、1989 年中国—
巴基斯坦 BIT 等。

④ 1988 年中国—日本 BIT 第 3 条第 2 款和第 4 条。

⑤ 如 1992 年中国—希腊 BIT、1994 年中国—印度尼西亚 BIT、1998 年
中国—波兰 BIT 等。

⑥ 据笔者不完全统计，20 世纪 90 年代中国缔结的 BITs 共 68 个。

不发达国家之间缔结的。

可见，在进入 21 世纪之前，包括 20 世纪 90 年代我国缔结 BITs 数量较多的时期，我国似乎并不愿意在 BIT 中接受国民待遇义务的要求。笔者认为，这与当时我国缺乏对外投资的能力以及我国当时执行较为严格的对外投资政策有关。如果在 BIT 中接受国民待遇，实际上更多体现在是由我国来承担义务，而无法体现出缔约双方之间的义务。

进入 21 世纪之后，我国所签署的 BITs 中大多数都规定了国民待遇义务，[①] 表明我国在 BIT 中基本上已经接受了国民待遇义务。原因可能包括以下几个方面：其一，从 BIT 的实践和其他 IIAs 的实践来看，国民待遇已经成为国际投资协议中的不可或缺的条款。其二，我国实施"走出去"战略的内部需求。至今，中国不仅是吸引外国直接投资最多的国家之一，而且随着我国实施"走出去"战略以来，我国海外投资持续发展，对外投资能力近几年更是得到了快速提升。如 2010 年，中国对外直接投资净额（流量）为 688.1 亿美元，同比增长 21.7%，连续九年保持增长势头，年均增速为 49.9%。根据联合国贸发会议《2011 年世界投资报告》，2010 年中国对外直接投资占全球当年流量的 5.2%，位居全球第五，首次超过日本（562.6 亿美元）、英国（110.2 亿美元）等传统对外投资大国。[②] 由此，我国海外投资的保护问题也必须予以考虑，显然，国民待遇保护应该是考虑的保护标准之一。

同时，关于市场准入的国民待遇，至今我国缔结的 BIT 都只接受了准入后的国民待遇，没有接受准入前的国民待遇。我国缔结的 BIT 接受的准入后国民待遇可以划分为有限的准入后国民待遇和完

---

① 如 2000 年中国—伊朗 BIT、2003 年中国—联邦德国 BIT、2008 中国—墨西哥 BIT 等。

② 商务部网站，http://hzs.mofcom.gov.cn/aarticle/date/201109/20110907729023.html，2011 - 12 - 12。

全的准入后国民待遇。前者如 1988 年中国—日本 BIT 中的规定；①
后者则在多数 BITs 中规定，在不损害投资东道国法律法规的前提
下，缔约方为来自缔约另一方的投资者在其境内的投资及与投资有
关的活动给予不低于本国投资者的投资及与投资有关的活动的
待遇。②

我国已经签署的 FTAs 协议中，关于国民待遇，仅限于准入后
的国民待遇。但是值得注意的是，中国—巴基斯坦 FTA 中规定
"在不损害其法律法规的情况下，任一缔约方均应给予与另一缔约
方投资者的投资相关的投资和活动以优惠程度不低于该缔约方给予
其自己的投资者的投资和相关活动的待遇"。③ 显然，该规定中
"在不损害其法律法规的情况下"，我们应该理解为要以遵守投资
东道国的法律法规为前提，主动权依然在投资东道国，由东道国决
定给予的国民待遇是否涉及投资设立权，或者说这样的规定并没有
确立东道国有将国民待遇扩及投资设立权的义务，但是，笔者以
为，该 FTA 中关于国民待遇的规定是属于准入前还是准入后的国
民待遇规定似乎不够明确，容易引起歧义。就目前而言，我国在
FTA 中还不应该接受准入前国民待遇的规定，所以我们应该避免这
种模糊性或可能产生歧义的规定。

（三）关于最惠国待遇义务

中国缔结的第一个 BIT，即 1982 年中国—瑞典 BIT 中即对最
惠国待遇（MFN）条款作出了规定，④ 同时，该 BIT 也规定了不适
用 MFN 的例外情形。⑤ 而后，中国所有 BITs 对于该条款都作出了
规定，且基本上采取 IIAs 中常用的 "不低于" 的比较性措词。但

---

① 1988 年中国—日本 BIT 第 3 条第 2 款。

② 如 2001 年中国—肯尼亚 BIT 第 3 条第 2 款、2008 年中国—墨西哥
BIT 第 3 条第 1 款。

③ 中国—巴基斯坦 FTA 第 48 条第 2 款。

④ 1982 年中国—瑞典 BIT 第 2 条第 2 款。

⑤ 同上，第 2 条第 3 款。

是，除了在 1984 年中国—芬兰 BIT① 和 1990 年中国—土耳其 BIT②
中的规定外，我国 BITs 中很少使用"在同样情况下"这种比较待
遇标准的措词。直到 2007 年，中国 BITs 中才开始出现相对固定化
地使用"在类似条件下"或者"在相同情况下"措词的趋势。③
可见，我国 BITs 实践中，虽然早期的 BIT 中即开始规定 MFN 条
款，但是直到近年来的 BITs 中才开始相对固定化地使用"在类似
条件下"或者"在相同情况下"的限定性措词。

我国 FTAs 中基本规定了涵盖准入前和准入后的 MFN，具体可
分为两种不同情形：一种是明确规定了涵盖投资设立权和准入后投
资管理、经营等阶段的最惠国待遇，④ 另一种是原则性地规定要给
予来自另一缔约方的投资 MFN，没有具体地规定投资设立阶段还
是准入后的投资经营、管理阶段的 MFN。⑤ 对于 FTA 中 MFN 是否
适用中国参加的其他国际投资条约的问题，这些 FTA 中予以了排
除适用。⑥

（四）关于禁止履行要求

履行要求也称为业绩要求。在笔者所掌握的资料中，至今，中
国 BITs 实践中，还没有禁止履行要求条款的具体规定。即使目前
正在进行的中国与加拿大 BIT 谈判，在截至 2009 年 4 月的第九轮
谈判中，加拿大的谈判目标是确保一个高标准的协议：涵盖全面的
范围与程度，以及涉及国民待遇、最惠国待遇、最低标准待遇、透

---

① 1984 年中国—芬兰 BIT 第 4 条第 1 款。

② 1984 年中国—土耳其 BIT 第 2 条第 1 款。

③ 如 2007 年中国—古巴 BIT 第 3 条第 2 款、2008 年中国—墨西哥 BIT
第 4 条第 1 款。

④ 中国—新西兰 FTA 第 139 条第 1 款；中国—东盟投资协议第 5 条第 1
款中有类似规定。

⑤ 中国—巴基斯坦 FTA 第 48 条第 3 款。

⑥ 中国—秘鲁 FTA 第 131 条第 4 款、中国—巴基斯坦 FTA 第 48 条第 4
款、中国—新西兰 FTA 第 139 条第 3 款。

明度、转移和征收等实质性义务。此外，该协议将设置具体规则授予投资者进入投资者国家争端解决，如常设的、程序要求和履行等。① 但是，并没有涵盖禁止履行要求方面的谈判。

在中国已经缔结的这些 FTA 当中，仅有中国—新西兰 FTA 对履行要求作了一个原则性的规定，即"双方同意，WTO《与贸易有关的投资措施协定》经必要修改后并入本协定，并适用于本章范围内的所有投资"。② 虽然在该协议中规定了缔约方之间要禁止业绩要求，但仅仅规定了以 WTO 的 TRIMs 协议中关于禁止履行要求的具体规定为基本原则。尽管加入了"经必要修改后并入本协定"的规定，但这里的"必要修改"并没有进一步的规定和解释，具体如何对 WTO 的 TRIMs 协议规定进行修改需待后续双方进一步的磋商与会谈。

我国在以上 IIAs 实践中的表现，一方面与履行要求措施本身至今没有确定的范围有关，如 TRIMs 协议仅规定，禁止所有 WTO 成员方使用违反 GATT 第 3 条国民待遇义务原则和 GATT 第 11 条普遍取消数量限制原则的共 5 种履行要求措施。OECD 的《多边投资协议（草案）》（MAI）所列举的履行要求则达到 12 条之多。③ 而近来的 IIAs 在履行要求上包含的规则仍然使用不同的含义，以留给东道国一些行动的自由来运用这些履行要求，以及据此在东道国的经济发展政策和外国投资保护之间找到平衡。④ 另一方面，仅

---

① Background on the Canada – China Foreign Investment Promotion and Protection Agreement（FIPA），加拿大外交事务与国际贸易部网站，http：//www. international. gc. ca，2009 – 12 – 10。

② 中国—新西兰 FTA 第 141 条。

③ See The Multilateral Agreement on Investment Draft Consolidated Text，Chapter Ⅲ，*Performance Requirement*，DAFFE/MAI（98）7/REV1，22 April 1998，pp. 18 – 21.

④ See UNCTAD，*International Investment Arrangments：Trends and Emerging Issues*，Untied Nations，2006，p. 42.

以履行 WTO 框架下的义务为限①与中国的经济发展水平是相适应的，但是可以根据需要取消甚至超出 TRIMs 协议所要求的措施。如在中美双边市场准入协定中，中国同意在加入 WTO 时废除的出口实绩要求措施即超出 TRIMs 协议所禁止的与贸易有关的投资措施。② 而且中国在 2000—2001 年期间修订的外资法中，也修改了过去外资法中所具有的实绩要求的措施。

（五）关于透明度义务

我国所缔结的早期 BITs 当中，仅有少数几个 BITs 对投资法律透明度问题作出了规定，③ 或仅仅对缔约方履行投资政策和法律的透明度义务作出了一般性要求，并没有对透明度作出限制性的规定，也即并没有规定缔约方是否有权作出一些保留或者例外。④

我国 BITs 中对投资法律透明度作出更为具体的规定主要体现在进入本世纪以来缔结的少数 BITs 当中。如中国—拉脱维亚 BIT 规定："缔约双方应及时公布，或通过其他方式使公众可获得，对缔约另一方投资者在其境内的投资可能产生影响的法律、法规、程序、行政裁决、可普遍适用的司法判决及国际协定。"⑤ 同时，该 BIT 也规定了透明度义务的例外情形。⑥

虽然直到 21 世纪以来我国大多数 BITs 中都没有规定投资政策的透明度义务，但是，由于我国已经于 2001 年 12 月 11 日成为世界贸易组织（WTO）中的成员，WTO 的基本原则之一即为透明度

---

① 余劲松：《区域性安排中投资自由化问题研究》，载王贵国主编：《区域安排法律问题研究》，北京大学出版社 2004 年版，第 60 页。

② 单文华：《欧盟对华投资的法律框架：解构与建构》，蔡从燕译，北京大学出版社 2007 年版，第 44 页。

③ 1988 年中国—澳大利亚 BIT 第 6 条。

④ 1993 中国—阿拉伯联合酋长国 BIT 第 2 条第 9 款。

⑤ 2004 年中国—拉脱维亚 BIT 第 10 条第 1 款。

⑥ 同上，第 10 条第 2 款；几乎一致的规定如 2007 年中国—韩国 BIT 第 11 条。

要求，而且对于透明度要求，中国政府在"入世"承诺中已经作出了承诺。① 所以，并不会影响我国与其他 WTO 成员之间，在 BIT 下承担透明度要求的义务。

关于投资政策的透明度问题，我国已经缔结的 FTA 可以划分为两种情形：一种是没有作出规定，如中国—秘鲁 FTA 和中国—巴基斯坦 FTA；另一种情形是作出了明确规定，如中国—东盟投资协议和中国—新西兰 FTA，甚至如中国—新西兰 FTA 还设置了专门的"透明度"条款，要求"各方应当公布其参加的与投资有关的国际协定"②。该协议还进一步将透明度要求具体化，要求设立联系点对投资政策的信息及其修改进行沟通和通知，规定："各方应当指定一个或多个联系点，便利就本章所涉任何问题进行沟通，并应当将该联系点的详细信息提供给另一方。双方应将联系点详细信息的修改情况及时通知对方。"③ 而且，根据该协议规定设立的投资委员会的三项职能之一是，"考虑制定有助于增强与国民待遇不符措施的透明度程序"④。

（六）关于资金转移问题

中国在第一个 BIT，即 1982 年中国—瑞典 BIT 中即对资金转移问题作出了规定。⑤ 该条款不但对于转移资产的类型作出了详尽明列，也规定了这种转移可"用任何可兑换货币进行"，而且转移是"不得不适当地迟延"，但同时也规定了以上转移的前提是根据缔约各方的"法律和规章"。这种模式的规定在我国的 BITs 中最为

①　中国在 WTO 框架中关于透明度要求的承诺基本内容，参见《中国加入工作组报告书》，第 324—333 段，WT/ACC/CHN/49，2001 年 10 月 1 日。

②　中国—新西兰 FTA 第 146 条。

③　同上，第 147 条。

④　中国—新西兰 FTA 第 150 条第 3 款。

⑤　1982 年中国—瑞典 BIT 第 4 条。

广泛，可见于我国不同时期的许多 BITs 当中。①

在中国已经签署的 FTAs 中，都规定了各缔约方应当保证另一缔约方投资者转移在其领土内的投资和收益的基本原则，也采取了列举的方法明确了可以自由转移的投资和收益的类别。这充分表明了我国与 FTA 缔约方之间在与投资有关的支付自由转移方面所坚持的原则和态度。有的协议还进一步规定，这种转移应该以可自由兑换货币进行，且转移是不可迟延的，甚至规定了兑换汇率的标准。②

但是，在坚持投资和利润可以自由转移的基本原则下，我国 FTAs 通常也规定了自由转移的一些限制条件，主要是遵守东道国国内法规与程序、执行法令或裁决令状所需以及特定经济情形下的禁止转移。如中国—东盟投资协议规定，"转移应遵守各自外汇管理国内法律和法规所规定的相关程序，只要此类法律和法规不被用做规避缔约方遵守该 FTA 义务的手段。"③ 如 "国际收支不平衡"或者 "在特殊情形下，资本的流动导致相关缔约方严重的经济或金融动荡，或存在导致上述情况的威胁时，可以禁止转移"。④ 中国—新西兰 FTA 规定，为 "确保遵守司法或行政程序中作出的法令或裁决"可以禁止转移。⑤

当然，以上限制性条件的实施要求在公平、非歧视和善意的基础上进行，以免构成不公平和歧视。

---

① 如 1984 年中国—芬兰 BIT 第 6 条、1993 年中国—立陶宛 BIT 第 5 条、2005 年中国—朝鲜 BIT 第 5 条、2007 年中国—哥斯达黎加 BIT 第 6 条、2008 年中国—墨西哥 BIT 第 8 条，等等。

② 中国—新西兰 FTA 第 142 条第 2 款。类似规定，如中国—巴基斯坦 FTA 第 51 条。

③ 中国—东盟投资协议第 10 条第 4 款。

④ 中国—东盟投资协议第 10 条第 5 款。

⑤ 同上，第 142 条第 4 款第 5 目。

第二节　台湾地区的国际投资保护与自由化义务

一、台湾当局签署国际投资协议的努力与现状

在全球化的大背景下，台湾当局一方面及时修改和完善其关于吸引外国人投资和华侨回台湾投资以及促进和鼓励台商海外投资的政策与法律制度（详见第四章），另一方面积极努力寻求各种机会以获得所期望的"国际"空间。如台湾当局长期觊觎参与区域合作和多边性安排，为了其政治和经济目的，台湾当局认为非正式和正式参与这些机构是其曝光于世界顶级（top）贸易经济体的机会。[①] 台湾于 1991 年加入了亚太经合组织（APEC），实质上参加所有 APEC 主办的各种活动，成为该机构最活跃的成员之一。此外，自 1989 年台湾首次被邀请参加 OECD 与非成员经济体之间的非正式对话以来，台湾积极参与 OECD 的各种会议与活动，并于 2001 年 12 月获得 OECD 竞争委员会观察员地位。2002 年 1 月 1 日，台湾地区以"台湾、澎湖、金门、马祖单独关税区"（简称"中国台北"）的名义成为 WTO 的成员。

台湾当局实际上在 20 世纪 80 年代即开始擅自以"主权"主体身份签订了一些双边投资协定（BITs），且台湾地区的有关研究报告表明，推动洽签双边投资保障协定（BIA）是台湾当局近期重要的经贸政策之一。[②] 同时台湾当局自其"入世"之初即着手竭力签署自由贸易协定（FTAs）。如在签署 BITs 方面，UNCTAD 资料显示，截至 2009 年 6 月 1 日，台湾当局向 UNCTAD 报告其对外签署的

[①]　Roselyn Y. Hsueh, *Who Rules the International Economy? Taiwan's Daunting Attempts at Bilateralism*, in Vinod K. Aggarwal and Shujiro Urata（ed.），*Bilateral Trade Agreements in the Asia – Pacific*：*Origins*，*Evolution*，*and Implications*，Routledge Taylor & Francis Group，2006，p. 162.

[②]　台湾中华经济研究院专题研究报告：《BIA 及 FTA（投资专章）等投资协定之"我国"立场分析及因应》，2008 年 12 月，第 247 页。

BITs 总共有 21 个，其中已经生效的 BITs 有 15 个，占所有台湾对外签署 BITs 的 71.4%。在这些 BITs 当中，从签署的时间分布来看，绝大多数（19 个 BITs）都是在 20 世纪 90 年代签署。在 21 世纪初签署的 BITs 仅有 2 个，且集中在 2003 年之前。从台湾签署 BITs 的国家或地区的地理位置分布来看，这些 BITs 的另一缔约方地处拉丁美洲和中美洲的有 9 个，亚洲或东南亚国家 7 个，非洲国家 4 个，欧洲国家 1 个。[①]

台湾地区法规数据库统计，截至 2009 年 10 月，台湾当局以"中华民国"政府或以"中华民国"名义对外签署了 13 个双边投资保障协定（BIA），其中已经生效的 BIAs 是 9 个。台湾当局同样以上述名义与美国从 1952 年 6 月 25 日至 1972 年 5 月 26 日之间先后四次以"换文"方式达成投资保证或投资保证制度协议。另外，台湾当局还对外签署了 3 个次一级的关于投资方面的协定，如以台湾"经济部"作为签字方先后签署了《台北"经济部"与布宜诺斯艾利斯经济暨公共工程与服务部关于投资促进及保护协议》（1993 年 11 月 30 日签署）和《台北"经济部"与利雅德财经部间促进暨保障投资备忘录》（2000 年 10 月 31 日签署）等。[②]

民进党当政时期，台湾当局 2001 年即制定"深耕台湾、布局全球"的总体经济新战略。[③] 台湾当局自成为 WTO 成员之后，"将 FTA 列为重要贸易政策"[④]，不仅一方面竭尽全力与中美洲所谓的

---

① See UNCTAD, *Bilateral Investment Treaties signed by Taiwan Province of China*, at http：//www. unctad. org/sections/dite_ pcbb/docs/bits_ taiwan. pdf, 2009 - 11 - 19.

② 台湾地区法规数据库，http：//law. moj. gov. tw, 2009 - 11 - 19。

③ 台湾"陆委会"、"经济部"、"财政部"、"经建会"、"农委会"、"劳委会"、"中央银行"于 2001 年发布的《落实大陆投资"积极开放、有效管理"政策说明》，载《两岸经贸》（台）2001 年 11 月号（电子版）。

④ 洪德钦：《美国对外签署自由贸易协定之研究》，载杨光华主编：《WTO 新议题与新挑战》，元照出版公司 2003 年版，第 251 页。

"友邦国家"启动 FTAs 谈判；另一方面，"尤其争取与美国签署FTA"[①]，倾力鼓吹美台通过协商签署 FTA，希冀进而引发其他国家也能与台湾签署的"连锁效应"，从而避免台湾因不能参与东盟区域经贸整合而导致的经贸边缘化。[②]

迄今台湾共对外签署了 4 个 FTAs。如 2003 年 8 月 21 日，台湾与巴拿马签署了全面的 FTA，并于 2004 年 1 月 1 日生效。该协议是台湾对外签署的第一个 FTA，其内容不仅涉及贸易和投资方面的双边经济联系，也涵盖了如竞争政策和知识产权等其他方面的问题。台湾与危地马拉 FTA 于 2006 年 7 月 1 日生效，台湾与尼加拉瓜 FTA 于 2006 年 6 月 16 日生效。[③] 台湾对外签署的第四个 FTA 是台湾与萨尔瓦多、洪都拉斯之间的 FTA。[④] 因洪都拉斯就台洪 FTA 进行的国内行政程序尚未完成，因此台湾与萨尔瓦多 FTA 于 2009 年 3 月 1 日先行生效。[⑤]

此外，目前台湾与多米尼加、巴拉圭、哥斯达黎加正处于洽谈 FTA 当中；与台湾处于研议 FTA 中的国家则包括日本、美国、新

---

① 洪德钦：《美国对外签署自由贸易协定之研究》，载杨光华主编：《WTO 新议题与新挑战》，元照出版公司 2003 年版，第 251 页。

② 潘锡堂：《两岸三通是台湾拼经济的最后机会》，http：//www. singta-onet. com/hk_ taiwan/200706/t20070606_ 552548. html，2007 – 06 – 08。

③ 台湾经贸网，http：//www. taiwantrade. com. tw/CH/resources/SUB/MK/FTA/1_ 1. htm，2009 – 11 – 19 .

④ 曹逸雯：《台湾第 4 份 FTA》，台湾经贸网，http：//www. taiwan-trade. com. tw/TWTRADE/TC/temp/FTA/5_ 2. htm，2007 – 05 – 23。

⑤ 曹逸雯：《台萨（萨尔瓦多）FTA 3/1 起实施，逾半数产品免关税》，台湾经贸网，http：//www. taiwantrade. com. tw/CH/resources/SUB/MK/FTA/5_ 2_ 4. htm，2009 – 11 – 19。

加坡、纽西兰、菲律宾，① 台湾也在积极推动与欧盟签署 FTA。②

2010 年 1 月 26 日以来，经过两岸有关方面 3 次正式磋商和多次业务沟通，两岸商签经济合作协议取得了阶段性成果。6 月 29 日，海协会与台湾海基会领导人在重庆签署了《海峡两岸经济合作框架协议》（Economic Cooperation Framework Agreement，ECFA）。③

二、台湾地区在 WTO 中的投资保护与自由化义务

WTO 协议"对所有成员具有拘束力"，④ 而且"每一成员应确保其法律、法规和行政程序与所附各协议对其规定的义务一致"⑤。所有 WTO 成员"不得对 WTO 协议的任何条款提出保留。对多边贸易协议任何条款的保留应仅以那些协议规定的程度为限"⑥。

在全球化大背景下，台湾地区于 1990 年 1 月以"台湾、澎湖、金门、马祖单独关税区"的名义申请加入 GATT。GATT 转变成 WTO 之后，台湾继续提出加入 WTO，⑦ 2002 年 1 月 1 日，台湾以"台湾、澎湖、金门、马祖单独关税区"（简称"中国台北"）的名义成为 WTO 的成员。台湾在其"入世"承诺中，已经确认将全

---

① 台湾经贸网，http：//www. taiwantrade. com. tw/CH/resources/SUB/MK/FTA/1_ 1. htm，2009 - 11 - 19。

② 台湾地区"经济部"国际贸易局新闻稿：《推动台欧盟洽签 FTA》，台湾"经济部"国际贸易局经贸资讯网，http：//cweb. trade. gov. tw/*km*i. asp? xdurl = *km*if. asp&cat = CAT514，2010 - 03 - 06。

③ 框架协议包括序言和 5 章 16 条及 5 个附件。框架协议内容基本涵盖了两岸间的主要经济活动，是一个综合性的、具有两岸特色的经济协议。商务部官网，http：//tga. mofcom. gov. cn/aarticle/e/201006/20100606995185. html，2011 - 10 - 19。

④ 《建立 WTO 协议》第 2 条第 2 款。

⑤ 《建立 WTO 协议》第 16 条第 4 款。

⑥ 同上，第 16 条第 5 款。

⑦ 王泰铨、杨士慧：《加入 WTO 对两岸投资规范之影响》，载《律师杂志》（台）第 269 期（2002 年）。

面执行其在 WTO 协议和加入 WTO 议定书中义务，除非在其"入世"工作组报告和加入议定书中有特殊规定。而且，从加入时起，台湾将废除或取消在单独关税区内所使用的与 WTO 条款不一致的条款。① 由此，除非在台湾"入世"工作组报告和加入议定书中有特殊规定之外，作为 WTO 成员，台湾有义务全面履行其在 WTO 协议和加入 WTO 议定书中的义务。即"台湾必须遵守工作组报告中的各项承诺事项、接受并遵守 WTO 各项协定规定以及附件一（关税减让表及服务承诺表）与附件二（特别汇兑协定）之各项承诺"。② 而且台湾已经承诺，在加入 WTO 后，台湾给 WTO 成员或其他国家或单独关税区的任何利益、优惠、特权或豁免，将全面履行最惠国待遇（MFN）和国民待遇义务，除非符合 GATS 中的特定例外。③

具体到国际投资领域，在与贸易有关的投资措施问题上，台湾承诺，台湾现在和将来都不会采用任何与 TRIMs 协议不一致的措施。④ 在服务贸易具体承诺减让表中，关于投资的市场准入限制，有关商业存在方式，台湾承诺，除了在具体服务部门中的特定限制措施之外，外国商人和个人可以在台湾直接投资。⑤ 而且，台湾不会对任何处于从典型计划经济转为自由市场经济进程中的发展中成员方在 WTO 协议下获得的权利提出任何主张。⑥

---

① See WTO, *Working Party on the Accession of Chinese Taipei*, WT/ACC/TPKM/18, Para 15.

② 黄立、李贵英、林彩瑜：《WTO：国际贸易法论》，元照出版公司（台湾）2005 年版，第 62 页。

③ See WTO, *Working Party on the Accession of Chinese Taipei*, WT/ACC/TPKM/18, Para. 8.

④ *Ibid.*, Para. 141.

⑤ See WTO, *Report of the Working Party on the Accession of Chinese Taipei*, Part II - Schedule of Specific Commitments on Services List of Article II MFN Exemptions, WT/ACC/TPKM/18/Add. 2, p. 2.

⑥ See WTO, *Working Party on the Accession of Chinese Taipei*, WT/ACC/TPKM/18, Para. 6.

因此，除非符合 GATS 的特定例外，台湾给 WTO 任何成员的利益、优惠、特权或豁免，都应全面履行 MFN 义务。总之，在 WTO 框架下，"台湾应遵守台湾入会之各项承诺，并须遵守 WTO 各项协定之规定，包括货品贸易多边协定、服务贸易总协定、与贸易相关之知识产权协定、争端解决规则与程序谅解书、贸易政策检讨机制（即贸易政策审议机制——作者注），以及复边贸易协定"①。

三、台湾地区在双边和区域性投资协定中的投资保护与自由化义务

（一）台湾地区在双边和区域性投资协定中的投资保护义务

本研究中所涉及的台湾地区签署 BITs 中都对投资保护问题作出了不同程度的规定。在台湾地区签署的四个 FTAs 中，② 不仅毫无例外地都规定了投资问题，且都有较为详尽的规定，有的协定规定投资问题的条款多达 40 个，主要内容涵盖：投资的适用范围、国民待遇、最惠国待遇、公平与公正待遇、待遇标准、损失补偿、保留及例外、外汇转移、征收与补偿、与其他各章的关系、利益的否定、环保措施、投资者与缔约方投资争端解决以及有关的定义等。

虽然台湾地区以"主权"主体身份对外缔结 BITs 和 FTAs 的行为既没有法理上的依据，也无法得到广泛的国际支持与认可以及无法实现台湾借以拓展所谓"国际"空间的目的，但是台湾地区所签署的 BITs 和 FTAs 中的实体和程序方面的规定，在一定程度上

---

① 黄立、李贵英、林彩瑜：《WTO：国际贸易法论》，元照出版公司（台湾）2005 年版，第 73 页。

② 尽管 2010 年 6 月 29 日两岸间以"两会"名义签署了 ECFA，但由于两岸同属于一个中国的客观事实，ECFA 在法律性质不同于国与国之间的 FTA，而是一个特殊性质的 FTA，即在一个国家主权下的两个 WTO 成员之间的 FTA。本研究中涉及的台湾对外签署的四个 FTAs 不涵盖两岸之间的 ECFA。

反映了台湾地区作为一个独立的经济体①参与国际投资活动及国际投资规则所坚持的态度和原则；同时，由于在台湾地区，台湾当局与没有"外交关系"国家用双方"国名"所签订的协定，与台湾和有"外交关系"国家所签订的协定在台湾地区的"国内法"上同样具有效力。② 所以，笔者认为有必要对此进行一定的分析和探讨，以便为两岸之间建立有特色的海峡两岸双向直接投资法律体制提供必要的参考。③

1. 关于国民待遇和最惠国待遇④

关于国民待遇方面，在本研究所涉及的台湾当局签署的 BITs

---

① 由于历史的原因，毫无疑问台湾地区已经形成了其独特的对外经济和贸易法律体制以及独立的关税制度。在国际经贸领域中国际社会也认可台湾作为独立经济体，特别是单独关税区的身份。

② 参见丘宏达（美国哈佛大学法学博士，曾于 1998—2000 年担任国际法学会总会长（台湾）——作者注）：《现代国际法》，三民书局 2006 年（修订二版），第 144 页。

③ 注：本研究论述的台湾在 BITs 和 FTAs 中的投资保护与投资自由化的义务，主要根据台湾法规数据库公布的台湾以"中华民国"或者"中国民国政府"名称缔结的 12 个 BITs 和 4 个 FTAs 内容为基础。这 12 个 BITs 分别是 1982 年台湾—赖索托 BIT、1992 年台湾—巴拿马 BIT、1992 年台湾—巴拉圭 BIT、1992 年台湾—尼加拉瓜 BIT、1994 年台湾—奈及利亚 BIT（即尼日利亚——作者注，下同）、1995 台湾—马拉威 BIT、1996 年台湾—萨尔瓦多 BIT、1997 年台湾—塞内加尔 BIT、1998 年台湾—布吉纳法索 BIT、1999 年台湾—马其顿 BIT、1999 台湾—瓜地马拉（即危地马拉——作者注，下同）BIT、1999 年台湾—赖比瑞亚（即利比里亚，作者注，下同）BIT。至于台湾—多米尼加 BIT（1998 年 11 月 5 日缔结，并于 2002 年 4 月 25 日生效），由于台湾法规数据库仅公布该协定部分内容的翻译稿，且联合国贸发会议也没有收录该协议英文文本，所以，下文有关台湾签署 BITs 内容的分析，将台湾—多米尼加 BIT 排除在外。

④ 基于研究的需要，本研究中探讨台湾地区的 BITs 和 FTAs 实践中所涉及的有关法律问题时，但凡提及这些协定中涉及的有关国民待遇和最惠国待遇问题，并不代表台湾地区的法律地位发生任何改变。

中，除了 4 个 BITs 没有对国民待遇义务作出规定①之外，其他的 BITs 中都规定了国民待遇。② 在规定了国民待遇的 BITs 当中，对于国民待遇的规定，多采取国际上通行的"不低于"的措词，且通常与最惠国待遇条款内容规定在同一条款之中，如规定"缔约一方依据法令给予缔约他方投资人投资之待遇，不得低于其给予本国投资人或第三国投资人之待遇"。同时，有 5 个 BITs 明确规定了该协议中的国民待遇主要涉及投资的管理、运用、享用或转让方面，③ 明显地，这 5 个 BITs 中的国民待遇是投资准入后的国民待遇。

在台湾地区的 FTAs 中，对于国民待遇的比较标准不但同样采用 IIAs 实践中常用的"不低于"用语，而且这些 FTAs 中的国民待遇已经涉及投资设立阶段。明确规定国民待遇是指在有关投资的设立、收购、扩充、管理、经营、营运、销售或其他处置方面，在相同情况下，缔约国一方对缔约国他方的投资者/投资者的投资，应给予不低于对本国投资者/本国投资者的投资的待遇。④ 可见，在国民待遇方面，台湾 FTAs 中已经接受了准入前国民待遇。

关于最惠国待遇，本研究中所涉及的台湾所签署的 BITs 中，毫无例外地全部规定了最惠国待遇，即使没有在 BIT 中明确列出"最惠国待遇"条款，也对于缔约方承担最惠国待遇义务作了规定。同样，在台湾的 FTAs 中，最惠国待遇已经涉及投资设立阶

---

① 它们是 1992 年台湾－巴拿马 BIT、1996 年台湾—萨尔瓦多 BIT、1997 年台湾—塞内加尔 BIT、1998 年台湾—布吉纳法索 BIT。

② 它们是 1982 年台湾—赖索托 BIT、1992 台湾—尼加拉瓜 BIT、1994 年台湾—尼日利亚 BIT、1995 台湾—马拉威 BIT、1999 年台湾—马其顿 BIT、1999 台湾—危地马拉 BIT、1999 年台湾—利比里亚 BIT。

③ 它们是 1982 年台湾—赖索托 BIT、1992 年台湾—尼加拉瓜 BIT、1992 台湾—巴拉圭 BIT、1994 年台湾—尼日利亚 BIT、1995 台湾—马拉威 BIT。

④ See Article 10.02, 2003 年台湾—巴拿马 FTA; Article 10.03, 2005 年台湾—危地马拉 FTA; Article 10.03, 2006 年台湾—尼加拉瓜 FTA; Article 10.03, 2007 年台湾—洪都拉斯、萨尔瓦多 FTA。

段，规定最惠国待遇是指在有关投资的设立、收购、扩充、管理、经营、营运、销售或其他处置方面，在相同情况下，缔约国一方对缔约国他方的投资者/投资者的投资，应给予不低于非缔约国投资者/非缔约国他投资者的投资的待遇。① 即在最惠国待遇方面，台湾 FTAs 中已经接受了准入前的最惠国待遇。

2. 关于公正与公平待遇以及充分保护与安全

台湾当局签署的 BITs 中除了 4 个 BITs② 没有对公正与公平待遇作出规定之外，其他的 BITs 对此都作出了明确规定，而且通常都同时要求缔约方提供"充分保护与安全"。尽管 1992 台湾—尼加拉瓜 BIT 中没有规定"公正与公平待遇"，但是规定了"充分保护与安全"，只是要符合特定情形。如规定"当合于本协议之特定风险事故发生时，缔约一方国民或公司在缔约他方领土内之投资享有完全之保护及安全"③。

在台湾地区的 FTAs 当中，关于公平与公正待遇，在 2003 年台湾—巴拿马 FTA 和 2005 年台湾—危地马拉 FTA 中都强调缔约一方对缔约他方投资者及投资者的投资所给予的待遇，"应依据国际法的规范，包括应给予公平和公正待遇以及充分保护与安全"④。尽管这两个 FTAs 中并没有对"国际法规范"作出进一步规定或解释。

关于投资待遇，值得注意的是，台湾当局目前签署的 FTAs 中，个别 FTA 还规定了最低标准待遇。如 2006 年台湾—尼加拉瓜的 FTA 第 10.05 条是"最低标准待遇"的规定，该条首先规定：

---

① See Article 10.03, 2003 年台湾—巴拿马 FTA；Article 10.04, 2005 年台湾—危地马拉 FTA；Article 10.04, 2006 年台湾—尼加拉瓜 FTA；Article 10.04, 2007 年台湾—洪都拉斯、萨尔瓦多 FTA。

② 它们是 1992 台湾—尼加拉瓜 BIT、1995 台湾—马拉威 BIT、1997 年台湾—塞内加尔 BIT 和 1998 年台湾—布吉纳法索 BIT。

③ 1992 台湾—尼加拉瓜 BIT 第 5 条。

④ Article 10.04, 2003 年台湾—巴拿马 FTA；Article 10.05, 2005 年台湾—危地马拉 FTA。

"每一缔约方应依据习惯国际法给予所涵盖投资的待遇，包括公正与公平待遇和充分保护与安全"①。明确了每一缔约方应依据的国际法规范是指"习惯国际法"，并进一步确定"习惯国际法外国人最低标准待遇作为给予所涉及投资的最低标准待遇"② 和"'公平和公正待遇'和'充分保护与安全'的概念不要求附加或超出依据习惯国际法外国人最低标准待遇所要求的待遇，以及不创立额外的实体权利"③。该条还进一步规定："'公平和公正待遇'包括依据世界法律体制原则中所涵盖的应有程序在刑事的、民事的，或行政的司法程序中不拒绝正义的义务"和"'充分保护和安全'要求每一个缔约方维持提供习惯国际法下所要求的充分警力保护水平（level of police protection）"。可见，台湾—尼加拉瓜 FTA 中关于"最低标准待遇"的规定几乎与美国—韩国 FTA 的规定一致，④ 甚至是当前 FTA 实践中关于最低标准待遇规定最为详尽的 FTA。

由此说明，台湾当局不但已经完全接受国际上对于投资待遇保护高标准的做法，并且在积极推行这种高标准的待遇标准。这也充分反映了台湾当局在对外投资方面强调高标准的待遇标准立场。

3. 关于征收及其补偿保护

本研究所涉及的台湾当局所签署的 12 个 BITs 几乎都对征收问题作出了规定。总体而言，这些 BITs 中规定的"征收"不仅包括直接征收，而且包括间接征收。如 1982 年台湾—赖索托 BIT 中，不但规定"不得予以收归国有、征用或蒙受与收归国有或征用相同效果之处置"，而且规定征收的条件除了要满足"公共目的"之外，还要"迅速、充分与有效补偿"。⑤ 对于征收的补偿金额计算，该协定还进一步规定："该项补偿应相当于被征用之投资于征用或

---

① Article 10. 05 (1)，2006 年台湾—尼加拉瓜 FTA。

② *Ibid.*，Article 10. 05 (2).

③ *Ibid.*

④ See Article 11. 05 (2)，U. S - Korea FTA.

⑤ 1982 年台湾—赖索托 BIT 第 5 条第 1 款。

征用公告即刻前之市场价额；应包括迄至清偿日依正常商业利率计算之利息。"而且补偿"不得迟延支付；并可有效兑现及自由转让"①。可见，台湾当局在其早期签署的 BIT 中已经尝试接受国际投资征收问题中的"赫尔准则"。

同时，台湾当局 20 世纪 90 年代末期开始签署的 BITs 对于征收问题的规定有了更进一步的完善。这些 20 世纪 90 年代末期开始签署的 BITs 不仅规定缔约方原则上不得实施征收和间接征收或者相同效果的措施，而且对于征收的条件，除了要满足"公共目的"或者"公共利益"，给予"迅速、充分及有效之补偿"之外；而且规定征收要"依宪法或循正当法律程序，且在无差别待遇之基础下实行"。② 此外，关于补偿金额，明确规定"应为被征收投资临被征收前或即将被征收而尚未为公众知悉前之市场价值，以先发生者为准"以及补偿"立即给付不得迟延，且可有效实施"。③ 由此，台湾当局不仅在 BITs 中全面接受了征收的"赫尔准则"，关于征收的条件采取目前国际上普遍实践的"四要件"标准，而且明确了征收涵盖直接征收和间接征收以及征收补偿金额按照"市场价值"来计算的标准。

关于国有化和征收条件，台湾当局所签署的 FTAs 坚持的基本原则是采用"四要件"标准。④ 对于国有化或征收的补偿条件和标准，则几乎完全采用"赫尔准则"，即"充分、及时、有效"的补偿。⑤

---

① 1982 年台湾—赖索托 BIT 第 5 条第 1 款。

② 1999 年台湾—马其顿 BIT 第 5 条第 1 款；1999 年台湾—利比里亚 BIT 第 5 条第 1 款、1999 年台湾—马其顿 BIT 第 4 条第 2 款有类似规定。

③ 同上。

④ See Article 10.11，2003 年台湾—巴拿马 FTA；Article 10.11，2005 年台湾—危地马拉 FTA；Article 10.07，2006 年台湾—尼加拉瓜 FTA；Article 10.11，2007 年台湾—洪都拉斯、萨尔瓦多 FTA。

⑤ See Article 10.11，2003 年台湾—巴拿马 FTA；Article 10.11，2005 年台湾—危地马拉 FTA；Article 10.07，2006 年台湾—尼加拉瓜 FTA；Article 10.11，2007 年台湾—洪都拉斯、萨尔瓦多 FTA。

4. 关于投资者—缔约方政府争端解决

在台湾地区的 BITs 当中，20 世纪 90 年代中期以前的 BITs 没有规定投资者—缔约方政府之间的争端解决机制。[①] 20 世纪 90 年代中期以后的 6 个 BITs 几乎都有专门条款就投资者—缔约方政府投资争端解决机制作出了规定。[②]

首先，在投资者—缔约方政府争端解决方式方面，投资者—缔约方政府争端解决方式主要是协商或者谈判解决和仲裁裁决。

以上 6 个 BITs 鼓励经由协商或者谈判方式解决投资者—缔约方政府之间投资争端解决，如有的规定"争议双方应首先透过协商或谈判解决争议"[③]；有的规定"双方应先经调解与谈判解决"[④]；或笼统地规定争端双方"和平解决"或"和睦解决"[⑤]。

关于缔约方境内法院解决方式，以上 6 个 BITs 当中仅有 1996 年台湾—萨尔瓦多 BIT 规定了缔约方境内的法院解决方式。[⑥] 但是也仅仅给予投资者一种选择权，而不是必须经由的争端解决程序。

关于仲裁解决争议方式。以上 6 个 BITs 当中都规定，如果争议双方在经由"协商或谈判"方式未能解决争议的一定时间之后，投资者可以将争议提交国际商事仲裁解决，且都规定投资者可以选择交由国际商会仲裁解决。对于仲裁裁决所适用的法律，多数规定

---

① 1982 年台湾—赖索托 BIT 第 8 条。

② 1996 年台湾—萨尔瓦多 BIT 第 10 条、1997 年台湾—塞内加尔 BIT 第 10 条、1998 年台湾—布吉纳法索 BIT 第 10 条、1999 年台湾—马其顿 BIT 第 7 条、1999 台湾—危地马拉 BIT 第 8 条、1999 年台湾—利比里亚 BIT 第 7 条。

③ 1996 年台湾—萨尔瓦多 BIT 第 10 条。

④ 1997 年台湾—塞内加尔 BIT 第 10 条、1998 年台湾—布吉纳法索 BIT 第 10 条。

⑤ 1999 年台湾—马其顿 BIT 第 7 条、1999 台湾—危地马拉 BIT 第 8 条、1999 年台湾—利比里亚 BIT 第 7 条。

⑥ 1996 年台湾—萨尔瓦多 BIT 第 10 条第 3 款。

适用"国际商会仲裁规则"①。值得注意的是，台湾也有 BIT 规定，仲裁裁决"应依据本协议之规定，投资所在领域之国内立法，以及国际法之规定及一般公认原则"②。表明台湾当局在 20 世纪 90 年代末期的 BIT 中已经出现接受"国际法的规定以及一般公认原则"作为仲裁裁决依据的趋向。

在台湾地区的 FTAs 中，一缔约方投资者与另一缔约方之间的投资争端的争端解决方式有协商/磋商或者谈判方式和仲裁解决方式。强调了双方以协商和谈判方式解决争议的义务，而且为避免协商和谈判方式解决争议可能被无限期地拖延，明确了协商和谈判解决争议的期限。③

关于提请仲裁，2003 年台湾—巴拿马 FTA 和 2005 年台湾—危地马拉 FTA 规定任何缔约方都可要求"先用尽缔约方内的行政救济程序作为缔约方同意提交仲裁"的先决条件之一；但是，如果开始诉诸行政救济程序起已满 6 个月，而行政主管机关仍未能作出最终决定，投资者可以直接依据该 FTA 规定的程序提请仲裁。④

即便如此，2006 年台湾—尼加拉瓜 FTA 和 2007 年台湾—洪都拉斯、萨尔瓦多 FTA 已经没有类似先决条件的规定。这说明台湾当局在 FTAs 实践中已经接受投资者在经由协商未果之后，给予投资者选择国际仲裁最大机会的发展趋势。这也可能与台湾签署这两个 FTAs 的三个国家都处于中美洲比较落后的国家，在投资方面，基本上也是台商对以上三个国家的投资，为此，台湾也希望投资者有更

---

① 1996 年台湾—萨尔瓦多 BIT 第 10 条、1997 年台湾—塞内加尔 BIT 第 10 条、1998 年台湾—布吉纳法索 BIT 第 10 条、1999 台湾—危地马拉 BIT 第 8 条。

② 1999 年台湾—马其顿 BIT 第 7 条、1999 年台湾—利比里亚 BIT 第 7 条。

③ Article 10.15，2006 年台湾—尼加拉瓜 FTA、Article 10.20，2007 年台湾—洪都拉斯、萨尔瓦多 FTA。

④ Article 10.22，2003 年台湾—巴拿马 FTA；Article 10.22，2005 年台湾—危地马拉 FTA。

多机会选择国际仲裁，而不是那些东道国的当地救济程序解决争端。

（二）台湾地区在双边和区域性投资协定中的投资自由化义务

1. 投资者及其投资的定义

台湾当局对外签署的 BITs 几乎都对投资者及其投资的定义作出了规定。

关于投资者，规定包括缔约任何一方的"国民"和"公司"。不过多数协议，对"国民"和"公司"作出了进一步的限定。通常规定"'国民'一词系指缔约任何一方之自然人具有该缔约一方国籍者"。① 对于"公司"的规定，通常都限定"公司"依据缔约方的现行法律所设立，如规定"'公司'一词系指在缔约任何一方，根据缔约一方现行法律所组织或设立"。② 在台湾当局早期签署的台湾—赖索托 BIT 中对于"公司"的规定是，"就'中华民国'言，谓以营利为目的而依照'中华民国'公司法所组织并设立之法人。"③ 显然，该协议中规定台湾方面的投资者仅指"法人"，且必须是"以营利为目的的法人"。有的协定对于"公司"的组织形式还作出了规定，如"'公司'一词系指在缔约任何一方，根据缔约一方现行法律所组织或设立之公司、商号、社团或其他法人"④。

1996 年开始，台湾当局签署的 BITs 通常规定投资者包括"自然人"和"法律实体"或者"法人"或者"法人团体"。这些协议中的"法律实体"或者"法人"，除了涵盖"公司"外，还包括一缔约方法律设立的社团、商会或其他组织，甚至行号或协会等。⑤ 可见，自 20

---

① 如 1994 年台湾—尼日利亚 BIT 第 1 条第 3 款。

② 同上，第 1 条第 4 款。

③ 1982 年台湾—赖索托 BIT 第 1 条丙（2）。

④ 1994 年台湾—尼日利亚 BIT 第 1 条第 3 款。

⑤ 1992 年台湾—巴拿马 BIT 第 1 条第 1 款第 2 项、1996 年台湾—萨尔瓦多 BIT 第 1 条第 1 款第 2 项、1998 年台湾—布吉纳法索 BIT 第 1 条第 3 款第 2 项。

世纪 90 年代中期之后，台湾的 BITs 中已经接受广义的"投资者"。

台湾地区的 FTAs 中，仅有台湾—洪都拉斯、萨尔瓦多 FTA 中对于"投资者"作出了界定，但也仅仅笼统地对"缔约方投资者"作出规定，即"缔约方投资者：是指在另一缔约方境内进行或者已经进行投资的一缔约方的国有企业或者一缔约方的国民或企业"①。可见，严格来讲，该 FTA 并没有对于通常所讲的"投资者"作出界定。

关于投资的定义，台湾当局签署的 BITs 基本是以"资产"为基础来定义"投资"，而且在台湾地区 20 世纪 80 年代早期的 BIT 中似乎就已经接受广泛定义的"投资"，如 1982 年台湾—赖索托 BIT 中规定，"称'投资'者，谓所有之资产，尤其包括，但不限于：（1）动产、不动产以及诸如抵押权、留置权、质权等任何其他财产权；（2）公司之股份、股票及债券，或对于此等公司财产之权利；（3）对于金钱或契约上具有财务价值之作为之请求权；（4）智能财产权与商誉；（5）法律授与或根据契约之营业特许权，包括探勘、培殖、提炼或开发天然资源之特许权。"② 个别 BIT 中规定的"投资"还包括"与业务有关之有形与无形资产"③。

台湾地区的 FTAs 当中，也仅有台湾—洪都拉斯、萨尔瓦多 FTA 中对于"投资"作出了规定。④ 该 FTA 中不但同样是以"资产"为基础来定义"投资"，且对于"投资"所涉及的"资产"的范围与台湾 BIT 中的规定基本一致。

2. 关于市场准入

关于市场准入，台湾当局签署的这些 FTAs 不但规定了缔约方

① Article 10.01，台湾—洪都拉斯、萨尔瓦多 FTA。

② 1982 年台湾—赖索托 BIT 第 1 条（甲）。类似规定于 1996 年台湾—萨尔瓦多 BIT 第 1 条第 2 款、1999 年台湾—马其顿 BIT 第 1 条第 1 款、1999 年台湾—危地马拉 BIT 第 1 条第 1 款、1999 年台湾—赖比瑞亚 BIT 第 1 条第 1 款等。

③ 1998 年台湾—布吉纳法索 BIT 第 1 条第 1 款第 4 项。

④ Article 10.01，台湾—洪都拉斯、萨尔瓦多 FTA。

在其境内要给对方的投资者和投资者的投资给予投资的"收购、扩充、管理、经营、营运、销售或其他处置方面"的国民待遇，即市场准入后的国民待遇；而且全部规定了一缔约方在其境内要给予另一缔约方的投资者和投资者的投资的待遇涉及投资"设立"阶段的市场准入前的国民待遇。[1]

当然，对于市场准入前的国民待遇，台湾地区签署的 FTAs 首先规定了"不适用"或者"不承诺"或作出"保留及例外"的一般性规定，然后基本上采取了类似 NAFTA 的做法，采取"否定式"清单方式在 FTA 附件中列明不适用国民待遇的产业或部门。[2]

同样，在台湾地区的 FTAs 中，已经提供了投资设立阶段的最惠国待遇，规定最惠国待遇是指在有关投资的设立、收购、扩充、管理、经营、营运、销售或其他处置方面，在相同情况下，缔约一方对另一方的投资者/投资者的投资，应给予不低于非缔约方投资者/非缔约方投资者的投资的待遇。[3] 也即台湾地区 FTAs 中已经接受了准入前的最惠国待遇。

这些 FTAs 中关于"投资设立"阶段的待遇适用国民待遇和最惠国待遇原则，明显地反映了台湾地区对其签署 FTA 的几个国家而言，台湾是资本输出一方的立场。实际上，台湾地区与其签署 FTA 的几个国家之间，几乎只有台湾地区对那些国家的资本输出。

---

① See Article 10.02，2003 年台湾—巴拿马 FTA；Article 10.03，2005 年台湾—危地马拉 FTA；Article 10.03，2006 年台湾—尼加拉瓜 FTA；Article 10.03，2007 年台湾—洪都拉斯、萨尔瓦多 FTA。

② See Article10.09 and Annex 1，2，3，2003 年台湾—巴拿马 FTA；Article 10.09 and Annex 1，2，3，2005 年台湾—危地马拉 FTA；Article 10.03 and Annex 1，2，3，2006 年台湾—尼加拉瓜 FTA；Article10.09 and Annex 1，2，3，2007 年台湾—洪都拉斯、萨尔瓦多 FTA。

③ See Article 10.03，2003 年台湾—巴拿马 FTA；Article 10.04，2005 年台湾—危地马拉 FTA；Article 10.04，2006 年台湾—尼加拉瓜 FTA；Article 10.04，2007 年台湾—洪都拉斯、萨尔瓦多 FTA。

3. 关于禁止履行要求

虽然台湾地区的 BITs 中都没有关于履行要求的规定，但是，台湾地区目前签署的 FTA 中都有明确规定，缔约一方既不能对缔约他方投资人在其境内的投资实施准入阶段的履行要求，也不得在投资经营阶段实施履行要求。除了禁止这些强制性的履行要求之外，台湾地区 FTAs 中还规定，缔约一方对缔约他方投资者在其领域内的投资不得实施附条件的履行要求，也即不能实施外资为获得鼓励性优惠条件所应满足的条件。①

其中，关于强制性履行要求，台湾地区 FTAs 中都明确规定，缔约一方既不能对缔约他方投资人在其境内的投资实施准入阶段的履行要求，也不得在投资经营阶段实施履行要求。例如，台湾—巴拿马 FTA 中规定："缔约一方不得对缔约他方投资者在其境内的投资设立、收购、扩充、管理、经营、营运，加诸或执行下列要求、承诺或负担。包括：（a）必须出口一定水平或比例的货物或服务（即出口实绩要求——作者注，下同）；（b）必须达到一定水平或比例的当地成分（当地成分要求）；（c）优先采购、使用其领域内的货物或服务，或采购其领域内的货物或服务（当地采购要求）；或（d）规定进口量或进口值需占出口量或出口值的某种比例，或占该投资流入外汇金额的某种比例（贸易平衡要求）。"② 笔者注意到，台湾—洪都拉斯、萨尔瓦多 FTA 与台湾—尼加拉瓜 FTA 中关于强制性履行要求措施已经达到 7 种，即除了以上台湾—巴拿马 FTA 和台湾—危地马拉 FTA 中所规定 4 种之外，还规定了限制当地销售要求、技术转让要求和销售地要求。③

---

①　See Article 10.07，2003 年台湾—巴拿马 FTA；Article 10.09，2006 年台湾—尼加拉瓜 FTA；Article 10.07，台湾—危地马拉 FTA；Article 10.07，2007 年台湾—洪都拉斯、萨尔瓦多 FTA。

②　See Article 10.07（1），台湾—巴拿马 FTA 第 10.07 条第 1 款。

③　See Article 10.09（1），2006 年台湾—尼加拉瓜 FTA；Article 10.07（1），台湾—危地马拉 FTA；Article 10.07（1），台湾—洪都拉斯、萨尔瓦多 FTA。

除了禁止这些强制性履行要求之外，台湾地区 FTA 中还规定，缔约一方对缔约他方投资者在其领域内的投资不得实施附条件的履行要求，也即不能实施外资为获得鼓励性优惠条件所应满足的条件。①

由于当前的国际投资协定中，没有任何一个协定对于外资的准入是完全的自由和开放。台湾地区 FTA 中关于履行要求的规定同样也规定了例外与除外。②

总之，在禁止履行要求方面，台湾地区 FTAs 表现出的特点主要有：其一，FTA 中所禁止履行要求措施有增加的趋势。从台湾—洪都拉斯、萨尔瓦多 FTA 与台湾—尼加拉瓜 FTA 中规定看，所禁止的强制性履行要求措施虽然不及 OECD 关于 MAI 草案文本中所规定的 12 种之多，但是该两个 FTA 中的规定与美国 2004 年 BIT 范本以及美国和智利、新加坡等国缔结的 FTAs 中所规定的禁止履行要求措施的数量一样。其二，在立法体例上，台湾—洪都拉斯、萨尔瓦多 FTA 与台湾—尼加拉瓜 FTA 中关于履行要求的规定与美国 2004 年 BIT 范本以及美国和智利、新加坡等国缔结的 FTAs 中所规定的履行要求条款基本类似，即既有"强制性履行要求"措施的规定，也有"受履行要求支配的优惠"措施的规定，还涵盖"例外与除外"的规定。

4. 关于资金转移

台湾地区的 BITs 当中，除了 1992 年台湾当局分别与巴拿马、巴拉圭、尼加拉瓜签署的 BITs 中没有对于资金转移作出规定之外，

---

① See Article 10.07 (2)，2003 年台湾—巴拿马 FTA；类似规定可见于 Article 10.09 (2)，2006 年台湾—尼加拉瓜 FTA；Article 10.07 (2)，台湾—危地马拉 FTA；Article 10.07 (2)，台湾—洪都拉斯、萨尔瓦多 FTA。

② See Article 10.07 (3-5)，2003 年台湾—巴拿马 FTA；类似规定可见于 Article 10.09 (3-5)，2006 年台湾—尼加拉瓜 FTA；Article 10.07 (3-5)，台湾—危地马拉 FTA；Article 10.07 (3-5)，台湾—洪都拉斯、萨尔瓦多 FTA。

其余的协定对该问题都有规定。从 1994 年台湾—赖比瑞亚 BIT 开始，台湾地区的 BITs 中都对资金转移问题作了规定，不但对资金转移的财产范围作出明确规定，而且规定"应以汇兑当日通常适用之外汇汇率兑换为可自由兑换之货币，不得迟延"。①

台湾地区的 FTAs 中都涵盖关于资金转移的专门条款，总体上来看，不仅坚持转移所涉及的财产范围广泛，自由汇兑和及时转移，而且对于某些情形下当地限制必须坚持公正与非歧视原则。

关于转移的财产范围，规定"缔约一方对缔约他方投资人在其境内的投资，应许可所有与投资有关的符合协定规定下的外汇，自由且不受延宕的移转"。② 并且以肯定式清单方式列明允许转移所涉及的财产范围。③

关于自由汇兑和及时转移外汇，明确规定缔约方应允许外汇移转是在"不受延宕下，以可自由转换的外币，并按交易当时的现行市场汇率进行"。④ 而且在对某些特殊情形下的转移进行限制时必须坚持公平与非歧视原则。对此，协定中规定，缔约方得在公平、非歧视且诚信之适用法律方式下，对于涉及破产、无力偿付或保护债权人权利；涉及犯罪或其他应受处罚的行为；涉及要求提供外汇或其他货币工具移转报告；涉及确保判决、仲裁判断程序的执行以及涉及价证之发行或交易情形有关的移转予以限制。⑤

5. 关于透明度要求

考量台湾地区的 BITs 和 FTAs，没有任何一个协定对于投资透

---

① 1999 年台湾—马其顿 BIT 第 6 条；类似规定可见于 1999 年台湾—赖比瑞亚 BIT 第 6 条；1999 年台湾—危地马拉 BIT 第 5 条等。

② Article 10.10（1），2003 年台湾—巴拿马 FTA；Article 10.10（1），台湾—危地马拉 FTA。

③ See *Ibid.*

④ Article 10.10（2），2003 年台湾—巴拿马 FTA；Article 10.10（2），台湾—危地马拉 FTA。

⑤ Article 10.10（4），2003 年台湾—巴拿马 FTA；Article 10.10（4），台湾—危地马拉 FTA。

明度问题作出规定。当然，由于台湾地区已经是 WTO 的成员，透明度原则是 WTO 法律体系中的基本原则之一，所以，无论是台湾地区在其与任何一个 WTO 成员达成的任何 WTO 框架下的贸易、投资领域的协议，还是台湾地区对所有 WTO 成员的贸易政策与投资政策，台湾地区必须履行透明度义务。

本章小结

在全球化的进程中，中国在改革开放初期即着手签署国际投资条约。至今，中国不仅成为国际投资领域的重要国际公约的缔约方，而且中国也积极地成为 BITs 和 RTAs 的缔约方，这些协定也将对中国的外资法律体制产生重要影响。同时，在这些双边和区域性 IIAs 中，在投资待遇、征收保护及其补偿以及投资者—国家争端解决方面，中国在不同时期所坚持的投资保护和投资自由化义务的基本原则在发生变化。如征收补偿问题，事实上中国已经接受了"赫尔准则"的补偿标准；如投资者—国家争端解决，中国目前已经固定化地接受了 ICSID 的国际管辖。

特别是中国在"入世"之前即着手全面修改中国的外商投资企业法，向所有 WTO 成员成功地发出了中国全面履行 WTO 规则和"入世"承诺的积极信号，同时，中国还着力为 FDI 创建良好的法律环境。事实也充分证明，中国不仅成为 IIAs 网络体系中的重要缔约方，而且也非常好地遵守了国际投资条约义务。至今，中国不仅在较长时间以来成为吸引外国直接投资的最多的国家之一，即使是在面对 2008 年金融危机的严峻形势下，中国也被列为外国直接投资最为理想的投资地区，而且，中国成功地改变了自身的经济状况，增强了综合国力，对外投资能力也得到了快速提升，逐步成为对外投资方面的重要投资主体。

在全球化的大背景下，台湾当局不但长期觊觎参与区域合作和多边性安排，也积极地签署了一些 BITs 和 FTAs。尽管台湾当局违反客观事实，擅自以"中华民国"或"中华民国政府"等"主权"主体身份的名义对外签署 BITs 和 FTAs 的行为既没有法理上的依据，也无法得到 ICSID 等政府间国际组织的认可和广泛的国际支持，更无法实现台湾借以拓展所谓"国际"空间的目的。但是，由于台湾当局与没有"外交关系"国家用双方"国名"所签订的协定，以及台湾当局与有"外交关系"国家所签订的协定在台湾地区的"国内法"上同样具有效力。① 所以，台湾当局所签署的 BITs 和 FTAs 中的实体和程序方面的规定，在一定程度上反映了台湾地区作为一个独立的经济体参与国际投资活动及国际投资规则所坚持的态度和原则。

从台湾当局签署的这些 BITs 和 FTAs 中关于投资问题的具体规定来看，进入 21 本世纪以来，台湾当局高度重视这些 BITs 和 FTAs，特别是在 FTA 的具体条文设计上，台湾地区作为主要投资一方的立场得到了充分体现，甚至台湾当局希冀透过这些 FTA 来寻求所谓"国际"空间的意图也有所展现。②

---

① 丘宏达：《现代国际法》（修订二版），三民书局 2006 年，第 144 页。

② 如以台湾—危地马拉 FTA 为例，据台湾有关资料显示，在协定谈判中，危地马拉表现出对台湾农产品市场特别感兴趣，而在投资及服务业方面，台湾希望透过台湾—危地马拉 FTA 投资篇章的机制，将可利用危地马拉作为前进美洲市场的跳板，在中美洲自由贸易协定和美洲自由贸易协定生效实施前取得布局的先机，达成"立足台湾，布局全球"的目标。另台湾认为，由于危地马拉是中美洲第一大经济体，居中美洲龙头地位，所以台湾—危地马拉 FTA 的签署将具有指标性意义。参见台湾"经济部"国际贸易局新闻稿：《"我国"与危地马拉自由贸易协议（FTA）达成协议》，台湾"经济部"国际贸易局经贸资讯网，http://cweb.trade.gov.tw/kmi.asp? xdurl = kmif.asp& cat = CAT514，2010 - 03 - 06。

第三章 中国大陆关于两岸直接投资的法律制度

第一节 关于台商投资大陆的法律制度

一、及时出台鼓励和保护台商投资大陆的法律制度

（一）政策上高度重视台商投资大陆

改革开放以来，中国大陆对台商投资大陆采取的是鼓励和保护的政策。党中央、国务院始终高度重视和强调切实依法保护台湾同胞的正当权益。[①] 党和国家领导人也针对保护台湾同胞合法权益问题多次作出重要指示。例如，1981 年 9 月，时任全国人大常委会委员长叶剑英同志发表谈话，提出"欢迎台湾工商界人士回中国大陆投资，兴办各种经济事业，保证其合法权益和利润"。[②] 1995年 1 月，江泽民同志提出现阶段发展两岸关系、推进祖国和平统一进程的八项主张，强调要"保护台湾同胞的一切正当权益"。[③] 2005 年 3 月，胡锦涛总书记提出新形势下发展两岸关系的四点意见，表示无论在什么情况下，都要千方百计照顾和维护台湾同胞的

---

① 陈云林（时任国务院台湾事务办公室主任）：《国务院关于台湾同胞投资合法权益保护工作情况的报告》，中国台湾网，http：//www.chinatai-wan.org/tsfwzx/qybh/zywx/200905/t20090522_904900.html，2009 – 12 – 12。

② 《叶剑英委员长就台湾回归祖国、实现和平统一发表谈话》（1981 年9 月 30 日），http：//www.fmprc.gov.cn/ce/cejp/chn/zt/twwt/t62658.htm，2007 年 6 月 15 日。

③ 江泽民：《为促进祖国统一大业的完成而继续奋斗》，载《人民日报》1995 年 1 月 31 日。

正当权益。① 2006 年 4 月，胡锦涛总书记会见出席两岸经贸论坛的台湾人士时再次指出："凡是关系到台湾同胞切身利益的事情都要认真对待，凡是对台湾同胞作出的承诺都要认真履行。"② 2006 年 10 月，胡锦涛总书记在党的十六届六中全会第一次全体会议上明确指出："完善台商投诉工作机制，加强台湾同胞正当权益保障工作。"③

为鼓励台湾同胞到大陆投资创业，不断深化两岸经贸合作，国务院台办、国家工商总局、公安部、人力资源和社会保障部、商务部于 2011 年 12 月 27 日联合发布了《关于开放台湾居民申请设立个体工商户的通知》，自 2012 年 1 月 1 日起，大陆开放台湾居民依照国家有关法律、法规和规章，在北京、上海、福建、重庆等 9 省市，无须经过外资审批，申请设立个体工商户，开放的行业涉及餐饮业和零售业。

（二）建立较为完善的鼓励和保护台商法律体系

在法律层面上，我国已经建立了较为完善的保护台商的法律保护体系。④ 从国内法的角度来看，总体上，我国保护台商的法律保

---

① 国务院台办：《胡锦涛就新形势下发展两岸关系提四点意见》，http：//www. gwytb. gov. cn/zyjh/zyjh0. asp？zyjh_ m_ id = 1046，2007 - 06 - 09。

② 国务院台办：《胡锦涛会见连战和参加两岸经贸论坛的台湾人士》，ht-tp：//www. gwytb. gov. cn/zyjh/zyjh0. asp？zyjh_ m_ id = 1233，2007 - 06 - 15。

③ 转引自陈云林：《国务院关于台胞投资合法权益保护工作情况的报告》，来源同上。

④ 关于中国大陆保护台商的法律保护内容的详尽阐述，可参见陈云林：《国务院关于台胞投资合法权益保护工作情况的报告》，来源同上；以及李炳南（台湾大学国家发展研究所所长、教授——作者注）、茆晓燕：《台胞投资保护法之分析》，载游劝荣主编：《区域经济一体化与权益保障研究》，人民法院出版社 2007 年版，第 45—71 页。

护体系涉及两个方面：一方面是中国外资法的法律体系①为台商和台资所提供的法律保护；另一方面是我国专门针对台商和台资发布的法律、法规所建立的法律保护。

对于台商到大陆的投资，我国有关法律和实践都是将台商视为外商，将台资等同于外资来对待，所以我国保护外商投资企业的法律、法规同样适用于台商及其投资。同时，为了促进台商投资大陆和保护台商利益，我国还先后颁布了一系列保护台商权益的专门性法律、法规；国家主管机关和有关部门也发布了一系列鼓励台商投资大陆和保护台商利益的部门规章；我国一些直辖市、自治区、省结合当地的实际情况，也发布了实施国家有关外资和台商投资法律、法规的地方性法规和具体落实的措施。

为了保护和鼓励台湾同胞投资，促进海峡两岸的经济发展。中国大陆自 1988 年 7 月由国务院颁布《关于鼓励台湾同胞投资的规定》以来，先后制定颁布了一系列促进、鼓励台湾同胞来大陆投资，保护台湾同胞来大陆投资合法权益的专门性的法律法规。例如，1994 年 3 月 5 日第八届全国人大常委员会第六次会议通过了《中华人民共和国台湾同胞投资保护法》（以下简称《台胞投资保护法》）。1999 年 12 月 5 日，国务院又颁布了《中华人民共和国台湾同胞投资保护法实施细则》（以下简称《台胞投资保护法实施细则》）。这些法律法规强调国家依法鼓励台湾同胞投资、国家依法保护台湾同胞投资者的投资、投资收益和其他合法权益；国家对台湾同胞投资者的投资不实行国有化和征收；企业经营管理的自主权不受干涉；依法获得的投资收益、其他合法收入和清算后的资金，

---

① 中国外资法律体系可以划分为三个层次，即宪法性规范；全国性法律、法规及规章；地方政府制定的地方性法规和规章。具体参见姚梅镇：《外商投资企业法教程》，法律出版社 1989 年版，第 26—34 页；徐崇利、林忠：《中国外资法》，法律出版社 1998 年版，第 4—7 页；单文华：《欧盟对华投资的法律框架：解构与建构》，蔡从燕译，法律出版社 2007 年版，第 31—36 页。

可以依法汇回台湾或者汇往境外；依照国务院关于鼓励台湾同胞投资的有关规定，享受优惠待遇；等等。《台胞投资保护法》及其《实施细则》的出台积极地推动了台资投资大陆。[1]

国内众多的直辖市、省、自治区根据各自地方行政区域的实际情况，适时颁布实施了鼓励台湾同胞投资的地方性法规。[2] 这些地方性法规对台商到当地投资的优惠政策甚至投诉事宜作出了更加具体的专门规定。

国务院有关部委或直属机关也发布了相关领域的具体执行办法或措施，如国务院台湾事务办公室与民政部联合发布的《台湾同胞投资企业协会管理暂行办法》。为密切海峡两岸的经济联系，扶持台商投资企业健康发展，有关单位还制定了专门性规定，如中国银行关于下发《中国银行台商投资企业专项贷款暂行管理办法》。

中国民航局、商务部、国家发改委联合发布了《外商投资民用航空业规定》的补充规定（五）（2011年1月1日起实施），"允许台湾服务提供者以独资或合资形式投资大陆航空器维修领域"，中国卫生部、商务部联合发布了《台湾服务提供者在大陆设立独资医院管理暂行办法》（卫医政发〔2010〕110号），规定了"台湾服务提供者依法经大陆主管部门批准，可以在大陆设立独资医院"，"台资独资医院的合法经营活动及出资方的合法权益受法律保护"。

特别值得提出的是我国《物权法》的出台对于加强台商权益

---

① 有关研究表明，从《台胞投资保护法》到《台胞投资保护法实施细则》出台的5年间，台胞投资项目增加约2万项，协议台资金额扩大约200亿美元，实际投资也相应提高。台资持续成为中国大陆吸引FDI的重要来源，占中国大陆吸引FDI的第二位，仅次于港澳地区。参见张万明：《涉台法律问题总论》，法律出版社2009年版，第48页。

② 如《北京市鼓励台湾同胞投资的若干规定》（1994年）、《天津市实施〈中华人民共和国台湾同胞投资保护法〉办法》（1996年）、《浙江省台湾同胞投资保障条例》（1997年）、《安徽省鼓励台湾同胞投资的规定》（1990年）等。

保护的积极作用。《物权法》中关于"国家、集体、私人的物权和其他权利人的物权受法律保护，任何单位和个人不得侵犯"① 以及关于"征收单位、个人的房屋及其他不动产，应当依法给予拆迁补偿，维护被征收人的合法权益"② 的规定无疑可以更好地确保台商在中国大陆投资收益的稳定性和可靠性。我国《物权法》能够"促使台商可以放心投资、努力发展，谋划长期的经济活动，从而使得他们走出对既得财产安全性的担心状态，解除了他们的后顾之忧"③。

同时，为了保护台商的合法权益，最高人民法院于 2010 年 4 月 26 日发布了《关于审理涉台民商事案件法律适用问题的规定》（2011 年 1 月 1 日起施行）的司法解释，不但确立了在审理涉台民商事案件中，"根据法律和司法解释中选择适用法律的规则，确定适用台湾地区民事法律的，人民法院予以适用"④ 的基本原则，也明确了"台湾地区当事人在人民法院参与民事诉讼，与大陆当事人有同等的诉讼权利和义务，其合法权益受法律平等保护"。⑤

二、认真落实保护台商投资大陆合法权益的各项工作

为贯彻执行《台胞投资保护法》，1994 年和 1995 年，全国人大常委会及全国人大财经委员会、华侨委员会部分成员、有关省人大常委会负责人、最高人民法院、国务院有关部门等多次组织检查组，对《台胞投资保护法》的实施情况进行了检查。国务院台办组织了多个工作组，由办领导带队，分头到全国各地检查了解

---

① 《中华人民共和国物权法》第 4 条。

② 同上，第 42 条第 3 款。

③ 刘莹：《物权法有利于开创台商投资新局面》，载《两岸关系》2007 年第 5 期，第 22 页。

④ 《最高人民法院关于审理涉台民商事案件法律适用问题的规定》（法释〔2010〕19 号）第 1 条。

⑤ 同上，第 2 条。

《台胞投资保护法》的宣传落实情况。[1]

实际上，我国有关机关和各级地方政府也非常重视台商的权益保护工作，不仅充分认识到台商权益保障工作关系到广大台商的切身利益，而且将保护台商权益的工作列为对台工作的重要组成部分。如国台办不仅多次召开台商权益保障工作联席会议，而且大陆部分省市已经开始创建地区的联席会议制度。[2] 又如，目前北京市已经建立包括司法机关在内的市属33个委办局为成员单位的北京市台胞权益保障协调小组，专责进行涉台矛盾纠纷的梳理会商。北京市台办还负责全市台胞台属的来信来访及该市社会各界就有关涉台政策、法律、法规的咨询服务工作。现在，北京每年处理台胞投诉案件的结案率均在90%以上，得到了在京台胞的好评。[3]

目前，大陆已初步形成部门协调一致、上下密切联动的台商权益保障任务网络。[4] 为此，国台办王毅主任于2009年12月在"台

[1] 张万明：《涉台法律问题总论》，法律出版社2009年版，第47页。

[2] 2007月1月，国台办与全国人大常委会办公厅、国务院办公厅、商务部、贸促会等23个中央和国家机关共同建立了台商权益保障工作联席会议。台商权益保障工作联席会议是设在国务院台湾事务办公室，专责处理台商权益保障工作事宜的工作机制。台商权益保障工作联席会议由中共中央台办、国务院台办常务副主任郑立中同志担任召集人，各组成机关对台工作领导同志担任联席会议成员，并指定了个机关具体负责同志担任联络员。台商权益保障工作联席会议为切实保障台商合法权益提供了必要的工作平台和制度保障。参见石鞠：《台商权益保障工作联席会议》，中国台湾网，http：//www.chinataiwan.org/tsfwzx/qybh/gzjz/200712/t20071206_496457.html，2010-01-11。

[3] 钟宝华：《国台办投诉协调局就做好台商权益保障提三点意见》，http：//www.china.com.cn/news/tw/2009-08/12/content_18320149.htm，2010-01-11。

[4] 《台商权益保障工作联席会议召开第三次全体会议》，中国台湾网，http：//www.chinataiwan.org/tsfwzx/qybh/zuixindongtai/200912/t20091216_1175056.html，2010-01-11。

商权益保障工作联席会议召开第三次全体会议"上还强调，大陆
将继续加强研究，不断完善和强化联席会议机制，切实依法保护台
商合法权益，为台商在大陆的发展创造越来越好的环境与条件。①

　　为鼓励台商投资和保护台商利益，中国出口信用保险公司于
2006 年 5 月 18 日在福州与福建省政府签署《关于利用政策性保险
产品推进海峡西岸经济区建设的合作备忘录》，首次以出口信用保
险倾斜政策推动海峡东西两岸的经贸合作与交流。率先在海峡两岸
试点为方便台商来海峡西岸投资创造更好的条件，在闽台资企业投
保出口信用保险方面，同等条件下费率将下调 20%。同时推出旅
游保险等专项产品，促进两岸农业、文化、旅游、体育、会展等领
域的合作与交流，推动海峡西岸对台载体平台建设，把海峡西岸发
展成为台商投资的密集地、贸易合作的基地和台湾农产品输入大陆
的集散地。②

　　实践也证明，我国有关主管机关较好地践行了我国保护台商的
有关法律和法规，并在具体工作中切实保护台商合法权益，甚至重
视细节，消除影响台商行使权益的隐患。如 2009 年年初，针对个
别媒体对有关台资企业逃避银行债务的报道，商务部迅速会同人民
银行、银监会、国台办对此问题进行调研，客观分析了台资企业在
大陆各类银行的贷款、还款、还息及逾期贷款等情况，指出了新闻
媒体对台资企业片面、不实的报道，消除了存在的误解、误会和疑
虑，维护了台商融资的正当权利，避免了台资企业在全球经济危机
形势下出现雪上加霜的局面。同时，为使因遭遇金融危机而无法继
续经营的台资企业做好关闭后事宜，商务部及时下发了《关于依

　　① 王毅：《大陆切实依法保护台商合法权益》，中国台湾网，http：//
www. chinataiwan. org/tsfwzx/qybh/zuixindongtai/200912/t20091216_ 1175402. html，
2010 - 01 - 11。

　　② 《大陆首次以出口信保倾斜政策推动两岸经贸合作》，国务院台办网站，
http：//www. gwytb. gov. cn/lajmdt/lajmdt0. asp? lajmdt_ m_ id = 671，2006 - 07 -
28。

法做好外商投资企业解散和清算工作的指导意见》，保证了台商依法关闭困难企业的相应权利，并为他们遣散人员、清偿债务提供了行政帮助。

总之，从 1988 年的《关于鼓励台湾同胞投资的规定》，到 1994 年的《台胞投资保护法》、1999 年的《台胞投资保护法实施细则》，中国大陆方面不仅积极立法和采取各种措施鼓励台商投资大陆，而且对台商投资正当权益的保护力度有了大幅度加强，保护的范围不断扩大。[①] 即中国大陆总体上建立了系统的台商投资大陆的法律保护体系，也为台商营造了良好的投资环境，并吸引台商积极投资大陆。台湾电机电子公会 2006 年 8 月 31 日公布 "2006 年中国大陆地区投资环境与风险调查" 的调查报告结果也是例证之一。[②]

三、积极推动保护台商合法权益的双向合作

在双向合作方面，两岸的国共两党有关机构（中共中央台办与中国国民党大陆台商服务联系中心）多次举行保护台商合法权益工作的会谈，并于 2007 年 5 月 25 日由中共中央台办常务副主任郑立中与中国国民党副主席江丙坤出席并共同主持的第三次保护台

[①]　有关中国大陆对台商投资权益的保护的详尽论述，详见唐树备（海峡两岸法学交流促进会常务副理事长）：《大陆〈台湾同胞投资保护法〉的制定和两岸签订民间性投资保护协议问题》，http：//www. ctb – maga. cn/showda-ta. asp？ ts_ id = 16，2007 – 05 – 06。

[②]　如该报告显示，在 2137 份有效问卷里，规划企业未来布局时，高达 57. 46% 的台商计划 "扩大对大陆投资生产"，比 2005 年的 36. 02% 大幅增加 21. 44% 。参见《台商回台投资创 1. 97% 新低》，载《香港文汇报》（电子版），2006 – 09 – 02。

商合法权益会谈中达成了十项共同意见。① 其中特别提到要认真贯彻落实历次工作会谈达成的共同意见，确保两岸同胞合法权益保护工作落到实处；不断完善两党有关机构保护台商合法权益工作平台的建设，继续健全保护台湾同胞投资合法权益的机制；积极开展台湾同胞投资合法权益保护工作；妥善解决台商因涉案被采取强制措施后的及时通报问题、在案件侦查阶段亲属依法探视问题，建立通报机制，尽快制定相关政策；适时做好相关税制调整工作；具体落实"双向合作、平等保护"原则，切实保护大陆同胞在台合法权益；等等。

目前，根据形势发展需要，中国大陆由国务院台办与商务部共同牵头，正稳步推进《台胞投资保护法》实施细则修订工作。截至目前，共召开了四场专题座谈会，广泛听取了有关地方、部门及台商代表的意见和建议，希望为广大台胞投资者提供更加稳定和优质的投资环境。②

第二节 关于陆资赴台投资的法律制度

一、中国境外投资政策与法律制度的变迁

中国投资者境外投资的发展自改革开放之后经历了起步阶段、

---

① 张勇：《国共两党有关机构第三次保护台商合法权益工作会谈达成十项意见》，载《两岸关系》2007年第8期。另双方于2005年11月1日第一次保护台商合法权益工作会谈达成10项共同意见。双方于2006年9月18日在北京举行了第二次台商合法权益工作会谈，双方就进一步保护台商合法权益和保护大陆同胞在台合法权益等议题达成了10项共同意见。参见《中台办与国民党台商服务中心达成10项共同意见》，国务院台办网站，http://www.gwytb.gov.cn/seek/qft0.asp? gzyw_ m_ id=1135&pge=gzyw，2010-01-11。

② 《"十一五"期间台胞权益保护工作综述》，国务院台办网站，http://www.gwytb.gov.cn/tbqy/job/1015/201101/t20110106_ 1678331.htm，2011-10-19。

成长阶段、起飞阶段和加速发展阶段四个阶段。① 我国的境外投资政策与法律制度，经历了由限制境外投资到鼓励支持境外投资的发展过程。② 在改革开放初期直至 20 世纪 90 年代中期，由于我国尚不具备大规模到海外投资的条件，指导我国境外投资的基本政策是限制境外投资。所以，同期在我国也出现了引进外资与对外投资比例严重不相符合的状况。

随着我国改革开放的深入和国家综合实力的增强，1997 年我国限制境外投资的政策开始松动，逐渐向鼓励境外投资转变。1997 年 5 月，对外贸易经济合作部发布了《关于设立境外贸易公司和贸易代表处的暂行规定》，明确我国企业可以在境外（台湾、香港、澳门地区除外）设立贸易公司和贸易代表处，从事贸易活动。2004 年 10 月 1 日，商务部公布了《关于境外投资开办企业核准事项的规定》，明确规定，"国家支持和鼓励有比较优势的各种所有制企业赴境外投资开办企业。"③ 2004 年 10 月 9 日国家发展和改革委员会发布了《境外投资项目核准暂行管理办法》，对境外投资加以明确肯定和规范。之后，商务部还于 2005 年 10 月出台《境外投资开办企业核准工作细则》，推进了我国境外投资核准工作的规范、科学、透明、高效。国务院常务会议于 2006 年 10 月 25 日通过了《关于鼓励和规范我国企业对外投资合作的意见》，对我国的境外投资工作进行全面引导和规范。2009 年 3 月，商务部又发布了《境外投资管理办法》，继续推进和完善对外投资的便利化，落实企业投资决策权。这些有关境外投资的法律制度同样将适用于大陆对台湾的直接投资。

---

① 梁咏：《中国投资者海外投资法律保障与风险防范》，法律出版社2010 年版，第 14—16 页。

② 有关我国境外投资的基本政策发展演变的详细论述，参见《我国关于境外投资的基本政策发展演变综述》，商务部研究院网站，http：//www. caitec. org. cn/c/cn/news/2009 – 08/10/news_ 1554. html，2009 – 09 – 21。

③ 《关于境外投资开办企业核准事项的规定》（2004 年）第 2 条。

二、促进陆资入台直接投资的法律制度

为促进两岸双向直接投资，实现两岸经济互利共赢，大陆适时地出台了相关政策，鼓励两岸双向直接投资发展。2008 年 12 月 31 日，胡锦涛总书记在纪念《告台湾同胞书》发表 30 周年座谈会的重要讲话中明确表示："鼓励和支持有条件的大陆企业到台湾投资兴业。"[①] 2008 年 12 月国家发展和改革委、国务院台办发布了《关于大陆企业赴台投资项目管理有关规定的通知》，2009 年 5 月商务部、国务院台办发布了《关于大陆企业赴台湾投资或设立非企业法人有关事项的通知》，从中央政府层面确认了积极推动陆资入台投资的基本政策。

从以上两个《通知》的规定来看，中国大陆鼓励"具备投资所申报项目的资金、行业背景、技术和管理实力"且"在大陆依法注册、经营的企业法人"作为"大陆投资主体赴台湾投资"。[②] 且现有以上两个《通知》中明确规定："鼓励大陆企业积极稳妥地赴台湾投资。"[③]"鼓励和支持大陆企业结合两岸经济发展和产业特点赴台湾投资或设立非企业法人"。[④] 2010 年 11 月 9 日国家发展和改革委、国务院台办发布了《大陆企业赴台湾地区投资管理办法》，[⑤] 对《关于大陆企业赴台投资项目管理有关规定的通知》和《关于大陆企业赴台湾投资或设立非企业法人有关事项的通知》中

---

① 胡锦涛：《携手推动两岸关系和平发展　同心实现中华民族伟大复兴——在纪念〈告台湾同胞书〉发表 30 周年座谈会上的讲话》，国务院台办网站，http://www.gwytb.gov.cn/hu6dian/2008123101.html，2010 - 01 - 16。

② 《关于大陆企业赴台投资项目管理有关规定的通知》第 3 条。

③ 同上，第 1 条。

④ 《关于大陆企业赴台湾投资或设立非企业法人有关事项的通知》第 2 条。

⑤ 《大陆企业赴台湾地区投资管理办法》（发改外资［2010］2661 号）自发布之日起生效，《关于大陆企业赴台投资项目管理有关规定的通知》和《关于大陆企业赴台湾投资或设立非企业法人有关事项的通知》同时废止。

的规定进行了一些修订和完善，进一步明确了大陆对陆资赴台投资的基本原则——应遵循互利共赢和市场经济原则，以及陆资赴台投资的核准手续与程序等事项。

另外，为贯彻落实"走出去"发展战略，促进境内机构境外直接投资的健康发展，对跨境资本流动实行均衡管理，维护我国国际收支基本平衡，根据我国《外汇管理条例》等相关法规，国家外汇管理局于 2009 年 7 月 13 日制定的《境内机构境外直接投资外汇管理规定》也将在一定程度上积极推动大陆资本投资台湾。

本章小结

对于台商投资大陆，从党中央、国务院到各级政府都予以高度重视，也及时出台了一系列专门性的调整台商投资大陆的法律、法规，并持续地展开了落实台商权益保护的工作，取得了较好的效果。总体上，中国大陆已经建立了较为完善的保护台商权益的法律保护体系，但是中国大陆在台商投资权益保障上仍然存在一些问题。①

对于陆资入台直接投资，中国大陆及时出台了两个部门规章，表明中国大陆对于推动两岸双向直接投资的积极态度。目前，大陆鼓励符合条件的"在大陆依法注册、经营的企业法人"作为"大陆投资主体赴台湾投资"，② 但是，从《关于大陆企业赴台投资项目管理有关规定的通知》和《关于大陆企业赴台湾投资或设立非

① 如"一些地方和部门对台湾同胞投资合法权益保护工作重视不够"；"一些地方和部门保护台湾同胞投资合法权益工作未落到实处"；"有关政策规定与《台胞投资保护法》及其《实施细则》不尽一致"；"保护台湾同胞投资合法权益工作机制需要进一步健全"。陈云林：《国务院关于台胞投资合法权益保护工作情况的报告》，http：//www.china.com.cn/policy/txt/2007-04/25/content_9252692.htm，2009-12-12。

② 《关于大陆企业赴台投资项目管理有关规定的通知》第 3 条。

企业法人有关事项的通知》的规定来看，中国大陆并没有进一步的政策与法律法规来明确具体的鼓励措施、方式等。由此，将使得现有两个部门规章中关于鼓励陆资入台直接投资的规定更多仅具有宣示性，无法表现出实际的鼓励或者促进陆资入台直接投资的效果。而且，由于鼓励和促进陆资入台直接投资是个系统的工程，包括从投资项目的选择、投资资金转移、经营管理、投资风险（包括政治风险）控制等，已有的两个《通知》仅仅属于部门规章，其法律地位在我国的法律位阶中过低，将使得现有两个《通知》中的鼓励性宣示变得更加空洞。同时，对于如何保护入台直接投资的陆资，也缺乏相应的法律制度。①

---

① 即使于 2011 年 11 月 9 日发布的《大陆企业赴台湾地区投资管理办法》同样表现出趋于原则性和宣示性的规定，并没有出台有针对性的、可操作性强的举措，体现出大陆政府对陆资赴台投资具体措施出台的谨慎。

第四章 台湾地区的外资法与海外投资法律制度

　　尽管目前两岸投资已经步入到有限度的双向直接投资阶段，但是两岸经贸交流过去长期呈现出"投资单向"和"投资带动贸易"的经贸格局，产生这种现象的主要障碍是来自台湾当局长期以来所实施的限制两岸经贸交流政策，特别是禁止陆资入台直接投资的政策与法律制度所致。同时，台湾当局所执行的两岸投资政策与法律制度，与台湾当局自 20 世纪 50 年代即启动并一直实施积极、开放的吸引外资和鼓励对外投资的政策与法律制度形成强烈对比，所以有必要对台湾地区外资法与海外投资法律制度进行检视和剖析。

第一节　台湾地区的外资法律制度

一、台湾地区外资法的概况

　　（一）台湾地区外资法的立法起源[①]

　　台湾当局于 1952 年 6 月 25 日与美国政府通过换文方式签署了《保证美国投资制度协定》，[②] 1952 年首次核准华侨投资案，1953

---

　　① 台湾当局引进外资历来在数据统计上划分为引进华侨投资和引进外国人投资两种情形，而且台湾的外资法实际上包括有关调整华侨投资台湾的法律制度以及外国人投资台湾的法律制度。在台湾，有关学者和台湾的主管机关很多时候将华侨投资和外国人投资统称为侨外资。本文中所提及的侨外资即指华侨和外国人对台湾的投资。

　　② 《中美关于保证美国投资制度换文》，（台湾）法规数据库，http：//law. moj. gov. tw/Scripts/Query4A. asp? FullDoc = all&Fcode = Y0050019，2009 － 11 － 19。

年核准外国人投资案，1954 年 7 月 14 日，台湾当局发布《外国人投资条例》，共 23 个条款。该条例的发布正式确立了台湾实行对外开放的政策。

在引进外资的过程中，台湾当局一开始非常重视吸引华侨对台湾的投资。例如，1952 年台湾当局制定了《鼓励华侨和旅居港澳人士来台举办生产事业投资办法》和《自备外汇进口货物来台进行生产投资的有关规定》，试图筹集华侨和港、澳同胞的资金。[①]但是这两项《办法》和《规定》对投资缺少具体规定，属于临时性的"应急"措施。[②] 所以，1955 年台湾当局把以上鼓励华侨回台湾投资的两项规定加以合并，修订成为《华侨"回国"投资条例》。1960 年 9 月台湾当局制定了《奖励投资条例》[③]，加之同年对《华侨"回国"投资条例》进行修订以及 1959 年对《外国人投资条例》进行了修订，至此，台湾初步建立起了其引进侨外资的

---

① 彭莉：《台湾侨外投资条例探析——兼评台湾的陆资对台投资政策法规》，载《台湾研究集刊》2003 年第 4 期。

② 刘进庆：《战后台湾经济分析》，厦门大学出版社 1990 年版，第 317 页。

③ 1960 年 9 月制定的《奖励投资条例》经过台湾当局多次修订之后，于 1991 年 1 月 30 日废止。根据《奖励投资条例》第 3 条规定，"本条例所称生产事业，系指生产物品或提供劳务之左列事业，并以依公司法组织之股份有限公司。"可知，该"条例"所适用的主体包括外国投资者和华侨投资者在台湾依法设立的股份有限公司。且根据该《奖励条例》第 16 条第 1 款的规定，对于"依华侨'回国'投资条例或外国人投资条例申请投资经核准者，其应纳之所得税，由所得税规定之扣缴义务人于给付时，按给付额或应分配额扣缴百分之二十"。比较该《奖励条例》第 16 条第 2 款规定，"非依华侨'回国'投资条例或外国人投资条例申请投资经核准者，其应纳之所得税，由所得税法规定之扣缴义务人于给付时，按给付额或应分配额扣缴百分之三十五。"可见，华侨回台湾的投资或者外国投资者对台湾的投资可以享受税收方面的优惠。

法律体系。[①] 这三个条例构成了台湾当时引进侨外资的"三驾马车",不仅明确了对侨外资权益的处理和保障等投资者非常关注的事项,还增加了税收减免的奖励手段。

不仅如此,台湾当局还于 1961 年 1 月制定了《奖励投资条例实施细则》,[②] 1962 年 8 月颁布了《技术合作条例》。[③] 1966 年至 1971 年,台湾先后建立了高雄、楠梓和台中三个出口加工区,并订立了加工区的一系列法规,如 1965 年公布的《加工出口区设置管理条例》及《加工出口区贸易管理办法》等。20 世纪 70 年代,台湾还设立了新竹科学工业园区,进一步向侨外资开放。[④]

此后,台湾当局先后多次对《外国人投资条例》、《华侨"回国"投资条例》、《奖励投资条例》及其实施细则进行了多次修订,不仅使得台湾对侨外资的政策在投资范围、审批手续、结汇限制方面更趋合理,[⑤] 也反映出台湾当局为了配合其经济的发展变化而推出各种不同的奖励手段和方法。

总体上,在较长一段时期,台湾当局的外资政策体现出稳定性、连续性和优惠性的特点,保证了侨外资厂商在台湾投资的中长

---

① 李悦:《台湾引进侨外直接投资法律体系的特点》,载《世界经济研究》1987 年第 6 期。

② 1961 年 1 月制定的《奖励投资条例实施细则》经过多次修订实施之后,1991 年 4 月 24 日废止。

③ 1962 年 8 月颁布的《技术合作条例》,中间经过 1964 年 5 月修订之后在台湾实施,直到 1995 年 8 月 2 日该《技术合作条例》废止。

④ 李悦:《台湾引进侨外直接投资法律体系的特点》,载《世界经济研究》1987 年第 6 期。

⑤ 为引进侨外资,台湾当局历次对《华侨"回国"投资条例》和《外国人投资条例》进行数次修订,两个"条例"所表现出的特点是:其一,逐步扩大准许投资的范围,激发投资者的投资意愿;其二,投资本息结汇限制逐步放宽;其三,简化审批手续,提高办事效率。总之,台湾当局为创造良好的投资环境作出了相当的努力。参见余先予主编:《台湾民商法与冲突法》,东南大学出版社 2001 年版,第 454—455 页。

期利益，使外商投资保持兴旺，历久不衰，有增无减。[①]

（二）台湾地区外资法的立法体例

关于外资法的立法体例，主要有三种情形，分别是：制定比较系统的统一的外国投资法或者投资法典；没有统一的外资法，而是制定一个或者几个关于外国投资的专门法律或者特别法规、法令；没有专门的外资法，而是通过一般国内法、法规来调整外国投资关系及其活动。[②] 台湾地区的外资法没有采用统一外资法典的模式，而是采取了制定几个关于华侨回台湾投资和外国人投资台湾的专门法律并辅之以配套法规的立法。具体而言，现行调整华侨和外国人投资台湾的规范是以《外国人投资条例》（1997 年 11 月 10 日修订）和《华侨"回国"投资条例》（1997 年 11 月 19 日修订）为主，辅之以配套法规如《华侨及外国人投资额审定办法》（2002 年 12 月 2 日修订）以及《侨外投资负面表列——禁止及限制侨外人投资业别项目》（2008 年 5 月修订）等。此外，台湾当局有关投资申请的"公司法"和《工厂设立登记规则》，经营清算的"商业会计法"，有关投资利润汇出的《外汇管理条例》，有关促进产业升级的《促进产业升级条例》及其《促进产业升级条例施行细则》等，也对引进的外资进行相应的调整和规制。

二、台湾地区外资法律制度的实体性问题

有关台湾地区外资法律制度的实体性问题，本研究中主要涉及投资者和投资的定义、外资准入、投资待遇、征收与补偿以及投资争端解决等方面。由于涉及中国大陆的事务，包括陆资入台直接投资问题，台湾地区历来是实行另外的专门政策与法律制度，所以，本章所论述的有关台湾外资法律制度不涵盖陆资入台直接投资法律制度的内容。（有关台湾地区的陆资入台直接投资的政策与法律制

---

① 张子凤：《浅析台湾侨外资政策》，载《国际贸易》1987 年第 12 期。

② 余劲松、吴志攀主编：《国际经济法》，北京大学出版社、高等教育出版社 2009 年第 3 版，第 254 页。

度的论述，详见本书第五章内容）

（一）关于投资者和投资的定义

1. 关于投资者的定义

对于到台湾境内投资的外国投资者，台湾地区的法律规定中仅仅指"外国法人"，[①] 不包括非法人实体、其他经济组织和自然人。对于"外国法人"的国籍的确认标准，则是依据该外国法人的成立地法。[②]

对于回台湾投资的华侨投资者，台湾地区的法律并没有如同外国投资者一样限于外国法人，而是原则性地规定"华侨依本条例（是指台湾地区《华侨'回国'投资条例》——作者注）之规定'回国'投资者，称为投资人"[③]。

可见，台湾地区的法律对于华侨投资者和外国投资者的范围并不一样，对于华侨投资者的范围要宽泛得多。这可能与台湾地区在吸引侨外资起步阶段，特别重视华侨回台湾投资有关。

2. 关于投资的定义

关于投资，台湾地区的法律制度对于外国投资者和华侨投资者投资的规定总体上一致，特别是在投资方式和出资种类上的规定几乎一致。

首先在投资方式上，既包括直接投资方式，也包括间接投资方式。例如，对于外国投资者的投资包括"持有'中华民国'公司之股份或出资额"或者"在'中华民国'境内设立分公司、独资或合伙事业"，此外，还包括"对前二款所投资事业提供一年期以上贷款"[④]。可见，外国投资者到台湾投资，可以直接投资方式在

---

① 台湾《外国人投资条例》第3条第1款；《华侨"回国"投资条例》第7条。

② 台湾《外国人投资条例》第3条第2款规定："外国法人依其所据以成立之法律，定其国籍。"

③ 台湾《华侨"回国"投资条例》第3条。

④ 台湾《外国人投资条例》第4条。

台湾投资，并在企业形式上可以采取设立公司、分公司、独资或合伙事业等形式；也可以通过对前面所述的投资事业提供一年期以上贷款的间接投资的方式到台湾投资。对于华侨投资者的投资，基本上与外国投资者的规定一致，唯一的一点区分在于在投资的企业形式上，根据台湾的法律规定，不包括在台湾境内设立"分公司"的形式，① 仅仅包括"持有'中华民国'公司之股份或出资额"或者"在'中华民国'境内设立独资或合伙事业"，或者"对前二款所投资事业提供一年期以上贷款"。②

其次，关于出资种类，台湾当局规定，无论是外国投资者和还是华侨投资者的出资种类都包括："现金；自用机器设备或原料；专利权、商标权、著作财产权、专门技术或其他智慧财产权；以及其他经主管机关认可投资之财产。"③

（二）外资准入

1. 外资准入的产业划分

从台湾地区有关的法律制度来看，台湾当局以负面表列的方式明确了禁止类和限制类的侨外资产业。但是，综观台湾侨外资法律制度的发展变化，侨外资在台湾的投资范围随着侨外资有关法律制度的不断修正而经历了一个由窄逐渐变宽的过程。例如，1960 年修订的《华侨"回国"投资条例》准许华侨投资的范围比 1955 年的条例增加了服务业、交通业及其他事业；1979 年修订时，再次扩展到有助于农、工、矿的事业和从事科学研究发展的事业。关于外国人在台湾投资的范围方面，服务业在较长一段时间里是禁止外国人投资，从 1986 年开始，开放外国人投资服务业。不过直到1988 年之前，台湾当局都是采取正面表列方式来确立外资的投资范围。1988 年，台湾当局对于外资的投资范围似乎有了大幅度甚

---

① 台湾《华侨"回国"投资条例》第 4 条第 2 款。

② 同上，第 4 条。

③ 台湾《外国人投资条例》第 6 条和《华侨"回国"投资条例》第 6条。

至是突破性的放宽，首次将外资的投资范围改为了以负面表列方式来确立外资的投资范围。明确规定："下列事业禁止投资人申请投资：一、违反公共安全之事业；二、违反善良风俗之事业；三、高度污染性之事业；四、法律赋予独占或者禁止投资人投资之事业。"且进一步规定，"申请人申请投资下列事业，应符合目的事业主管机关之规定并经其审查同意：一、公共事业；二、金融保险事业；三、新闻出版事业；四、法令对投资人投资加以限定之事业。"①

1997年，台湾当局对《外国人投资条例》和《华侨"回国"投资条例》进行修订，明确：② "下列事业禁止投资人投资：一、对'国家安全'、公共秩序、善良风俗或国民健康有不利影响之事业；二、法律禁止投资之事业。""投资人申请投资于法律或基于法律授权订定之命令而限制投资之事业，应取得目的事业主管机关之许可或同意。"相对而言，经过修订之后的外资投资范围比以前有了进一步的放宽。而对于前面所规定的禁止及限制投资的具体产业类别，以上两个《条例》都规定"由'行政院'定之，并定期检讨"。③

从台湾当局不断修订完善的《侨外投资负面表列——禁止及限制侨外人投资业别项目》来看，禁止及限制侨外投资的项目在逐步减少。目前实施的2008年5月16日修订的《侨外投资负面表列——禁止及限制侨外人投资业别项目》中禁止外国人投资的项

---

①　台湾1997年修订前的《外国人投资条例》第7条、《华侨"回国"投资条例》第7条。

②　1997年台湾《外国人投资条例》第7条、《华侨"回国"投资条例》第7条。

③　台湾当局对于外国人投资法律最重要的一次变革是在1989年5月26日将外国人来台投资的项目，从正面表列改为负面表列，外国人对台投资得以健全发展，外国人投资台湾金额从1989年前三年平均每年投资10亿美元，成长至1989年后三年平均每年投资16亿美元，成长幅度高达60%。参见谭瑾瑜：《陆资来台效益评估》，载《交流》（台湾）第106期（2009年8月号）。

目是 14 个细类，分别是林业及伐木业、基本化学工业、其他化学制品制造业、其他金属基本工业、未分类其他机械制造修配业、公共汽车客运业、出租车客运业、一般汽车客运业、邮政业、邮政储金汇兑业、汽车租赁业、广播业、电视业和特殊娱乐业等。以上14 个细类中的林业及伐木业、公共汽车客运业、出租车客运业、一般汽车客运业、汽车租赁业 5 个细类的项目不禁止华侨投资。而限制华侨和外国人投资的业别则有稻作栽培业、酒类酿造配制业等60 个细类。①

　　2. 外资审批

　　国际投资中外资进入其他国家领土内或地区境内，有关国家或者地区的主管当局依法采取的机制有审批制和形式登记制。从台湾地区现有的法律制度规定来看，无论是外国人还是华侨投资台湾，台湾都是采取审批制。对此，台湾《外国人投资条例》中明确规定：外国投资者"应填具投资申请书，检附投资计划及有关证件，向主管机关②申请核准"，"投资计划变更时，亦同。"③ 而且规定，"投资人持有所投资事业之股份或出资额，合计超过该事业之股份总数或资本总额三分之一者，其所投资事业之转投资应经主管机关核准。"④ 可见，外国投资者到台湾投资，不仅需要备齐有关证件向台湾主管机关提出书面申请，向主管机关申请核准，而且对于投资计划的变更，投资者也必须向台湾的主管机关办理变更手续。同时，对于外国投资者所投资事业的股份或出资额，合计超过该事业的股份总数或资本总额三分之一者，其所投资事业的转投资也必须

---

　　① 台湾《侨外投资负面表列——禁止及限制侨外人投资业别项目》（台湾"行政院"院台经字第 093 （00222221）号。

　　② 根据台湾的有关法律规定，侨外资投资台湾的主管机关是台湾的"经济部"。参见《外国人投资条例》第 2 条第 1 款和《华侨"回国"投资条例》第 2 条第 1 款。

　　③ 台湾《外国人投资条例》第 8 条第 1 款。

　　④ 台湾《外国人投资条例》第 5 条。

经主管机关核准。对于华侨回台湾投资，台湾《华侨"回国"投资条例》中有几乎类似于台湾《外国人投资条例》中对于外国投资者投资审批的规定。①

　　关于侨外资投资者申请进入台湾投资案件的审批期限，台湾的主管机关在投资者的申请手续完备后一个月之内核准；如果申请投资的案件，牵涉到其他相关目的事业主管机关权限，则应于两个月内核准。对此，台湾的有关法律明确规定，"主管机关对于申请投资案件，应于其申请手续完备后一个月内核定之，牵涉到其他相关目的事业主管机关权限者，应于二个月内核定之。"②

　　此外，1998 年台湾"经济部"根据《外国人投资条例》和《华侨"回国"投资条例》，还特别针对华侨及外国人投资额审定发布了《华侨及外国人投资额审定办法》，并于 2002 年 12 月 2 日对该办法进行了修订。不仅规定了"投资人申请审定投资额，应由投资人、投资人之代理人、投资事业或投资事业之代理人，于投资人各类出资实行后二个月内，向主管机关申请办理，"如果"投资人分批实行投资者，得分批申请办理"。③ 也规定了台湾的主管机关审定投资人各类投资额的方式；投资人以汇入外汇投资或受让"国内"股份作为股本投资者以及投资人汇入外汇经核准保留为外汇存款者，以及投资者以不同的方式出资和投资人以合并、收购或分割之股份转换等不同的投资方式作为作为股本投资者等应检具的文件。

　　（三）投资待遇

　　外资待遇是外资投资者极其关注的问题之一。在外资投资待遇问题上，台湾当局则规定除了前述的有关产业禁止或者限制外资之

---

　　①　台湾《华侨"回国"投资条例》第 8 条第 1 款。

　　②　台湾《外国人投资条例》第 8 条第 2 款和《华侨"回国"投资条例》第 8 条第 2 款。

　　③　台湾《华侨及外国人投资额审定办法》（2002 年 12 月 2 日修订）第 2 条。

外，原则上适用国民待遇原则。尽管台湾的外资法律中对于国民待遇的规定，并没有采取国际上通行的"不低于"的措词，但是台湾《外国人投资条例》中明确"投资人所投资之事业，其法律上权利义务，除法律另有规定外，与'中华民国国民'所经营之事业同"。① 对于华侨投资，台湾《华侨"回国"投资条例》则规定"投资人所投资之事业，其法律上权利义务，除法律另有规定外，与'国内'人民所经营之事业同"。从而确立了外国投资者和华侨投资者的投资所享受的待遇，除了前面所述的负面列表中所名列的禁止或者限制侨外资投资之外，可以享受与台湾内资相同的待遇。从以上两个《条例》的规定来检视投资待遇，可以确定台湾当局仅仅给予外国投资者和华侨投资者回台湾的投资与台湾内资投资者的投资相同的待遇，不涉及给予外国投资者和华侨投资者以台湾内资投资者相同的待遇，即仅仅规定了侨外资投资者的投资"国民待遇"，并不提供侨外资投资者"国民待遇"。

而且，从台湾地区的《产业升级条例》及其《产业升级条例施行细则》中的规定来看，只要是依据台湾"公司法"设立的公司所从事的符合要求的产业，都可以同等享受《产业升级条例》及其《施行条例》中所给予的优惠和奖励。显然，这里的"公司"既包括台湾内资投资者所投资设立的公司，也包括由华侨或者外国投资者所投资设立的公司。② 这意味着如果从台湾的《产业升级条例》及其《施行细则》中的规定来看，对于符合台湾产业升级的部门或者经济活动，来台湾投资的外国人及其华侨可以享受等同于台湾当地投资者的优惠。③

值得注意的是，从台湾地区的法律法规中来看，对于国际投资待遇中通常规定的最惠国待遇和公正与公平待遇没有作出规定，

---

① 台湾《外国人投资条例》第 17 条。

② 台湾《促进产业升级条例》第 3 条规定："本条例所称公司，指依公司法设立之公司。"

③ 台湾《产业升级条例》第 13 条、第 14 条、第 14 条 –1、第 70 条。

即，既没有规定提供最惠国待遇和公正与公平待遇保护，也没有规定对外国人投资和华侨投资台湾不给予最惠国待遇和公正与公平待遇保护。

（四）征收与补偿

如前所述，征收和补偿问题一直以来都是国际投资中的核心问题。从台湾地区的有关法律法规来看，台湾当局对于外国人投资和华侨回台湾的投资有权予以征收，并规定给予合理补偿，但是对于目前国际上普遍接受的征收条件①，台湾当局的法律中并没有作出规定，且对于投资者投资在投资事业资本总额中所占的比重不同而有所区别。

如台湾地区《外国人投资条例》中规定，"投资人对所投资事业之投资，未达该事业资本总额百分之四十五者，如政府基于'国防'需要，对该事业征用或收购时，应给予合理补偿。"② 但是，如果"投资人对所投资事业之投资，占资本总额百分之四十五以上者，在开业二十年内，继续保持其投资额在百分之四十五以上时，不予征用或收购"。③

对于华侨回台湾投资，台湾《华侨"回国"投资条例》中有类似规定。④ 但是，对于华侨投资者"与依外国人投资条例投资之外国人共同投资，合计占该投资事业资本总额百分之四十五以上时"，即使在开业二十年内，继续保持其投资额在百分之四十五以

---

① 目前大多数 IIAs，对于征收与补偿通常的条件是：基于公共目的；遵照法定程序；符合非歧视原则和给予补偿。对于征收补偿标准，据 UNCTAD 统计，1995 年以来的绝大多数 BITs 都反映了发达国家的主张，即按照"赫尔准则"——充分、及时、有效的补偿。See UNCTAD, *Bilateral Investment Treaties* 1995–2006: *Trends in Investment Rulemaking*, United Nations, 2007, p. 47。

② 台湾《外国人投资条例》第 13 条。

③ 同上，第 14 条。

④ 台湾《华侨"回国"投资条例》第 13 条、第 14 条第 1 款。

上时，台湾当局也可以征收。① 从以上规定可知，台湾地区原则上保留了对外资，包括外国投资者的投资和华侨的投资予以征收的权力，且台湾对侨外资的征收标准和条件是：其一，基于所谓"国防"需要；其二，未在台湾开业 20 年内保持其投资占投资事业资本总额 45% 以上。但是，对于侨外资在台湾的投资比例超过资本总额"百分之四十五以上者，在开业二十年内，继续保持其投资额在百分之四十五以上时，不予征用或收购"的规定，显示出台湾当局鼓励侨外资在台湾加大投资比例和在台湾进行长期投资的立法趋向。

当然，关于征收和补偿，台湾当局现行的"立法"对于征收的条件和程序没有作出更进一步明确的规定，也没有规定征收是否包括间接征收，对于补偿也仅仅是规定了"合理"补偿，没有进一步对补偿的计算标准作出规定，等等，这种征收保护的规定，对于投资者的投资意愿可能会产生一定的影响。但是，有关研究表明，台湾并未发生类似"征收"的案例。②

（五）投资争端解决

从笔者查阅到的资料来看，台湾当局关于调整华侨回台湾投资的《华侨"回国"投资条例》和外国人到台湾投资的《外国人投资条例》对于侨外资在台湾投资过程中发生的投资争议，包括侨外资投资者与台湾内资投资者私人之间的投资争议以及侨外资投资者与台湾政府之间的争端解决并没有专门的规定。目前在台湾发生的这类案件数量并不多，但在实务上，当事人多选择以仲裁方式解决，或诉诸司法途径。③

---

① 台湾《华侨"回国"投资条例》，第 14 条第 2 款。
② 彭莉：《台湾侨外投资条例探析——兼评台湾的陆资对台投资政策法规》，载《台湾研究集刊》2003 年第 4 期。
③ 该观点来自于笔者向台湾东吴大学法学院国际投资法专家李贵英教授咨询时，李教授电子邮件回函的主要观点。

第二节 台湾地区的海外投资法律制度

台湾地区的海外投资法律制度大体上可以划分为促进和鼓励投资的法律与制度、管理海外投资的法律与制度以及海外投资保证制度。主要涉及台湾地区的《促进产业升级条例》以及依据该《条例》由台湾的"经济部"先后发布的《鼓励业者赴有"邦交国家"投资补助办法》（1994 年）、《"国外"投资或技术合作辅导及审核处理办法》（2002 年）、《"国外"投资或技术合作协助及辅导办法》（2005 年）以及《公司提拨国外投资损失准备处理办法》（2006 年）。同样需要指出的是，对于台商投资中国大陆，由于台湾地区实行的是另外的法律制度，本部分仅仅涉及台湾地区对于台商向外国投资的法律制度，对于台商投资大陆政策与法律制度的论述，详见本书第五章内容。

一、台湾地区促进和鼓励海外投资的法律制度

1990 年 12 月台湾当局发布了《促进产业升级条例》①，该《条例》的宗旨在于"促进产业升级，健全经济发展"②。为此，该《条例》中规定："为提升'国内'产业国际竞争力，避免'国内'产业发展失衡，'中华民国国民'或公司进行'国外'投资或技术合作，政府应予适当之协助及辅导。"③ 从而确立了促进和鼓励台商海外投资的基本政策与方针。且该条进一步规定，对于符合条件的投资，在"按'国外'投资总额百分之二十范围内，提拨'国外'投资损失准备，供实际发生投资损失时充抵之"④。

---

① 1990 年 12 月台湾当局发布《产业升级条例》，至今先后经过十次修订，现行的是 2009 年 1 月修订的版本。

② 台湾《促进产业升级条例》（1990 年）第 1 条。

③ 同上，第 12 条第 1 款。

④ 同上，第 12 条第 2—5 款。

为促进和鼓励海外投资，台湾当局于 1994 年发布了《鼓励业者赴有"邦交国家"投资补助办法》（以下简称《鼓励投资补助办法》），① 鼓励岛内有关产业到台湾所谓的"邦交国家"去投资。显然，台湾当局发布该《鼓励投资补助办法》的主要目的并不仅仅在于鼓励台商投资海外，还在于鼓励台商前往台湾所谓的"邦交国家"从事有助于提升台湾与友邦的"外交"关系的投资。②

2002 年 12 月，台湾地区"经济部"发布了《"国外投资"或技术合作辅导及审核处理办法》（以下简称《投资辅导及审核办法》），不但明确了主管机关对于台商进行"国外投资"或技术合作采取适当的奖励或辅导措施，也规定了主管机关对于台商的"国外投资"或技术合作要实行核准和备案登记的基本制度。

根据台湾《促进产业升级条例》第 12 条的有关规定，2005 年 11 月，台湾地区"经济部"发布了《"国外"投资或技术合作协助及辅导办法》（以下简称《投资辅导办法》），专门针对台湾的海外投资者所涉及的有关事项，由台湾"经济部"作为主管机关采取适当的协助及辅导措施。

（一）促进和鼓励海外投资的产业

根据台湾地区 1994 年《鼓励投资补助办法》的规定，台湾当局鼓励台商到台湾所谓的"邦交国家"去投资的产业主要有"制造业、手工艺业、矿业、农业、林业、渔业、畜牧业、运输业、仓库业、公用事业、公共设施兴辟业、国民住宅兴建业、技术服务业、旅馆业、营造业、金融服务业、石油探勘业、电视媒体业、观

---

① 1994 年发布的《鼓励业者赴有"邦交国家"投资补助办法》先后经过了 1997 年、1998 年、2000 年、2006 年和 2008 年五次修订，现在实施的是经 2008 年 3 月 4 日修订的版本，共 9 个条文。

② 台湾《鼓励业者赴有"邦交国家"投资补助办法》第 1 条规定：为鼓励业者前往有"邦交国家"从事有助提升"中华民国"与友邦经贸及外交关系之投资，特订定本办法。同时，值得注意的是，该《鼓励投资补助办法》并非由台湾核准对外投资的主管部门"经济部"颁布，而是由台湾的"外交部"发布，台湾发布该《鼓励投资补助办法》的政治意涵可见一斑。

光旅游业"及经审查符合该《办法》宗旨的其他事业。①

（二）促进和鼓励海外投资的方式

1. 对海外投资给予补助

根据台湾《鼓励投资补助办法》的规定，对于符合要求的投资，台湾当局可以在以下方面给予一定的补助：如雇用当地国员工薪资补助、厂房设备或营业处所或土地租金补助、融资利息补助。②并且，台湾当局因实际需要或业务考虑，遴派与投资相关的专家前往台湾所谓的"邦交国家"实地考察，台湾当局还全部负担机票及生活费；对于投资者参加台湾当局筹组或委托所组成的投资考察团，赴台湾所谓的"邦交国家"考察，台湾当局可以负担机票款补助。③对于台商在台湾所谓的"邦交国家"实际投资金额十万美元以上者，可以向台湾的有关机关申请于投资前派员考察的机票款的补助。④

根据台湾《促进产业升级条例》第12条中的有关规定，对于经过批准的符合提升台湾产业国际竞争力，避免台湾产业发展失衡，进行的"国外"投资，在"按'国外'投资总额百分之二十范围内，提拨'国外'投资损失准备，供实际发生投资损失时充抵之"⑤。这里，充抵投资损失实际上也具有补助的性质。

根据台湾《投资辅导及审核办法》的规定，台商的海外投资经核准或备查后，可以依照有关规定向台湾的主管机关申请办理下列事项方面的补助或辅导措施：薪资、租金、考察费用、保险、融资、保证（融资信用保证、投资授信保证）或担保、其他相关补助或辅导措施。⑥

---

① 台湾《鼓励业者赴有"邦交国家"投资补助办法》第2条。
② 同上，第3条。
③ 同上，第5条。
④ 同上，第6条第1款。
⑤ 台湾《促进产业升级条例》第12条第2—5款。
⑥ 台湾《"国外"投资或技术合作辅导及审核办法》第10条第2款。

而且，台湾当局对于符合《鼓励投资补助办法》的规定，经核准或核备赴台湾所谓"邦交国家"的投资，台湾当局基于"外交"考虑并认为具备经济效益的台商海外投资，只要符合台湾的海外投资保险机构承保条件，保险费由台湾当局及厂商各负担半数。[①]

2. 对海外投资进行协助和辅导

台湾《促进产业升级条例》第12条中规定，为提升台湾产业的国际竞争力，避免台湾产业发展失衡，对于台湾的"国民"或公司进行的"国外"投资，"政府应予适当之协助及辅导。"

（1）对海外投资进行协助和辅导的事项。根据台湾《投资辅导办法》，对于台湾的海外投资者所涉及的有关事项，由台湾"经济部"作为主管机关采取适当的协助及辅导措施。这些事项涉及："国外"投资信息的搜集及咨询、经营效率与竞争力的提升、"国外"投资障碍的排除、"国外"市场的拓展、"国外"技术合作的协助、人才的培训、"国外"投资融资及保证、"国外"投资的补助以及其他有关"国外"投资或技术合作事项。[②]

（2）对海外投资进行协助和辅导的方式或途径。

台湾的主管机关主要从以下几个方面，对海外投资所涉及的前述事项进行协助和辅导：

其一，提供信息和情报支持。要求台湾主管机关"设置或辅导设置海外台商辅导服务中心"，协助台商"进行'国外'投资或技术合作"，[③] 且要"建置网站、编印书刊、办理投资研讨会、筹组投资考察团、委请产业专家赴'国外'实地考察及以其他相关措施，协助业者研析个别国家投资环境及利基产业信息"[④]；并且，主管机关要"请驻外单位洽聘律师及会计师，提供'国外'投资

---

① 台湾的"中国输出入银行"网站：http：//www.eximbank.com.tw，2009-12-26。

② 台湾《"国外"投资或技术合作协助及辅导办法》第4条。

③ 同上，第5条。

④ 台湾《"国外"投资或技术合作协助及辅导办法》第6条。

法律及税务相关咨询服务，并协助争取投资贸易有利条件、解决投资营运问题、搜集信息及其他有关'国外'投资或技术合作事项"① 以及"建置网站及服务中心，提供技术合作信息及其他相关服务，协助企业寻求技术管道"②。

其二，提供专业服务支持。如要求主管机关"请驻外单位洽聘律师及会计师，提供'国外'投资法律及税务相关咨询服务"③；"委托专业技术及管理机构筹组产业服务团，前往'国外'提供经营管理、企业电子化、技术升级、市场营销及其他相关服务，并协助提升经营效率及竞争力"④；以及对于台湾的"公司或其转投资事业进行'国外'投资，得协调相关机构提供'国外'投资融资、保证及其他相关协助与服务"⑤。

其三，协助海外投资布局及拓展"国外"市场。如要求主管机关"以办理投资布局考察团、贸易访问团及其他相关措施，协助进行海外投资布局及拓展'国外'市场"。⑥

其四，协助排除投资纠纷和解决争议。如要求主管机关"经由双边或多边经贸会议、签署双边协议、与'国外'投资主管机关协商及以其他相关措施，协助排除'国外'投资障碍"⑦；协调台商联谊组织，协助台湾的"'国民'或公司海外急难救助、排除投资纠纷"⑧。

其五，开展海外投资有关人才的培训。要求主管机关"委托有关机构培训'国外'经营管理、外语及经贸事务人才，协助企

---

① 台湾《"国外"投资或技术合作协助及辅导办法》第7条。
② 同上，第11条。
③ 同上，第7条。
④ 同上，第8条。
⑤ 同上，第13条。
⑥ 同上，第10条。
⑦ 台湾《"国外"投资或技术合作辅导及审核处理办法》第9条。
⑧ 同上，第16条。

业'国外'营运"。①

此外，该《投资辅导办法》还要求主管机关"协调相关机关或机构设立合资基金"，协助台湾的"'国民'或公司进行'国外'投资"和协助台湾的"'国民'或公司向有关机关申请'国外'投资的补助"②，等等。可见，台湾当局非常重视其海外投资战略，特别强调促进和鼓励台商进行海外投资，并为此非常详尽地规定相关主管机关协助和辅导台商海外投资的各种方式或途径。

3. 对海外投资提供融资及保证

台湾当局于 1979 年 1 月根据《"中国输出入银行"条例》设立了承保输出保险业务的"中国输出入银行"（以下简称"输银"）。为协助台湾"厂商前往海外投资，拓展外销市场或开发重要资源及增进'国际'经济合作，提供所需之融资及保证"，③"输银"于 1987 年 4 月发布了《"中国输出入银行"海外投资融资及保证要点》（以下简称《融资保证要点》），由"输银"单独或与其他银行以合作方式对"经政府主管机关核准或核备前往海外投资"的台湾厂商提供有关投资的融资④及保证。

（1）为海外投资提供融资。"输银"对台商海外投资提供融资的方式是由"输银"以"单独或与其他银行以合作方式"⑤对"经政府主管机关核准或核备前往海外投资"的台湾厂商提供有关投资的融资。对台商海外投资融资的金额可以达到投资金额的八成；如果以合作融资方式办理的融资，则"输银"的融资部分可以

---

① 台湾《"国外"投资或技术合作辅导及审核处理办法》，第 12 条。

② 同上，第 14 条、第 15 条。

③ 台湾《"中国输出入银行"海外投资融资及保证要点》第 1 条。

④ 根据台湾《"中国输出入银行"海外投资融资及保证要点》第 3 条第 2 款规定，"输银"对以下投资提供融资：（1）以外汇现金汇出作为股本投资者；（2）以机器、设备、零配件、原料、半成品或成品输出作为股本投资者；（3）以外汇现金汇出从事购并者；以及（4）以贷款方式提供海外被投资事业执行投资计划者。

⑤ 同上，第 3 条第 1 款。

达到融资的七成。① 融资的币种"以融通美金或新台币为原则"，但是如有特殊情况，也可以"融通其他外币"。② 关于融资的期限，③"输银"将"视投资资本回收期限决定，并以不超过七年为原则"，但是，如有特殊情况，经提报"输银"理监事会通过，可以延长。同时，"输银"理监事会将"配合投资回收情形，给予合理的宽限期"。

（2）为海外投资融资提供保证。"输银"可以"单独或者与其他银行共同签发保证函或担保信用状方式"④为台商"海外被投资事业向当地金融机构申借营运资金提供所需的还款保证"。⑤ 实践中，"输银"将依实际需要核定融资保证额度，且灵活地以个案合约规定的币别为准提供融资币别的保证。至于保证的期限则以不超过三年为原则。

同时，台湾当局于 20 世纪 80 年代初期就开始建立其海外投资保险制度，为台商海外投资面临的有关政治风险提供保证（关于台湾的海外投资保证制度，后有专门论述）。以上这些保证制度在一定程度上促进和鼓励了台商的海外投资发展。

二、台湾当局管理海外投资的法律制度

台湾当局对海外投资也进行了严格的管理，其主要的法规主要体现在由台湾地区"经济部"于 2002 年 12 月 30 日发布的《投资辅导及审核办法》。实际上，对于辅导和鼓励海外投资部分，台湾地区"经济部"已经于 2005 年 11 月发布了前述的《投资辅导办法》，还有 1994 年发布的《鼓励业者赴有"邦交国家"投资补助

---

① 台湾《"中国输出入银行"海外投资融资及保证要点》第 3 条第 2 款。

② 同上，第 3 条第 5 款。

③ 同上，第 3 条第 6 款。

④ 同上，第 4 条第 1 款。

⑤ 同上，第 4 条第 2 款。

办法》。所以，对于台商海外投资的管理部分，根据台湾《促进产业升级条例》第 12 条的有关规定，2006 年 2 月，台湾"经济部"不但对前述的《投资辅导及审核办法》的条款进行了修订，并将该《投资辅导及审核办法》的名称改为《公司提拨"国外"投资损失准备处理办法》，专门针对台商的海外投资的核准和备案登记制度以及公司提拨"国外"投资损失准备处理作出了规定。

台湾当局对海外投资主要从海外投资者和"国外"投资的界定、出资的种类、海外投资核准和不予核准和备案的投资、外汇管理等几方面进行管理。

（一）对海外投资者和"国外"投资的界定

1. 关于海外投资者

根据台湾地区《投资辅导及审核办法》，台湾的海外投资者包括台湾的"国民"或者公司。① 显然，台湾的该海外投资立法中所称的"国民"不涵盖公司，因为在该立法中将"国民"与公司并列规定。但是，这里的"国民"是否仅仅指自然人，该法规中并没有作出进一步的规定。

2. 关于"国外"投资

根据台湾《投资辅导及审核办法》的规定，"国外"投资是指台湾的"国民"或者公司以持有"国外"公司的股份或者出资额（但不包括短期购买"国外券"、有价证券）和"在'国外'设立分公司、独资或合伙事业"以及"对前二款所投资事业提供一年期以上贷款"② 所进行的投资。由此，这里的"国外"投资不仅包括投资者以直接投资方式进行的投资，也涵盖对持有"国外"公

---

① 台湾《"国外"投资或技术合作辅导及审核处理办法》第 5 条第 1 款规定："本办法所称'国外'投资，指'我国国民'或公司依下列之方式所为之投资：……"台湾《"国外"投资或技术合作协助及辅导办法》第 2 条有几乎一致的规定。

② 台湾《"国外"投资或技术合作辅导及审核处理办法》第 5 条第 1 款。

司的股份或者出资额和在"国外"设立分公司、独资或合伙事业，提供一年期以上贷款方式进行的间接投资。①

而根据台湾地区《投资辅导办法》，"国外"投资是指台湾地区的"国民"或者公司以持有"'国外'公司的股份或者出资额（但不包括短期购买'国外'有价证券）"和"在'国外'设立分公司、独资或合伙事业"②所进行的投资。可见，该《投资辅导办法》所规定的"国外"投资，只包括直接投资，不涵盖以贷款方式进行的间接投资。

显然，以上调整台商海外投资的两个《办法》对于"国外"投资的规定存在矛盾之处，但是这两个《办法》都属于台湾"经济部"发布的"部门规章"，在法律位阶上一样。不过，在国际投资法中，我们通常所讲的国际投资是指国际直接投资。

（二）　海外投资的出资种类

根据台湾《投资辅导及审核办法》，台商海外投资的种类包括以下几种：③（1）外汇；（2）机器设备、零配件；（3）原料、半成品或成品；（4）专门技术、专利权、商标专用权、著作权或其他智慧财产权（即知识产权——作者注）；（5）"国外"投资所得的净利或其他收益；（6）"国外"技术合作所得的报酬金或其他收益；（7）有价证券；（8）其他经主管机关认可投资之财产。④

---

① 实际上台湾《公司提拨"国外"投资损失准备处理办法》第4条有类似的规定，只不过规定的仅仅是"公司"为投资主体的"国外"投资。而台湾"经济部"投资审议委员会于2006年2月公布的《国外投资申报处理要点》（经审四字第09500392730号函）第3条关于"国外"投资的规定与台湾《"国外"投资或技术合作辅导及审核处理办法》第5条第1款的规定完全一致。

② 台湾《"国外"投资或技术合作协助及辅导办法》第2条第1款。

③ 台湾《"国外"投资或技术合作辅导及审核处理办法》第6条。

④ 台湾的《公司提拨"国外"投资损失准备处理办法》第5条和前述台湾"经济部"投资审议委员会于2006年2月公布的《"国外"投资申报处理要点》第4条对于"国外"投资的出资种类的规定与《"国外"投资或技术合作辅导及审核处理办法》的规定几乎一致。

（三）核准和备案海外投资

台湾对于海外投资采取核准制度和备案制度，原则上要求台商进行海外投资需要经过台湾的主管审批同意之后才能实施，但也规定了符合一定条件的海外投资可以在投资之后的六个月内向主管机关申请备案。

1. 核准海外投资申请

台商要进行海外投资，原则上必须"事先向主管机关申请核准"[1] 或者"于实行投资前向主管机关申请核准，"[2] 且"申请核准'国外'投资或……应填具申请书并检附相关文件向主管机关申请审核"。[3]

2. 海外投资备案

台湾当局现有的法规并没有要求台商所有的海外投资必须一律事先向主管机关核准，而仅仅是作出一般性的原则要求。对于符合一定条件的海外投资，可以在对外投资之后的六个月内向主管机关申请备案登记即可。无须经过主管机关核准而仅仅只需要进行备案登记的海外投资的情形有以下三种，分别是：[4]

（1）依台湾《外汇收支或交易申报办法》第4条第1项第4款规定[5]汇出外汇作为股本投资者，直接按照有关结汇规定办理即可。

（2）以自备外汇汇出作为股本投资者。

（3）以机器设备、零配件、原料、半成品或成品作为股本投资，其投资金额在主管机关所定金额以下者，直接按照有关出口规

定办理即可。

对于符合以上条件的海外投资，投资者必须"于实行投资后六个月内填具申请书并检附相关文件送主管机关备查"①。

值得注意的是，对于投资者的海外投资，台湾当局似乎有放宽核准制，逐步走向备案制的趋势。如 2006 年 2 月 10 日发布的《公司提拨"国外"投资损失准备处理办法》第 7 条规定："公司'国外'投资，得于实行投资前向主管机关申请核准，或于实行投资后六个月内向主管机关申请备查。"显然，该条中的"或"的措词，将"实行投资前向主管机关申请核准"和"实行投资后六个月内向主管机关申请备查"并列规定。而于同日由台湾"经济部"投资审议委员会公布的《"国外"投资申报处理要点》中对于"经济部"投资审议委员会为受理"国外"投资申报案件，仅仅规定了"投资人从事'国外'投资者，得于投资实行日起六个月内……向本会申报"②。实践中，由于台湾的"经济部"投资审议委员会是直接负责台商海外投资核准和备案的机关，显然，该机关发布的《"国外"投资申报处理要点》中仅仅规定从事"国外"投资的投资人，在投资实行日起六个月内向该机构申报投资案件即可，而并没有对于投资人对外投资的核准问题作出任何规定。

3. 海外投资核准和备案的条件

根据台湾当局的有关法规，台湾主管机关核准和备案海外投资的条件可以分为积极条件和消极条件。这里的积极条件是指主管机关核准和备案的海外投资应该符合的情形，消极条件是指主管机关不予核准和备查的情形。

主管机关核准和备案的海外投资应该符合下列情形之一：③（1）可使"国内"工业获致所需天然资源、原料或零组件；（2）有助于改善地区性贸易失衡或确保产品市场；（3）有助于引

---

① 台湾《"国外"投资或技术合作辅导及审核处理办法》第 9 条第 2 款。

② 台湾《"国外"投资申报处理要点》第 5 条。

③ 台湾《公司提拨"国外"投资损失准备处理办法》第 6 条。

进所需关键性生产或经营管理技术；（4）有助于技术合作，而不影响"国防"安全及"国内"产业发展；（5）有助于国际经济合作；（6）有助于"国内"产业结构调整，产品品级提升以及（7）投资于"国外"创业投资事业，以间接引进技术。

主管机关不予核准和备查的情形包括：[①]（1）影响"国家"安全；（2）对"国家"经济发展有不利影响；（3）违反国际条约、协定之义务；（4）侵害智慧财产权（即知识产权——作者注）；（5）违反"劳动基准法"而引发重大劳资纠纷，且尚未解决者；以及（6）破坏"国家"形象。

4. 申请海外投资核准和备案的文件

对于公司申请海外投资，应该向主管机关提交申请核准的文件主要有：[②]（1）公司登记证明书复印件；（2）公司委托他人代办者，应检附授权书；（3）"国内外"转投资金额超过"公司法"第 13 条规定者，[③] 股份有限公司应检附公司章程或股东会议事录，有限公司应检附全体股东同意书以及（4）其他主管机关要求与投资相关文件。

台商向海外投资后六个月内，应该向主管机关提交申请备查的文件主要包括：[④]（1）实施国外投资的证明文件；（2）投资事业

---

① 台湾《"国外"投资或技术合作辅导及审核处理办法》第 7 条。

② 台湾《公司提拨"国外"投资损失准备处理办法》第 8 条第 1 款。

③ 台湾"公司法"第 13 条是关于"公司转投资之限制"的规定，根据该条规定，如为他公司有限责任股东时，其所有投资总额，除以投资为专业或公司章程另有规定或经依左列各款规定，取得股东同意或股东会决议者外，不得超过本公司实收资本百分之四十。这里，所谓"经依左列各款规定"主要包括"无限公司、两合公司经全体无限责任股东同意；有限公司经全体股东同意；股份有限公司经代表已发行股份总数三分之二以上股东出席，以出席股东表决权过半数同意之股东会决议"。

④ 台湾《"国外"投资或技术合作辅导及审核处理办法》第 11 条第 1 款；台湾《公司提拨"国外"投资损失准备处理办法》第 8 条第 2 款。

设立或变更登记的证明文件；（3）投资事业开始营业日期。①

三、台湾地区的海外投资保证制度

海外投资保证制度（investment guaranty program）一般又称为海外投资保险制度（investment insurance scheme）。海外投资保险制度是资本输出国政府或者公营机构对本国海外投资在国外可能遇到的政治风险，提供保证或者保险，若承保的政治风险发生，致使投资者遭受损失，则由该保险机构补偿其损失的一种制度。② 海外投资保险制度是资本输出国保护和鼓励本国私人海外投资的重要国内法制度。

海外投资保险制度始于第二次世界大战后，由美国首创。美国所创立的海外投资保险制度对其他发达国家产生了积极影响，一些发达国家竞相效仿美国做法，纷纷建立本国的海外投资保险制度。而且，一些国家在建立其海外投资保险制度之后，又逐步加强了国家间在此领域的合作，以加强提供保证的力量。例如，"信贷和投资保险机构国际联盟" [以下简称"伯尔尼联盟"（The Berne Union）] 即由世界上主要的公营出口信贷和海外投资保险机构所组成。如今，"伯尔尼联盟"的影响力巨大，例如，"伯尔尼联盟"2008 年促进贸易和投资的流动达到 1.5 万亿美元。③

为了配合海外投资发展战略，台湾当局于 1979 年 1 月根据《"中国输出入银行"条例》设立了承保输出保险业务的"中国输

---

① 根据台湾"经济部"投资审议委员会 2006 年公布的《"国外"投资申报处理要点》第 5 条规定，投资人从事"国外"投资者，得于投资实行日起 6 个月内向该委员会申报备案的文件按有："国外"投资申报表、"国外"投资的实行证明文件以及投资事业设立或变更登记证明文件。

② 余劲松、吴志攀主编：《国际经济法》，北京大学出版社、高等教育出版社 2009 年第 3 版，第 277 页；余劲松主编：《国际投资法》，法律出版社1997 年版，第 245 页。

③ See *Berne Union Yearbook* 2009, International Union of Credit & Investment Insurers, p. 48.

出入银行"（以下简称"输银"）；1979 年 9 月，台湾地区"财政部"发布了《输出保险规则》；① 根据《输出保险规则》第 9 条规定，"输银"输出保险的种类包括海外投资保险；1986 年"输银"核准发布了《"中国输出入银行"海外投资保险要项》，② 初步建立了海外投资保险制度。

（一）关于承保机构

台湾地区海外投资保险的承保机构是台湾的"中国输出入银行"。该机构是根据台湾《"中国输出入银行"条例》于 1979 年 1 月设立的输出入信用专业银行，也是执行台湾当局对外贸易、投资政策的贸易金融机构。该银行是在台湾"财政部"的监督下，办理专业性的中长期输出入融资、保证及输出保险业务的"国营"政策性专业银行。该银行的主要任务是配合当局经贸政策、提供金融服务，协助厂商拓展对外贸易与海外投资，并增进"国际"合作，以促进台湾的经济稳定与发展。该银行的资金来源主要为"国库"拨入资本、保留盈余与公债、台湾"行政院"开发基金、中小企业发展基金等，即自"国内外"金融机构借入资金，或在"国内"发行金融债券、商业本票筹借资金。③

目前，台湾地区的"输银"是前述"伯尔尼联盟"的会员。"输银"除了积极参与伯尔尼联盟的各项活动外，还与 40 余个会

---

① 1979 年 9 月由台湾"财政部"发布的《输出保险规则》，自 1981 年开始先后经过了十次修订实施之后，于 2000 年 11 月 13 日由台湾"财政部"宣布废止。该《输出保险规则》的第六章，共 4 个条款专门针对海外投资保险作出了规定。目前用来规范台湾的"中国输出入银行"承保海外投资保险的规则主要是由该机构核准发布的内部文件——《"中国输出入银行"海外投资保险要项》。

② 台湾《"输银"海外投资保险要项》先后经过了两次修订，现行的是 1988 年 11 月 5 日修订的文本。

③《"输银"九十二年（即 2003 年——作者注）年报》，第 12 页、第 16 页，台湾"输银"网站，at http://www.eximbank.com.tw，2010－01－22。

员国家交换核保、承保及理赔等实务经验。① 2004 年 10 月，伯尔尼联盟年会在台北举行，由该行主办。来自世界各国的重要人士、会员代表，及欧洲复兴开发银行、亚洲开发银行等计 197 位与会代表参加了该次会议。②

有关资料显示，"输银"的业务范围主要是办理中长期输出入贷款、保证与输出保险。其中，贷款业务主要涉及中长期出口贷款、中长期输入贷款、海外投资贷款、海外工程贷款、造船贷款、技术输出贷款、短期出口贷款、一般出口贷款、转融资以及国际联合融资；保证业务主要涉及海外营建工程保证、船舶输出保证、整厂输出保证和输入保证；保险业务主要包括托收方式输出综合保险、中长期延付输出保险、输出融资综合保险、记账方式输出综合保险、海外投资保险、普通输出保险、中小企业安心出口保险、海外工程保险、信用状出口保险、台湾接单、大陆出口境外贸易保险、国际应收账款输出信用保险。③

（二）关于承保范围

承保范围，也称为承保险种。目前，台湾地区的承保机构承保的范围主要包括没收险、战争险和汇兑险。④

其中，没收险是指被保险人作为投资之股份或持分或其股息或红利之请求权，被外国政府或其相当者以没收、征用、国有化等行为所夺取的危险。

战争险是指被保险人之投资企业因战争、革命、内乱、暴动或民众骚扰而遭受损害；或不动产、设备、原材料等物之权利、矿业权、商标专用权、专利权、渔业权等权利或利益，为其事业经营上

① 《"输银"九十二年年报》，第 11 页，台湾"输银"网站，http：//www.eximbznk.com.tw，2010 - 01 - 22。

② 《"输银"九十三年年报》，第 6 页，台湾"输银"网站，at http：//www.eximbank.com.tw，2010 - 01 - 22。

③ 台湾"输银"网站，http：//www.eximbank.com.tw，2010 - 01 - 22。

④ 台湾《"输银"海外投资保险要项》第 3 条。

特别重要者，被外国政府侵害遭受损害，而发生下列任一情事者：a. 企业不能继续经营；b. 破产或其类似情事；c. 银行停止往来或类似情事；d. 停业六个月以上的危险。

汇兑险，在台湾称为"汇款危险"，是指外国政府实施限制或禁止外汇交易或者外国发生战争、革命或内乱致外汇交易中止或者外国政府控管该项取得金或者该项取得金的汇款许可被取消，或外国政府经事先约定应准予汇款，却不予许可或者前述任一事由发生后，被外国政府没收导致被保险人丧失股份或持分而取得的金额或其股息或红利，超过两个月以上不能汇回台湾的风险。

对于目前已经有美国、日本等国家以及多边投资担保机构（MIGA）开始承保的第四种政治风险——政府违约险，台湾的海外保险机构没有纳入其承保的保险范围。

（三）关于承保条件

关于承保的条件，主要涉及承保对象、被保险人与保险标的。

1. 承保对象和被保险人

台湾地区承保机构的承保对象是"'本国'公司对外投资及对外技术合作，经主管机关'经济部'投资审议委员会，审核通过之对外投资案"。[①] 可见，该承保机构的承保对象必须同时具备三个要件：其一，合格的投资者必须是台湾的"'本国'公司"，即必须是根据台湾的"公司法"依法在台湾登记注册的台湾公司；其二，海外投资项目必须获得台湾主管机关"经济部"投审会的核准；其三，该投资还必须获得投资东道国的许可。只有同时具备以上三个条件才可能作为承保机构承保的投资案件。

关于被保险人，显然仅仅将符合承保对象规定的台湾的"公司"作为承保机构承保的被保险人，[②] 不涵盖自然人、合伙以及其他经济实体等。

---

① 台湾《"输银"海外投资保险要项》第1条。
② 台湾《"输银"海外投资保险要项》第1条、第2条。

2. 保险标的

关于保险标的，台湾的承保机构仅仅"以海外投资之股份或持分或其股息或红利为保险标的"。

（四）关于投保程序

海外投资者要进行投保的程序主要分为两个程序，分别是申请投保程序和办理投保手续程序。[①] 其中，申请投保手续是指海外投资者在办理要保手续之前，应将台湾"经济部"投资审议委员会申请对外投资检附的有关文件复印件，先向承保机构——"中国输出入银行"提出投保的申请手续。办理投保手续是指在前项手续经过"中国输出入银行"同意后，投保人须检附经主管机关核准出资的证明文件或其他有关文件，向该银行办理投保手续。

（五）关于保险期间、保险价额和保险费率

台湾承保机构承保的海外投资保险的保险期间原则上不超过七年，自汇付投资股份或持分之日或输出机器等之日起算。但是经过承保机构的同意，可延长为十年。当然，被保险人在上述期间，可以自由选定保险期间的长短。赋予被保险人根据投资项目、投资地区等因素综合考虑、自由选定保险期间的权利。

关于保险价额，对于股份或持分的保险价额，是以被保险人汇付被保险投资企业的金额或输出机器等的价额作为股份或持分的投资金额为保险价额；而对于股息或红利的保险价额，则以股份或持分的保险价额的 10% 为准，但是，对于保险金额在保险价额 85% 的范围内，由被保险人自由决定。

关于保险费率，台湾的海外投资保险制度按照投资地区进行了分类，不同投资地区的保险费率有区分。投资地区分类划分为 A、B、C、D 四类，保险费率每百元分别为 0.65、0.75、0.85、0.95。保险费率是按年计收。为鼓励台商投资东南亚地区，对于在该地区的投资，按前述保险费率各栏减 0.15%。

---

① 台湾《"输银"海外投资保险委项》，第 4 条。

（六）赔偿金额、保险金的请求与给付

赔偿金额是以实际损失金额按保险金额与保险价额的比例计算。发生保险事故后，被保险人必须在投资损失发生起两个月后，向承保机构办理请求赔偿手续。承保机构原则上在被保险人办妥请求赔偿手续后四个月内给付保险金。

总之，为配合台湾的海外投资发展，台湾基本建立了海外投资保险制度。但是，相比美国、日本、德国等国家的海外投资保险制度，台湾的海外投资保险制度基本还处于初步发展阶段。

首先，从承保的保险范围来分析，台湾的海外投资保险制度仅仅涵盖传统的三种政治风险，没有涵盖目前海外投资保险制度中通常包括的第四种政治风险——政府违约险。而且，对于征收险，目前在国际投资中，由于当今世界很少发生大规模的国有化或征收保险事故，有关征收的争议主要涉及的是间接征收的问题，[1] 但是，台湾的海外投资保险制度对于间接征收问题没有作出规定。

其次，关于承保条件。就合格投资者而言，目前台湾的海外投资保险制度仅仅涵盖公司，也即仅仅只有"公司"才可能成为被保险人。这与一些发达国家的海外投资保险制度及其实践相差甚远，如美国、日本、德国等国家的合格投资者除了包括本国公司外，还包括本国的合伙或其他社团、本国自然人，甚至包括符合一定条件的外国公司、合伙、社团。[2] 对于合格投资，台湾的海外投资保险制度也规定得非常原则，对于合格东道国的条件更是没有作出明确规定。

最后，从当前实际承保实践来分析，台湾海外投资承保机构承

---

① 有关研究表明，关于征收问题的争议，过去十年来，许多仲裁裁决处理的都是间接征收的问题。See UNCTAD, *Investor - State Dispute Settlement and Impaction on Investment Rulemaking*, United Nations, 2007, p. 57。

② 余劲松、吴志攀主编：《国际经济法》，北京大学出版社、高等教育出版社 2009 年第 3 版，第 281—282 页。

保的案例很少。

从台湾"输银"最近几年的年度报告分析，该机构对于承保台商海外投资保险业务非常少，或者说台商很少利用该机构来为台商海外投资保驾护航。如《"输银"九十三年年报》[①] 和《"输银"九十四年年报》[②] 中关于该机构营运概况的统计中，并没有该银行承保海外投资的记录和描述。从该机构在 2007 年度承保的保证业务[③]以及 2008 年度承保的保证业务[④]来看，多年以来，该机构承保的业务险种主要是"国际应收账款输出信用保险"和"信用状出口保险"等，海外投资保险并不是台湾"输银"保险的主要业务。"输银"承保业务的这种现状一方面可能限制了其海外保险制度的发展和完善；另一方面，由于该制度的不够完善，可能也在一定程度上影响了台湾的海外投资者利用海外投资保险制度的积极性。

此外，值得注意的是，台湾当局一方面建立海外投资保险制度，积极鼓励和推动台商海外投资发展，但是另一方面却一直不开放承保台商对中国大陆的投资。如从台湾的有关统计显示，1952—2009 年 10 月，台湾经核准的对外投资项目总数为 12558 件，总投资金额约为 621.05 亿美元。[⑤] 而 1991—2009 年 10 月，台湾经核准的对大陆投资项目总数为 37541 件，总投资金额约为 805.26 亿美元。[⑥] 明显台商投资大陆的投资项目总数和总投资金额都远远大于

---

① 《"输银"九十三年年报》第 30—31 页，台湾"输银"网站，http：//www. eximbank. com. tw，2010 – 01 – 22。

② 《"输银"九十四年年报》第 29—30 页，台湾"输银"网站，http：//www. eximbank. com. tw，2010 – 01 – 22。

③ 《"输银"九十六年年报》第 30—31 页，台湾"输银"网站，http：//www. eximbank. com. tw，2010 – 01 – 22。

④ 《"输银"九十七年年报》第 35 页，台湾"输银"网站，http：//www. eximbank. com. tw，2010 – 01 – 22。

⑤ 台湾"经济部"：《核准对外投资统计总表》，http：//www. dois. moea. gov. tw/content/doc/9810 – 2. xls，2010 – 01 – 16。

⑥ 同上。

台商投资对其他国家或地区的投资，而长期以来，台湾当局对于台商投资大陆一直采取限制性的政策和法律，所以台商投资大陆的项目限于政策的原因一直无法获得台湾的"输银"的承保，[①] 这也是台湾的海外投资保险制度一直无法持续发展的原因之一。

如前所述，台湾当局对于符合《鼓励投资补助办法》的有关规定，经核准或核备赴台湾所谓"邦交国家"的投资，台湾当局基于"外交"考虑并认为具经济效益的台商海外投资，只要符合台湾的海外投资保险机构承保条件，保险费由当局及厂商各负担半数。[②] 实际上台湾的此种做法由来已久。如台湾当局 1990 年 11 月修订了《鼓励民间业者赴中南美国家考察与投资补助要点》，基于"外交"考虑和"认为具有经济效益"，特别鼓励投资总额在 7500 万台币（或等值美元）以下向中南美国家的投资项目，不但其保险费可按原定的比率减少一半，且保险金额比例和赔偿金额比例则均提高至"十成"，即不但按照 100% 的投资总额予以承保，且按照风险事故实际损失的 100% 予以赔偿。[③] 另一方面，台湾当局早就以不满意中国内地自行订定的《台商投资保护法》（即《中华人民共和国台湾同胞投资保护法》——作者注）以及希望能与大陆签订投资保障协定为由不考虑对大陆投资实施海外投资保险。[④] 可见，台湾的海外投资保险制度的强烈政治导向特征非常明显。

---

① 针对 2003 年台湾"输银"承保的海外投资保险较 2002 年下降 82.62% 的状况。据该行分析其原因，认为"由于台商对外投资大多移往大陆，而该行限于政策限制，无法承保台商赴大陆投资案件"是重要原因之一。参见台湾《"输银"九十二年年报》第 10 页，台湾"输银"网站，http://www.eximbank.com.tw，2010 - 01 - 22。

② 台湾"输银"网站，http://www.eximbank.com.tw，2010 - 01 - 22。

③ 陈安：《国际经济法学刍言》（下卷），北京大学出版社 2005 年版，第 959 页。

④ 《海外投资保险排除大陆，两岸未签投保协定是主因》，载台湾《经济日报》1994 年 4 月 1 日。转引自陈安，同上，第 960 页。

本章小结

　　台湾当局自 20 世纪 50 年代初期即开始实施吸引华侨和外国人投资台湾的政策，并为此先后发布和修订了一系列促进和鼓励华侨和外国人投资台湾以及为投资台湾的华侨和外国人及其投资提供保护的法律制度，如《华侨"回国"投资条例》、《外国人投资条例》以及《奖励投资条例》等。在外资法立法体例上，台湾的外资法没有统一的外资法典，采取的是制定如上几个关于外国投资的专门法律并辅之以配套法规的立法。但是，台湾当局的这些侨外资政策与法律制度不仅明确了对侨外资权益的处理和保障等投资者非常关注的事项，也增加了税收减免等奖励手段；而且，这些侨外资政策与法律制度在较长一段时期，体现出稳定性、连续性和优惠性的特点，保证了侨外资厂商在台湾投资的中长期利益，为台湾很长一段时间外商投资保持兴旺、历久不衰、有增无减起到了非常积极的作用，甚至对台湾跻身于"亚洲四小龙"也是功不可没。

　　在台商海外投资方面，台湾当局适时地出台了为促进和鼓励台商海外投资的法律与制度以及海外投资保证制度，如《促进产业升级条例》、《鼓励业者赴有"邦交国家"投资补助办法》以及《公司提拨"国外"投资损失准备处理办法》。当然，台湾当局也出台了相应的管理海外投资的法律与制度，如《"国外"投资或技术合作辅导及审核处理办法》、《"国外"投资或技术合作协助及辅导办法》等。通过对海外投资给予补助，对海外投资进行协助和辅导，对海外投资提供融资及保证以及对符合条件的对外投资提供海外投资保险制度等，来促进和鼓励台商海外投资，同时也为台商海外投资的权益保驾护航。当然，台湾当局实施的海外投资政策及其立法，清晰地表明了台湾当局不仅视海外投资为拓宽海外市场，带动台湾经济发展的重要途径，也在充分利用海外投资实施其所谓的"外交"政策，台湾的海外投资保险制度的强烈政治导向特征更是非常明显。

第五章 台湾地区关于两岸直接投资的法律制度

第一节 台湾地区限制两岸直接投资的法律制度

一、两岸直接投资政策与法律制度的发展阶段

台湾当局关于两岸投资政策与法律是台湾当局两岸经贸政策的重要组成部分。在台湾,有学者将两岸经贸关系发展划分为五个发展阶段,即第一阶段(1987 年以前)为全面禁止时期;第二阶段(1987 年至 1992 年 9 月)为间接贸易交流时期;第三阶段(1992 年 9 月至 1996 年 8 月)为法制化时期;第四阶段(1996 年 8 月至 2008 年 11 月)为经贸交流迅速发展时期;第五阶段(2008 年 12 月以后)为两岸实现"三通"时期。[①] 对于两岸直接投资关系的发展,笔者以为可以划分为三个阶段:其一是"两蒋时代"的全面禁止到间接交流时期;其二是李登辉当权时代和陈水扁执政时代的投资单向、投资带动贸易时期;其三是马英九执政的两岸投资走向双向投资的新篇章时期。

(一)"两蒋时代":从全面禁止到间接交流时期

中国大陆在改革开放初期即适时地作出了欢迎台湾工商界人士回中国大陆投资,兴办各种经济事业的决定。如 1981 年 9 月,时任全国人大常委会委员长叶剑英同志发表谈话,提出"欢迎台湾工商界人士回中国大陆投资,兴办各种经济事业,保证其合法权益

---

① 魏艾:《经济全球化下两岸经贸关系的战略选择》,载《海峡评论》(台湾)第 217 期(2009)。

和利润"，① 但遗憾的是，直到 1987 年以前，台湾尚处于戒严时期，且将两岸关系定性为处于敌对状态，因此台湾对中国大陆采取"不接触、不谈判、不妥协"的"三不"政策，两岸的经贸交流因政治的对峙几乎全面遭到禁止。

1987 年 11 月，前台湾领导人蒋经国先生被动开放一般民众赴大陆探亲，从此拉开了两岸经贸关系的序幕。此后，从 1987 年至 1992 年，台湾先后出台了一些两岸开放的相关措施。②

从 1987 年 11 月台湾被动开放大陆探亲，加上 1986 年新台币开始对美元大幅升值，使原已面临台湾生产成本上升的传统产业遭逢竞争的压力，选择以产业升级，或借政府的解严措施与开放探亲政策，将生产基地转移到中国大陆。台商大举到大陆投资，推动了两岸经贸关系的发展。不过，此阶段由于当局开放厂商以间接方式经由第三地对中国大陆进行投资，因此此一阶段属于间接经贸交流的时期。③

1992 年 9 月，台湾当局颁布实施《台湾地区与大陆地区人民关系条例》（以下简称《两岸人民关系条例》），也是将两岸经贸交流法治化的开始，为两岸人民往来及衍生的相关问题立下处理的法源。由于此一时期台湾当局开始推动以经贸为主轴的大陆政策，再加上邓小平南方谈话后，加速了中国大陆改革开放的进程，也因而掀起一股台商赴大陆的热潮，不仅为传统劳动密集产业提供了发展的空间，电子信息产业也开始赴大陆投资，但也引发台湾当局开始对大陆市场依赖日益加深及资金大幅流向大陆的疑虑。1994 年间，

---

① 《叶剑英委员长就台湾回归祖国、实现和平统一发表谈话》（1981 年 9 月 30 日），http://www.fmprc.gov.cn/ce/cejp/chn/zt/twwt/t62658.htm，2007 年 6 月 15 日。

② 雷立芬：《两岸经贸关系之回顾与展望》，载《海峡评论》（台湾）第 217 期（2009）。

③ 魏艾：《经济全球化下两岸经贸关系的战略选择》，载《海峡评论》（台湾）第 217 期（2009）。

台湾当局提出所谓的"南向政策"。①

可见，尽管在台湾前领导人蒋经国先生当政的后期，开放了一般民众赴大陆探亲，但是这种开放无不体现出被动性的特征。从1992年9月之前台商投资大陆大多经由第三地间接投资中国大陆的实际情形，也反映出当时的台湾执政者并没有主动开放台商投资中国大陆。即使自1992年9月开始台湾颁布实施《两岸人民关系条例》，从法律上确立了两岸人员和经贸交流的基本政策，但是却又过于担心台商投资大陆反而会给台湾带来投资风险。

（二）李登辉当权时代和陈水扁当政时期：闭锁两岸经贸政策下的两岸投资

自1987年年底开始，台湾被动、有限度开放台商投资大陆，一直到李登辉当权时代和陈水扁当政期间，台湾当局执行的依然是阻碍、限制甚至在某些方面禁止两岸经贸交流的政策与制度。尽管"不能单纯假设台资流向中国大陆，只对中国大陆经济有利，事实上台资在中国大陆赚到的钱，也会以各种方式汇回，寻找新的投资机会"②，但是在两岸直接投资方面，李登辉当权时代和陈水扁执政时代的台湾当局不但采取限制和禁止台商投资大陆的政策，阻碍台商在大陆投资的战略布局和扩大发展；对陆资入台直接投资，更是以"国家安全"和"互不适用"为由重重设阻，几乎限制或禁止大陆直接投资台湾。③ 所以，导致两岸经贸交流呈现出"投资单向"、"投资带动贸易"的经贸格局。

（三）马英九当政时期：掀开两岸投资交流的新篇章

可喜的是，2008年5月20日以来，马英九当政的台湾当局改

---

① 魏艾：《经济全球化两岸经贸关系的战略选择》，载《海峡评论》（台湾）第217期（2009）。

② 萧万长：《一加一大于二——迈向两岸共同市场之路》，天下文化出版社（台湾）2005年版，第89页。

③ 吴智：《从WTO法角度审视台湾限制大陆直接投资的非法性与不当性》，载《国际经济法学刊》第15卷第1期（2008），第223—226页。

采推动两岸经贸往来的立场，主张以"活水计划"取代以往的"鸟笼政策"。在两岸投资方面，不仅开始松绑台商投资大陆的政策，如调整了台商投资大陆的投资比例上限，而且于 2009 年 6 月 30 日发布了《大陆地区人民来台投资许可办法》和《大陆地区之营利事业在台设立分公司或办事处许可办法》，并公布了陆资投资台湾的投资项目清单和陆资来台审批流程，初步确立了有限开放陆资入台直接投资的政策，掀开了两岸双向直接投资的新篇章。（具体内容详见本章第二节论述）

二、闭锁的两岸直接投资政策与法律制度①

如前所述，尽管自 1987 年年底开始，台湾当局被动、有限度开放台商投资大陆，但是一直到李登辉当权时代和陈水扁执政期间，台湾当局执行的依然是阻碍、限制甚至在某些方面是禁止两岸经贸交流的政策与制度。在两岸直接投资方面，不但采取限制和禁止台商投资大陆的政策，对陆资入台直接投资更是重重设阻，几乎限制或禁止陆资入台直接投资。

（一）限制台商投资大陆

台湾当局自李登辉当权年代即推行"戒急用忍"方针阻扰两岸经贸往来，采取防堵大陆投资政策。陈水扁刚刚执政时即于 2001 年提出的"积极开放、有效管理"政策，表面上以所谓"积极开放"的大陆投资新思维来"深耕台湾、布局全球"，但实际上更多的是以"有效管理"来代替消极围堵的经济安全新策

---

① 本部分内容，主要针对陈水扁当政时期的台湾当局所采取的限制或禁止两岸直接投资的政策与法律制度进行探讨，如无相反说明，本部分内容中所引证台湾的法律、法规是以陈水扁执政时期所执行的法律、法规为依据。

全球化背景下两岸直接投资法律制度研究

略。① 2006 年年初陈水扁更是提出"积极管理、有效开放"的两岸经贸政策，要求政府必须"积极"负起"管理"的责任；"有效"降低"开放"的风险，提出以确保台湾经济的主体性和落实经济"全球化"、"国际化"策略目标，降低对中国大陆经济的依赖。②

在法律上，台湾当局以《两岸人民关系条例》中的相关规定为基础，③ 并辅之以一系列有关的配套法规。与中国大陆方面强调促进台商投资和保护台商合法权益不同的是，台湾当局对于投资大陆的政策与法律制度所体现出来的突出特征是限制多、禁止性规定多；强调所谓的"国家"安全和保护核心技术；强调全球布局和减少对大陆投资的比重等。具体表现在：

1. 限制与禁止台商投资大陆的产业项目

首先，对于台商赴大陆投资的投资项目，台湾当局将其划分为禁止类和一般类。台湾《两岸人民关系条例》第 35 条和台湾《在大陆地区从事投资和技术合作审查原则》（以下简称《投资审查原则》）第 2 条对此作了明确规定。④ 禁止类项目是指基于国际公约、

---

① 台湾"陆委会"、"经济部"、"财政部"、"经建会"、"农委会"、"劳委会"、"中央银行"于 2001 年共同发布的《落实大陆投资"积极开放、有效管理"政策说明》，载海基会：《两岸经贸》，2001 年 11 月号（电子版）。

② 台湾"陆委会"、"内政部"、"经济部"、"交通部"、"农委会"、"金管会"及各有关机关：《两岸经贸"积极管理、有效开放"配套机制》，载海基会：《两岸经贸》，2006 年 4 月号（电子版）。

③ 台湾调整台商投资中国大陆的法律制度是以《两岸人民关系条例》第 35 条的规定为基础。

④ 台湾《两岸人民关系条例》第 35 条规定，台湾人民、法人、团体或其他机构，经"经济部"许可，可以在大陆地区从事投资或技术合作；其投资或技术合作之产品或经营项目，依据"国家"安全及产业发展之考虑，区分为禁止类与一般类，由"经济部"会商有关机关订定项目清单及个案审查原则，并公告。台湾《投资审查原则》第 2 条规定，台湾将在大陆地区从事投资或技术合作之产品或经营之项目，分禁止类及一般类。

"国防"、"国家"安全需要、重大基础建设及产业发展考虑，禁止前往大陆投资的产品或经营项目。一般类项目则是指凡不属禁止类的产品或经营项目，归属为一般类。而且禁止类与一般类项目由台湾主管机关基于产业发展的考虑，召集产、官、学界组成的项目小组，就产品或经营项目的分类，进行每年一次的定期检讨及不定期项目检讨，并研提建议清单，由主管机关审查汇整，报请台湾"行政院"核定后公告。① 民进党当政时期的台湾当局实施的在中国大陆从事投资或技术合作禁止类项目非常多。根据当时台湾《在大陆地区从事投资或技术合作禁止类经营项目》中所列，在中国大陆从事投资或技术合作禁止类农业产品项目达 436 项、制造业项目 102 项、服务业项目 5 项（含邮政业、电信业、金融及辅助业、期货商与其他期货商、集体电路设计业）（"中央银行"、社会保险业、小学、中学、职业学校大专院校、特殊教育事业、宗教、职业及类似组织、公务机构及国防事业及国际组织及外国机构等因属非投资性行业，故不列入表列）以及基础建设项目 13 项（它们是：公路、水利、铁路、港湾、自来水、下水道、机场、捷运、焚化炉、发电、输电、配电、工业区开发等。）②

　2. 严格控制台商投资大陆的投资比例

　　对于台商投资大陆的投资，台湾《投资审查原则》规定投资人对中国大陆投资累计金额不得超过主管机关所定投资金额或比例上限。③ 在《投资审查原则》附表中更是详列了具体的投资比例上限要求：对于个人及中小企业，投资上限是 8000 万元新台币；对于实收资本额逾新台币 8000 万元到 50 亿新台币以下企业，投资上限为 40%；逾 50 亿元，100 亿元以下者，50 亿元部分适用 40%，资本在 50 亿元到 100 亿元的部分，上限为 30%；超过 100 亿元者，50 亿元部分适用 40%，50 亿元以上未超过 100 亿元部分适用

①　台湾《投资审查原则》（台）第 2 条。
②　台湾《在大陆地区从事投资或技术合作禁止类经营项目》（台）。
③　台湾《投资审查原则》（台）第 3 条。

30％，资金在 100 亿元以上的部分，投资上限为 20％。① 根据该规定，可以推算出一家实收资本为 200 亿元新台币的台湾企业，其赴中国大陆投资上限的金额为 55 亿元新台币，只占实收资本的27.5％。而如果一家企业的实收资本为 400 亿元新台币，其赴大陆投资上限的金额为 95 亿元新台币，只占实收资本的 23.75％。很明显，这种投资比例的限制，无法让企业有足够的资金供在中国大陆设立的分公司或子公司使用。

同时，台湾证券商要在中国大陆投资证券公司必须符合一系列条件②才可以向主管机关申请许可，而且投资总金额不得超过证券商净值的 10％，如果与其投资外国事业的金额合计，则不得超过净值的 20％。③

3. 实施复杂的投资项目审查程序

对于赴中国大陆投资项目的审查程序，根据投资项目投资金额不同，接受审查的程序和严格程度也不同。总体上，投资金额越大，接受审查的程序就越复杂，审查越严格。对于赴大陆投资项目审查一般可以分为申报案件、简易审查案件、项目审查案件三种审查方式。④

申报案件方式是指对于个案累计投资金额在 20 万美元以下（含 20 万美元）的申请，由主管机关审查并发给证明。对于申报

---

① 台湾《在大陆地区从事投资或技术合作审查原则》（2004 年 3 月 1 日修订）附表。

② 如最近一期经会计师查核签证或核阅之财务报告净值高于新台币 70亿元，且该净值大于实收资本额；最近三个月——两年内未受证券交易法第66 条第 1—4 款之处分；最近三个月自有资本适足比率高于 200％等条件。参见《台湾与大陆地区证券及期货业务往来许可办法》（台）第 9 条。

③ 《台湾与大陆地区证券及期货业务往来许可办法》（台）第 9 条中关于申报条件和投资总金额的限制是 2005 年 2 月 14 日颁布实施时增加的修正条文，该《许可办法》从 2003 年到 2005 年期间先后三次修订。再次证明对于台商投资大陆，台湾不是开放和自由，而是更加限制与严格。

④ 台湾《投资审查原则》（台）第 4 条。

案件，要求投资者尚未将投资金额汇至该中国大陆投资事业进行投资；若未申报前已汇款赴大陆投资，则违反大陆投资应事前申报的规定，将受到从行政处罚到刑事程度的处罚。①

简易审查案件方式是指对于个案累计投资金额在 2000 万美元以下（含 2000 万美元）的申请所采取的审查方式，主要针对投资人财务状况、技术移转之影响及劳工法律义务履行情况及其他相关因素进行审查，并由主管机关以书面方式会商各相关机关意见后，径予准驳，有特殊必要时，得提台湾"经济部"投资审议委员会（以下简称台湾"经济部"投审会）审查。若主管机关在投资人备齐完整文件后一个月内未作成决定，则该申请案自动许可并生效，主管机关并应发给证明。

项目审查案件方式是指对于个案累计投资金额逾 2000 万美元的申请，由主管机关以书面会商相关机关后，提报台湾"经济部"投审会会议审查，审查的项目不仅包括事业经营考虑因素、财务状况、资金取得及运用情形、劳工事项，还涵盖技术移转情况（包括对台湾内业者核心竞争力的影响、研发创新布局及侵害其他厂商知识产权的情形等因素）、安全及策略事项（包括对"国家"安全的可能影响、经济发展策略考虑及两岸关系因素等）等方面。并且投资个案如有参与审查机关认属重大事项须政策决定的，由主管机关报请台湾"行政院"召开跨部会会议审查。对于台湾经贸事务财团法人、团体或其他机构，申请在中国大陆设立办事处，由台湾"经济

---

① 如根据台湾《两岸人民关系条例》第 86 条规定，对于未经过批准从事一般类项目的投资或技术合作者，处新台币五万元以上二千五百万元以下罚款，并得限期命其停止或改正；届期不停止或改正者，得连续处罚。对于未经过批准从事禁止类项目的投资或技术合作者，处新台币五万元以上二千五百万元以下罚款，并得限期命其停止；届期不停止，或停止后再为相同违反行为者，处行为人二年以下有期徒刑、拘役或科或并科新台币二千五百万元以下罚金。法人、团体或其他机构犯前项之罪者，处罚其行为负责人。

部"投资审议委员会以项目方式会商目的事业主管机关后决定。①

　　对于特定项目投资的审查，台湾当局还可能制定专门的审查条件和程序。例如，对于申请赴中国大陆从事八吋以下晶圆铸造85421910、85423010、85424010等三项产品项目投资案件，台湾当局专门制定了《在大陆地区投资晶圆厂审查及监督作业要点》，详列了该《要点》的申请案须具备的要件。② 在审核中，主管机关坚持审核申请人累计赴大陆投资金额上限。申请人取得投资许可后，须视在台湾投资设立之十二吋晶圆厂已达经济规模的量产阶段，才可以向"经济部"国际贸易局申请项目输出许可，将其八吋以下晶圆铸造旧厂机器设备移机至大陆，并且主管机关采用总量管制原则来审理本要点的申请案，要求于2005年12月31日前，以核准三座八吋晶圆铸造厂为上限。③ 不仅如此，对于未列入禁止类的某些投资项目，台湾也可能实施特定的审查原则。④

　　对于台商在中国大陆从事商业行为，台湾当局采取许可制和逐案审查制。申请人申请在大陆设立办事处，台湾主管机关将依据"国家"安全及经济发展来考量审查；其审查原则，由主管机关会商目的事业主管机关决定。⑤

---

① 《在大陆地区设立办事处从事商业行为审查原则》（台）第5条。
② 根据台湾《在大陆地区投资晶圆厂审查及监督作业要点》，该《要点》的申请案须具备的要件主要有：申请人为台湾之晶圆制造公司、申请人在台湾已投资设立十二吋晶圆厂，且该厂已进入基本量产阶段连续达六个月以上、申请人对该大陆投资事业须具主控权，并以直接投资为原则、以申请人之晶圆厂旧有设备作价投资者为优先、大陆投资事业制程技术限于0.25微米以上、大陆投资事业所取得应归属台湾方之知识产权，须归属申请人所有等基本条件。
③ 台湾《在大陆地区投资晶圆厂审查及监督作业要点》第5、7、10要点的规定。
④ 台湾《在大陆地区从事投资或技术合作禁止类制造产业项目》（台）备注。
⑤ 台湾《在大陆地区从事商业行为许可办法（台）》第4条。

　　不仅如此，为了所谓的全球布局和降低在中国大陆投资的比重，台湾主管机关每年还将定期或视需要邀集"陆委会"、"中央银行"、"财政部"、"经建会"、"劳委会"、"农委会"等部会首长参酌赴大陆投资占 GDP 的比重、赴大陆投资占台湾内投资的比重、赴大陆投资占整体对外投资的比重、两岸关系状况等各项因素，调整前述采简易许可程序的个案累计投资金额上限及个别企业累计投资金额比例上限，或采取其他必要措施，以降低大陆投资对整体经济的可能风险。[①] 可见，以台湾当局审查台商赴大陆投资项目审查程序的规定来看，其实本身已经是相当严格和烦琐。

　　民进党执政时期，台湾当局提出的两岸经贸"积极管理、有效开放"政策，[②] 更进一步加强了台商赴中国大陆投资审查制度，强化重大投资案件的审查及事后管理机制。一方面，对超过一定金额以上或与敏感科技有关产业的重大投资案件，除依项目审查程序办理外，必须先进行政策面审查，由台湾有关部门邀请企业负责人及经理人，就企业财务计划、技术移转、输出设备、在台相对投资等要项进行协调，在确定业者具体承诺，并由投资者出具同意相关主管机关必要时进行大陆投资事项实地查核的承诺书后，再提送"经济部"投审会开会审查。另一方面，投资者经核准进行大陆投资后，主管机关分别针对母公司于台湾内的持续投资与技术升级情况、厂商在大陆营运及增资与扩厂情形，持续追踪管理，必要时赴大陆实地查核，以落实有效管理。且针对大陆投资案件数多或金额庞大的公司，台湾当局还加强其大陆投资案的事前审查，以避免化整为零或因群聚投资造成产业核心竞争力的减损。视个案需要依《投资审查原则》提报"经济部"投审会审查，并修正现行的审查

---

　　① 《投资审查原则》（台）第 5 条。

　　② 两岸经贸"积极管理、有效开放"政策的意义之一是"积极"负起"管理"的责任；"有效"降低"开放"的风险。参见《两岸经贸"积极管理、有效开放"配套机制》，载海基会：《两岸经贸》（台）2006 年 4 月号（电子版）。

办法，将其纳入项目审查类加强审查。① 为执行《投资审查原则》第四点规定，台湾"经济部"于 2006 年 12 月 25 日公布了《在大陆地区重大投资案件政策面审查协调作业要点》，明确规定了重大投资案件的定义、重大投资案件的审查程序、审查项目、与投资人协调项目、投资人应承诺事项等项。② 这也是台湾"经济部"为配合台湾"行政院"2006 年 3 月 22 日公布的《两岸经贸"积极管理、有效开放"配套机制——经济类》及台湾经济永续发展会议结论，调整大陆投资审查制度的具体措施。

由此可见，对于赴大陆投资项目审查除了一般可以划分的申报案件、简易审查案件、项目审查案件三种审查方式之外，台湾当局根据需要还发展有特定审查和政策面审查这两种更为复杂和严格的审查方式。操作中，不但强化重大投资案件的事前审查，而且强调事后管理机制，以落实"有效"管理。

4. 严格限制技术转移大陆

对于在中国大陆的技术转移，台湾主管机关采取许可制和个案审查制。首先，明确规定主管机关应审慎评估对于赴大陆投资可能导致少数核心技术移转或流失的投资项目。③ 其次，对于个案累计投资金额逾 2000 万美元投资项目，由主管机关以书面会商相关机关后，提报"经济部"投审会会议审查，其审查项目中涵盖技术移转情况的审查，要审查的技术转移情况包括对台湾内业者核心竞争力的影响、研发创新布局及侵害其他厂商知识产权的情形等因素。④ 例如，台湾当时实施的《在大陆地区从事投资或技术合作禁止类经营项目》中规定，对于制造业未列禁止类之 85422110、85422910、85426010 测试，封装（限焊线型式）3 项，其受理

---

① 《两岸经贸"积极管理、有效开放"配套机制之经济类涉及议题》，载海基会：《两岸经贸》（台）2006 年 4 月号（电子版）。

② 《在大陆地区重大投资案件政策面审查协调作业要点》（台）。

③ 《投资审查原则》（台）第 2 条第 3 款。

④ 《投资审查原则》（台）第 3 条。

审查原则中，对申请者基本条件的要求，首先是申请者须为台湾半导体封装测试厂商，开放范围以传统焊线封装及其对应所需电性测试服务为限。对于申请赴大陆从事八寸以下晶圆铸造85421910、85423010、85424010 三项产品项目的投资案中，要求申请人具备的条件之一是：大陆投资事业制程技术限于 0.25 微米以上。①

民进党执政时期，台湾"行政院"还曾提出《敏感科学技术保护法草案》。此一法案的订定缘起于当初 8 寸晶圆厂是否应准许登陆的争议，因此当时台湾当局决定制定这项法案，以规范科技的输出或公开。本法案中对于敏感科学技术设置限制，采取"原则从宽，审查从严"的审查管理机制，因此对于高科技厂商而言，是否会使得其全球布局策略受到限制，特别是牵涉到两岸投资的部分，备受产业界关注。② 并且台湾"陆委会"、"经济部"等相关机构还准备强化对高科技技术输出的管理，协调立法院加速推动《敏感科学技术保护法》的立法，并配合《敏感科学技术保护法》的立法，协助业者对涉及敏感科技及高阶研发人员与大陆技术交流进行必要管理。③

5. 严厉处罚措施打压台商

为达到有效控制台商投资中国大陆，民进党执政时期，台湾当局对于未经许可而进入中国大陆投资或技术合作者采取的处罚措

---

① 《在大陆地区投资晶圆厂审查及监督作业要点》（台）。

② 《敏感科学技术保护法草案》（台）立法主旨主要是台湾基于所谓的"国家安全"之考虑，对于"国家安全"有重大影响的敏感科学专门技术的输出或公开，建立管理机制；基于维护科技交易秩序，以建构良好的科技环境，对于不法侵害科学专门技术的行为，订定罚则加以规范。参见孙智丽：《"敏感科学技术保护法"对于高科技公司与赴大陆投资设厂影响之调查分析》，at http//www. biotaiwan. org. twdownloadaboutchief. pdf，2006 - 12 - 18。

③ 《两岸经贸"积极管理、有效开放"配套机制之经济类涉及议题：加强技术移转及科技人才管理》，载海基会：《两岸经贸》（台）2006 年 4 月号（电子版）。

施，既包括行政措施，也包括刑事处罚措施。例如对违反《两岸人民关系条例》第 35 条第 1 项规定从事一般类项目的投资或技术合作者，处新台币 50000 元以上 2500 万元以下罚金，并得限期命其停止或改正；届期不停止或改正者，得连续处罚。违反《两岸人民关系条例》第 35 条第 1 项规定从事禁止类项目的投资或技术合作者，处新台币 50000 元以上 2500 万元以下罚金，并得限期命其停止；届期不停止，或停止后再为相同违反行为者，处行为人二年以下有期徒刑、拘役或科或并科新台币 2500 万元以下罚金。① 而且对于未经申报或许可在中国大陆从事投资或技术合作，经主管机关依《两岸人民关系条例》第 86 条第 1 项或第 3 项规定处以罚金并限期命其停止者，受处分人应于主管机关所定期限内，将停止情形报请投审会备查。② 如中芯国际张汝京在 2005 年 3 月及之后的半年内，先后收到由台湾"经济部"发来的以"非法投资大陆"对他处以新台币 500 万元的罚金和 1000 万元新台币罚单。③

为执行《两岸人民关系条例》第 86 条第 1 项及第 2 项规定，台湾"经济部"特别制定了《违法在大陆地区从事投资或技术合作案件裁罚基准》（以下简称《裁罚基准》），更加详细地规定了对于未经许可在大陆从事投资或技术合作，《裁罚基准》第 6 条规定的酌量加重其罚金金额一倍至五倍的情形之一，就是投资或技术合作导致台湾内核心技术移转或流失情形。由此，实际操作中罚金程度更为严厉的可能性增加了，对投资者更具有威慑力。且从 2006 年 3 月 22 日之后，台湾当局还加强查处违法赴大陆投资案的执行机制。针对重大投资或高科技外移大陆违法案件进行调查及

① 《两岸人民关系条例》（台）第 86 条。
② 《技术合作许可办法》（台）第 8 条。
③ 徐蕾：《台当局打压台商情何以堪》，载《人民日报》（海外版）2006 年 1 月 13 日第 3 版。

处分。①

在两岸经贸"积极管理、有效开放"政策宣布之后，台湾"陆委会"研拟修改违法赴大陆投资的罚则，最高罚金可能由原来的 2500 万元提高至 5000 万元。② 台湾《敏感科学技术保护法草案》③ 不但拟对涉及安全及公共利益的敏感科学技术采取"原则从宽，审查从严"的审查管理机制，并加大处罚，对未经许可输出或公开敏感科技者处罚金额由原 1000 万元新台币提高到 3000 万元新台币，严重者最高罚金可达 4500 万元新台币，并处以十年半刑期。④

不仅如此，台湾"经济部"为加强对台商对中国大陆投资的管理，对因检举而查获违法赴中国大陆投资或技术合作案件的检举人予以奖励。如 2003 年 10 月 8 日发布了《"经济部"鼓励检举违法赴大陆地区投资或技术合作案件给奖实施要点》（以下简称《给奖实施要点》），就给奖对象及分配方式、奖金核发基准、核发程序等事项作出了规定。2005 年 9 月 12 日修订发布的《给奖实施要点》更是大幅提高了检举奖金。奖励最高金额分别是禁止类案件新台币 200 万元，一般类及技术合作类案件新台币 60 万元。

（二）严格控制陆资入台投资

对于陆资入台直接投资，台湾当局同样以《两岸人民关系条

---

① 《两岸经贸"积极管理、有效开放"配套机制》，载《两岸经贸》（台）2006 年 4 月号（电子版）。

② "国家"政策研究基金会（台）：《民众最关心的议题》，http://www.npf.org.tw/Symposium/s95/民众最关心的议题.doc，2006 - 05 - 11。

③ 台湾的《敏感科学技术保护法草案》，因多方原因，至今尚未获得正式通过。

④ 徐蕾：《台当局打压台商情何以堪》，载《人民日报》（海外版）2006 年 1 月 13 日第 3 版。

例》为基础,① 并辅之以一系列有关的配套法规。与大陆方面强调促进台商投资和保护台商合法权益不同的是,民进党当政时期,台湾当局对于陆资入台直接投资限制多、禁止性规定多,并且没有任何促进、鼓励和保护陆资入台投资的法律制度。

1. 大量限制陆资入台直接投资项目

在对外资市场准入开放方面,台湾有限制产业和禁止产业的区分。当时,台湾禁止外资投资的项目仅仅包括林业及伐木业、化学材料制造业、化学制品制造业、金属基本工业、机械设备制造修配业等 11 个行业部门涵盖的共 14 个具体项目等。限制外资投资的有农、牧业、渔业、电信业、金融及其辅助业等 23 个行业部门涵盖的 59 个具体项目。② 到 2005 年年底,台湾 99% 的制造业部门和 95% 的服务业部门已经对外资开放。③

但是,民进党当政时期,台湾当局不仅大量限制或禁止台商投资大陆的投资项目,对于中国大陆直接投资台湾的项目限制更加严厉,很少允许内地投资者入台投资。④ 在 160 个服务贸易分部门中,房地产部门是台湾唯一允许从中国大陆进入投资的分部门。⑤

2. 禁止中国大陆投资者资金入台

众所周知,国际投资的出资方式中,以现金的方式出资是非常

---

① 民进党执政时期的台湾对陆资入台直接投资的法律以《两岸人民关系条例》第 72 条、第 73 条的规定为基础,尤以第 73 条为甚。如该条例第 73 条规定:"大陆地区人民、法人、团体、其他机构或其于第三地区投资之公司,非经主管机关许可,不得在台湾地区从事投资行为。"

② 2004 年 5 月 13 日台湾"行政院"修正发布的《禁止及限制侨外人投资业别项目》的规定。

③ See WTO, *Trade Policy Review of Chinese Taipei*, *Report by Chinese Taipei*, WT/TPR/G/165, 16 May 2006, p. 10, para. 46.

④ See WTO, *Trade Policy Review of Chinese Taipei*, *Report by the WTO Secretariat*, WT/TPR/S/165, 16 May 2006, p. 14, para. 3.

⑤ See WTO, *Trade Policy Review of Chinese Taipei*, *Minutes of Meeting*, *Revision*, WT/TPR/M/165/Rev.1, 10 October 2006, para. 141.

重要的方式之一。台湾的有关法律、法规①中同样也含有以现金方式出资的规定。

根据台湾《两岸人民关系条例》的有关规定，对于来自中国大陆的人民、法人、团体、其他机构或其于第三地区投资的公司要投资台湾，台湾采取许可制。② 根据《台湾与大陆地区金融业务往来许可办法》中关于汇入汇款业务的规定，经台湾"中央银行"许可办理外汇业务的指定银行虽然可以受理中国大陆的汇入款项，但这些指定的银行不得受理以直接投资、有价证券投资或其他未经法令许可事项为目的的汇入款项。③ 同时，根据《台湾金融机构办理大陆地区汇款作业准则》（以下简称《汇款作业准则》）的规定，即使是可以受理中国大陆的汇入款的"中央银行"指定办理外汇业务的银行，也不得受理中国大陆以直接投资、有价证券投资或其他未经法令许可事项为目的的汇入款。④ 可见，一旦到了具体的操作中，即使主管机关批准了中国大陆直接投资台湾的某项目的投资，大陆投资者要投资的资金也根本无法进入台湾，换言之，即禁止了大陆投资者的资金进入台湾投资。

3. 实施复杂的审批程序

即使是对中国大陆开放的房地产部门，根据台湾《大陆地区人民在台湾取得设定或移转不动产物权许可办法》（以下简称《不动产物权许可办法》）的规定，中国大陆的法人、团体或其他机构、陆资公司，从事有助于台湾整体经济或农牧经营的投资，也需

---

① 例如，台湾"公司法"第41条、145条、156条、253条、272条、273条、274条中分别规定了以现金作为出资、缴股款、现金购买无记名公司证券等；台湾《在大陆地区从事投资或技术合作许可办法》第6条也含有以现金方式出资的规定。

② 《两岸人民关系条例》（台）第73条。

③ 台湾"行政院"金融监督管理委员会2005年3月3日修正发布的《台湾与大陆地区金融业务往来许可办法》第5条第2项。

④ 2002年台湾"财政部"修订发布的《台湾金融机构办理大陆地区汇款作业准则》第3条。

要经过台湾相关部门的三重批准，即首先需由申请人向台湾"中央"目的事业主管机关申请审核；获得许可之后，要取得、设定或移转不动产物权，应填具申请书，并检附符合要求的文件，向该管县市申请审核；县市为前项之审核通过后，应并同取得、设定或移转不动产权利案件简报表，报请台湾"内政部"许可。① 而对于每一个审批程序审查期限却没有进一步的规定，由此，中国大陆投资者要申请在台湾投资或取得不动产，台湾主管机制执行的审批手续不仅烦琐，而且容易陷入审批周期过于冗长、贻误商机的不利境况。

4. 严格控制大陆投资者入台及停留期限

根据台湾的法律规定，一方面，中国大陆的人民、法人、团体或其他机构，或其于第三地区投资的公司，经主管机关许可，可以在台湾取得、设定或移转不动产物权。② 而且大陆投资者为供业务人员居住的住宅；从事工商业务经营的厂房、营业处所或办公场所和其他因业务需要的处所需要，可以取得、设定或移转不动产物权。③ 来自中国大陆的投资者从事有助于台湾整体经济项下投资观光旅馆、观光旅游设施、住宅及大楼、工业区及工商综合区等或农牧经营的投资，经台湾"中央"目的事业主管机关同意后，可以申请取得、设定或移转不动产物权。④ 但是另一方面，即使已经依台湾《不动产物权许可办法》经台湾"内政部"许可并检具许可函文件或已在台湾取得或设定不动产物权，并检具土地建物登记簿誊本的大陆人民，在向台湾"内政部"警政署出入境管理局申请许可进入台湾，其进入台湾的停留期间，自入境第二日起不得超过十日，必要时得申请延期一次，期间不得超过十日；每年总停

---

① 《不动产物权许可办法》（台）第8条、第9条。
② 《两岸人民关系条例》（台）第69条。
③ 《不动产物权许可办法》（台）第7条。
④ 同上，第8条、第9条。

留期间不得超过一个月。①

　　尽管 2006 年台湾在接受 WTO 贸易政策审议中，台湾的代表以房地产部门对大陆的开放作为例证来说明台湾已消除了对中国大陆投资台湾的限制，② 但事实上，由于台湾当局上述规定的不合理，即使是在台湾唯一允许从中国大陆引入投资的房地产部门也是形同虚设。

　　正是由于当时的台湾当局对陆资入台投资的各种严格限制，所以从中国大陆和 WTO 其他成员进入台湾的投资在数量上有极大差距。如 2002—2005 年期间，台湾共吸引外国直接投资超过 150 亿美元，③ 但是在 2000—2004 年期间没有从中国大陆输入直接投资到台湾的记录。④ 截至 2006 年年底，中国大陆对台湾直接投资金额仅为 2000 万美元。⑤

　　因未开放陆资来台投资，导致两岸资金流动呈现失衡状态，两岸资源的配置及流通受阻，无法达到两岸产业优势互补。实际上，民进党当政时期的台湾当局所采取的这种闭锁的两岸经贸政策不仅已经严重影响了台湾的经济投资环境，⑥ 阻碍了两岸经贸交流的正

---

　　① 《不动产物权许可办法》（台）第 18 条。

　　② See WTO, *Trade Policy Review of Chinese Taipei*, *Minutes of Meeting*, *Revision*, WT/TPR/M/165/Rev. 1, 10 October 2006, para. 141.

　　③ See WTO, *Trade Policy Review of Chinese Taipei*, *Report by Chinese Taipei*, WT/TPR/G/165, 16 May 2006, p. 3.

　　④ See WTO, *Trade Policy Review of Chinese Taipei*, *Report by the WTO Secretariat*, WT/TPR/S/165, 16 May 2006, p. 11, para. 29.

　　⑤ 《陆资来台投资趋势研析》，（台湾）工业总会服务网，http://www. cnfi. org. tw/*km*portal/front/bin/ptdetail. phtml? Part = magazine9804 – 469 – 2, 2010 – 01 – 21。

　　⑥ 例如，美国商会就曾强烈批评民进党执政时期的台湾当局不知如何去改善投资环境。参见林祖嘉：《两岸投资环境消长、外资用脚投票》，"国家"政策研究基金会出版物（电子版）：（台）科经（析）095 – 026 号，2006 年 11 月 22 日。

常化发展，也严重违反了台湾作为 WTO 成员①需要履行的非歧视原则等贸易自由化的义务，违背了台湾加入 WTO 的有关承诺。

三、台湾地区限制两岸直接投资规定之理论分析

（一）违背 WTO 规则及台湾"入世"承诺

在 WTO 的基本原则中，最惠国待遇原则被称为 WTO 的基石，② 是"贯穿于 WTO 多边贸易各个领域的一条总的指导思想"。③ 在国际投资领域，最惠国待遇标准意味着投资东道国给予一个境外投资者的待遇必须不低于在同等的情况下其给予任何其他境外投资者的待遇。④ 该待遇标准旨在预防以境外投资者的国籍为基础对其实施歧视。即最惠国待遇标准给了投资者一个抗辩东道国采取某些形式歧视的保证，该待遇标准的最关键之处在于给来自不同国家和地区的投资者确立平等的竞争机会。⑤

为了论证民进党执政时期台湾当局的限制陆资入台直接投资的法律制度是否违反 WTO 的非歧视原则以及是否与台湾"入世"的众多承诺相违背，有必要检视台湾"入世"的有关承诺，特别是涉及投资方面的台湾"入世"承诺情况。

1. 承诺全面执行 WTO 协议和"入世"承诺

在台湾"入世"承诺中，中国台北代表确认，国际条约在被

---

① 台湾于 2002 年 1 月 1 日以"台湾、澎湖、金门、马祖"单独关税区（简称"中国台北"）名义成为 WTO 的正式成员。

② 王贵国：《世界贸易组织法》，法律出版社 2003 年版，第 42 页。

③ 赵维田：《世贸组织（WTO）法律制度》，吉林人民出版社 2000 年版，第 51 页。

④ See UNCTAD, *Most – Favoured – Nation Treatmen*, *UNCTAD Series on Issues in International Investment Agreements*, UNCTAD/ITE/IIT/10（Vol. III）, United Nations, 1999, p. viii.

⑤ See UNCTAD, *Most – Favoured – Nation Treatmen*, *UNCTAD Series on Issues in International Investment Agreements*, UNCTAD/ITE/IIT/10（Vol. III）, United Nations, 1999, p. 1.

适时地批准和发布之后，国际条约与中国台北的法律具有同等的效力和作用。① 中国台北将全面执行其在 WTO 协议和加入 WTO 议定书中的义务，除非在工作组报告和加入议定书中有特殊规定。而且，从加入时起，中国台北单独关税区将废除或取消在单独关税区内地方政府所使用的与 WTO 条款不一致的条款。② 由此，除非在台湾工作组报告和加入议定书中有特殊规定外，作为 WTO 的成员，台湾有义务全面执行其在 WTO 协议和加入 WTO 议定书中的义务，即"台湾必须遵守工作组报告中的各项承诺事项、接受并遵守 WTO 各项协定规定以及附件一（关税减让表及服务承诺表）与附件二（特别汇兑协定）之各项承诺"。③

2. 承诺全面履行最惠国待遇和国民待遇义务

针对中国台北工作组关于最惠国待遇和国民待遇关注的问题，中国台北代表声明，在加入 WTO 后，对于中国台北给予 WTO 成员或其他国家或单独关税区的任何利益、优惠、特权或豁免，中国台北将全面履行最惠国待遇和国民待遇义务，除非符合 GATS 中的特定例外。④

在与贸易有关的投资措施问题上，中国台北代表确认，中国台北现在和将来都不会采用任何与 TRIMs 协议不一致的措施。⑤ 在服务贸易具体承诺减让表中，关于投资的市场准入限制，有关商业存在方式，中国台北承诺，除了在具体服务部门中的特定限制措施之外，外

---

① See WTO, *Working Party on the Accession of Chinese Taipei*, WT/ACC/TPKM/18, para. 14.

② *Ibid.*, para. 5.

③ 黄立、李贵英、林彩瑜：《WTO：国际贸易法论》，元照出版公司（台湾）2005 年版，第 62 页。

④ See WTO, *Working Party on the Accession of Chinese Taipei*, WT/ACC/TPKM/18, para. 8.

⑤ WTO, *Working Party on the Accession of Chinese Taipei*, WT/ACC/TPKM/18, para. 141.

国商人和个人可以在中国台北直接投资。① 而且，中国台北代表声明台湾不会对任何处于从典型计划经济转为自由市场经济进程中的发展中国家或发展中成员方在 WTO 协议下获得的权利提出任何主张。②

因此，除非符合 GATS 中的特定例外，对于中国台北给予 WTO 任何成员的利益、优惠、特权或豁免，中国台北都应全面履行最惠国待遇义务。即"两岸加入 WTO 后，除非台湾不开放特定服务贸易项目或将中国大陆服务供应者列入 GATS 最惠国待遇豁免清单中，否则台湾对其他 WTO 会员国开放的服务项目，亦须对中国大陆开放，且不能对中国大陆的服务及服务供应者构成歧视，必须赋予平等的待遇"③。

总之，在 WTO 框架下，"台湾应遵守台湾入会之各项承诺，并须遵守 WTO 各项协定之规定，包括货品贸易多边协定、服务贸易总协定、与贸易相关之智慧财产权协定、争端解决规则与程序谅解书、贸易政策检讨机制（即贸易政策审议机制），以及复边贸易协定。"④ 然而，事实上民进党当政时期的台湾当局对来自中国大陆的投资者及其投资与来自 WTO 其他成员的投资者及其投资给予的是完全两种不同的待遇。

（二）对中国大陆和 WTO 其他成员投资待遇的比较

1. 投资准入待遇

在对外国投资者市场准入开放方面，台湾当局作了限制产业和

---

① See WTO, *Report of the Working Party on the Accession of Chinese Taipei*, *Part II – Schedule of Specific Commitments on Services List of Article II MFN Exemptions*, WT/ACC/TPKM/18/Add. 2, p. 2.

② See WTO, *Working Party on the Accession of Chinese Taipei*, WT/ACC/TPKM/18, para. 6.

③ 钟启宾：《搞懂规则，赚遍大陆——WTO 下的两岸经贸》，秀威资讯科技股份有限公司（台湾）2007 年版，第 230 页。

④ 黄立、李贵英、林彩瑜：《WTO：国际贸易法论》，元照出版公司（台湾）2005 年版，第 73 页。

禁止产业区分，但是为遵守其"入世"承诺，台湾在许多部门的投资禁令和限制已经放宽或者解除。① 如截止到 2005 年年底，除了几个涉及基本安全利益和公众健康方面的部门例外，台湾 99% 的制造业部门和 95% 的服务业部门已经开放给外国投资者。② 可见，民进党执政时期的台湾当局"在市场开放方面已相当自由化"③。

不仅如此，为了吸引外资进入，民进党执政时期的台湾当局还采取了一些激励措施。这些鼓励投资（包括引入直接投资）的措施框架体现在台湾《产业升级条例》及其《实施细则》和关于税收的各种法律与规则当中。对于引入直接投资的激励措施包括优惠的税收措施、研发补贴、财政支持，也包括低利息贷款和政府参与投资。台湾主管机关指出，所有中国台北的税收和其他激励措施适用于所有依据公司法设立的公司，包括非台北公司的子公司。④ 而且台湾"经济部"下设的产业发展和投资中心就是作为促进 FDI，使投资者能获得一系列激励措施的机构。该机构同时也承担解决外国投资者可能遇到的问题，帮助外国投资者进行投资活动以及给投资者提供投资后的进一步服务。⑤

相反，对中国大陆投资者入台投资，尽管台湾当局在"入世"之初提出向中国大陆开放 58 项服务业，但一直不予落实，从投资项目上几乎禁止中国大陆资本进入，唯一对大陆开放的只是房地产业。

可见，在投资准入方面，民进党当政时期的台湾当局一方面对

---

① See WTO, *Trade Policy Review of Chinese Taipei*, *Report by Chinese Taipei*, WT/TPR/G/165, 16 May 2006, p. 10, para. 46.

② *Ibid.*

③ 易建明：《论大陆对台商直接投资之征收等法律保护问题》，载杨光华主编：《WTO 新议题与新挑战》，元照出版公司（台湾）2003 年版，第 343 页。

④ See WTO, *Trade Policy Review of Chinese Taipei*, *Report by the WTO Secretariat*, WT/TPR/S/165, 16 May 2006, p. 23, para. 35.

⑤ See WTO, *Trade Policy Review of Chinese Taipei*, *Report by Chinese Taipei*, WT/TPR/G/165, 16 May 2006, p. 10, para. 45.

外国投资者逐步开放且自由度比较大；另一方面却几乎禁止陆资入台投资，存在明显的歧视。

2. 自然人入境与临时停留待遇

自然人流动常常与国际服务提供的最主要形式——商业存在方式联系在一起。在自然人入境与临时停留方面，台湾承诺，商业访问者首次可以进入和停留不超过 90 天。① 对于跨国公司内部调动人员，停留期间为三年，且可以申请延长，每次一年，且无次数限制。对于符合特定资格的外国人，如果受台湾企业雇佣而进入台湾，停留时间不超过三年。② 而且，对于外国人，投资 20 万美元可申请长期居留台湾。③ 然而对于大陆投资者，经过台湾有关机关三重审查之后，许可进入台湾的停留期间，自入境次日起不得超过十日，必要时得申请延期一次，期间不得超过十日；每年总停留期间不得超过一个月。

众所周知，不动产的投资，相对都是投入资金的数额较大。中国大陆投资者入台投资，对于厂房、营业处所、开发观光旅馆、旅游设施、住宅及大楼、工业区及工商综合区的投资，实践中不但要涉及规划、设计、招标、建设、监工，而且完工后还要经营、管理，这些往往都需投资人亲自参与，一年准停留一个月的规定，使得大陆不动产投资者根本无法在台湾进行正常的投资及其经营、管理活动。同时，针对中国大陆投资者，即使是用于业务人员居住的住宅，一年只准住一个月。十分明显，这很不利于业务的跟踪和持

---

① See WTO, *Report of the Working Party on the Accession of Chinese Taipei*, *Part II - Schedule of Specific Commitments on Services List of Article II MFN Exemptions*, WT/ACC/TPKM/18/Add. 2, p. 3.

② 黄立、李贵英、林彩瑜：《WTO：国际贸易法论》，元照出版公司（台湾）2005 年版，第 63 页。

③ 李梦舟：《陆资入台促进两岸经贸双向交流交往》，法律图书馆论文资料库网站，at http://www.law-lib.com/lw/lw_ view.asp? no=3643，2005-08-03。

续进行。因为在此规定下，即使有大陆资金入台投资，大陆投资者的业务人员根本无法开展业务。除非不断地更换业务人员，才能使花费大量资金的住宅长期有人留守。可见，对中国大陆人民进入台湾停留规定非常不合理且同样存在明显的歧视待遇。

加之，两岸当时没有直接"三通"，往返于中国大陆与台湾之间的费用昂贵，所以以上限制的直接效果就是没有大陆投资者敢于冒风险投资台湾。实际上，正如台湾有关资料所显示的，由于中国大陆人士可停留台湾的时间较短，加上取得产权移转及核准也颇费时，以致中资裹足不前。①

3. 投资申请审批程序待遇

根据台湾当时的法律规定，外国投资者在台湾投资的投资申请程序是，投资者填具投资申请书，检附投资计划及有关证件，向主管机关申请核准。主管机关对于申请投资案件的审查、核准期限是投资申请手续完备后一个月之内；即使是投资申请牵涉到其他相关目的事业主管机关权限的情形，审查、核准手续也应在申请手续完备后二个月之内完结。②

实际操作中，台湾主管机关对外国投资者审查程序的周期很短。由台湾主管机关同期提供的数据表明，对于不超过 5 亿元新台币且不在投资否定清单中的投资的审查程序平均是 2 天。对于 5 亿元到 10 亿新台币且不在投资否定清单中的投资（或资本增加）的审查程序平均是 3 天。对于 10 亿元新台币或更多或者是在投资否定清单中的投资（或资本增加）的审查程序平均周期是三个星期。③

---

① 《陆资来台投资趋势研析》，（台湾）工业总会服务网，at http://www.cnfi.org.tw/*km*portal/front/bin/ptdetail.phtml? Part = magazine9804 – 469 – 2，2010 – 01 – 21。

② 《外国人投资条例》（台）第 8 条。

③ See *Trade Policy Review of Chinese Taipei*，*Report by the WTO Secretariat*，WT/TPR/S/165，16 May 2006，p. 22，para. 29.

全球化背景下两岸直接投资法律制度研究

对于来自中国大陆的从事投资的申请，则不但需要经过台湾"中央"目的事业主管机关申请同意、县市审核以及"内政部"许可三重批准，而且对于每一个审批程序审查期限没有明确的规定，留给台湾相关部门或机构过多的灵活处置空间。

对中国大陆开放的房地产业，只有获得台湾"内政部"许可或取得不动产物权者，才可以申请入境。大陆投资者投资台湾，必然涉及入台寻觅商机、选择区位等基本事项，可是依台湾现行规定却不能入境。不能入境如何去寻得商机，如何让中国大陆投资者入台选定区位，台湾《不动产物权许可办法》中却没有规定。难怪有人发出中国大陆人民入台看房只得另找旁门左道入境的感慨。①

正是由于对中国大陆投资者入台投资，台湾违反最惠国待遇原则，几乎禁止中国大陆资本进入，唯一对大陆开放的房地产业在具体操作中也是困难重重，以至于实践中中国大陆的法人、团体或其他机构几乎难以进入台湾投资。明显的例证是，自2002年8月11日台湾开放受理陆资及中国大陆人民入台投资不动产，至2005年8月仅有中国大陆福建省一位民众在台北完成购买房屋登记。②

尽管台湾有学者早已对于台湾"入世"之前的大陆经贸政策与措施进行过分析，并指出台湾根据《两岸关系人民条例》所制定的大陆经贸政策与规范措施，包括《台湾地区与大陆地区贸易许可办法》、《在大陆地区从事投资或技术合作许可办法》、《大陆地区人民来台从事经贸相关活动许可办法》等法规，对台湾资金流向大陆、大陆资金来台、双边贸易进行、人员进出、资源与技术转移及纠纷等各层面，均存在不同限制，有别于台湾与其他国家经贸往来的规范。台湾当局实有必要就现行大陆经贸政策及规范是否

---

① 李梦舟：《陆资入台促进两岸经贸双向交流交往》，法律图书馆论文资料库网站，at http: //www. law – lib. com/lw/lw_ view. asp? no = 3643, 2005 – 08 – 03。

② 同上。

与 WTO 体制架构相抵触，予以通盘检讨并寻求解决之道。① 然而，从以上分析可知，台湾"入世"之后，民进党当政时期的台湾当局并没有按照 WTO 规则及其"入世"承诺对两岸经贸政策进行相应的调整，依然在两岸贸易和台商赴大陆投资方面给予很多限制，在陆资入台直接投资方面，更是"一直采取严格管理方式，禁止中国大陆自然人、法人直接入台从事直接投资"，"对于含有陆资的外国企业入台投资，亦有严格限制，直接投资采'原则禁止，例外许可'的方式管理"。②

（三）限制两岸直接投资理由之探析

民进党当政时期的台湾当局限制或禁止两岸直接投资的理由主要涉及两个方面，其一是所谓的"国家"安全例外，其二是互不适用例外。

1. 关于"国家"安全例外

台湾地区限制乃至禁止两岸直接投资的一个主要理由是"国家"安全，③ 台湾当局在有关两岸经贸关系的众多法律、法规中对此都有明确规定。例如，在《不动产物权许可办法》规定，对于经"中央"目的事业主管机关认为足以危害"国家"安全的中国大陆投资者申请的情形，不予许可在台湾取得、设定或移转不动产物权。④ 台湾财团法人研究机构、农业、工业、矿业、营造业或技术服务业，即使是因研究开发或产业发展特殊需要，须引进中国大陆产业技术者，也必须先经主管机关许可，并以不妨害"国家"

---

① 钟启宾：《搞懂规则，赚遍大陆——WTO 下的两岸经贸》，秀威资讯科技股份有限公司（台湾）2007 年版，第 230 页。

② 谭瑾瑜：《陆资来台效益评估》，载《交流》（台湾）第 106 期（2009 年 8 月号）。

③ 王泰铨、杨士慧：《加入 WTO 对两岸投资规范之影响》，载《律师杂志》（台湾）2002 年 2 月号（第 269 期）。

④ 《不动产物权许可办法》（台）第 3 条第 4 款。

安全及经济发展为限。① 且对于技术引进计划所需的仪器、设备、原料、零组件或产品雏型经于技术引进计划书中载明品名、规格及进口数量并经许可者，得依《台湾地区与大陆地区贸易许可办法》的规定申请进口。② 而《台湾地区与大陆地区贸易许可办法》规定，对于主管机关公告准许输入的中国大陆物品项目，要求符合的条件当中首先就是不危害"国家"安全。③

尽管民进党当政时期的台湾当局重重干扰台商投资中国大陆，但是并不能阻挡台商转而"用脚投票"投资中国大陆，而且台湾投资环境的恶化已经影响到已在台湾的外资纷纷撤资，这种情况台湾的执政机关自然非常清楚，为什么依然要坚持限制两岸直接投资呢？笔者以为，这是民进党当政时期的台湾当局本身坚持的"台独"立场所决定的。他们应该非常清楚台湾与中国大陆实行经济合作和走向融合才是台湾走出经济困境的唯一机会，但是这明显又会在根本上动摇其"台独"的根基，所以只能用所谓的"国家"安全为幌子，来掩盖其坚持"台独"的基本立场；用所谓的"大陆打压"台湾的"国际空间"作为其掌权而无法真正"拼经济"的"挡箭牌"，因此，不仅在两岸经贸政策制定上将所谓的"国家"安全作为最基本的借口，而且在相关法律、法规中予以明确规定。④

实际上，台湾自李登辉当权年代长期推行"戒急用忍"方针阻扰两岸经贸往来，其最基本的借口就是所谓保护台湾的安全利益，而且当时的台湾执政机关在签署台湾《"入世"议定书》的前后，早已秘密制定依然以保护"国家"安全作为两岸"入世"后

---

① 《大陆地区产业技术引进许可办法》（台）第5条。
② 同上，第9条。
③ 同上，第8条。
④ 例如，《两岸人民关系条例》（台）第35条、《投资审查原则》（台）第2条、《在大陆地区从事商业行为许可办法》（台）第4条。

的因应之策，以继续阻挠两岸经贸往来的健康发展。① 换言之，民进党执政时期的台湾希望在 WTO 框架下援引"安全例外"条款②来继续阻扰包括两岸投资交流在内的两岸经贸往来的发展。

笔者认为，台湾以"安全例外"作为限制或禁止涵盖两岸直接投资在内的两岸经贸往来是没有合法依据的。

首先，GATT 第 21 条不是一个自我判断的条款。尽管 1949 年捷克诉美国的出口限制案中，美国曾主张每一个国家在涉及其自身安全问题上，必须有权采取最后的措施。③ 在 1985 年尼加拉瓜诉美国禁运案中，美国也主张"GATT 缔约方全体没有合法基础来讨论、赞同或不赞同每一个缔约方根据需要来保护其自身安全利益的判断问题"。④ 美国的立场还得到了澳大利亚、加拿大和大多数欧洲国家以及欧盟的支持。⑤ 据此，有一些学者认为，GATT 第 21 条是一个自我判断的条款，但是，这种观点显然是错误地理解了GATT 第 21 条。因为"GATT 规则不是设计用来自我判断的，而且WTO 的《关于争端解决规则与程序的谅解》也明确排除了单边的行动。如果 GATT 第 21 条的任何部分是用来自我判断的，GATT 缔约方或 WTO 成员方对此应已经明确。加之，事实上，GATT 第 21条的立法历史表明，该条并没有排除在 GATT 的争端解决程序之

---

① 陈安：《中国"入世"后海峡两岸经贸问题"政治化"之防治》，载《国际经济法论丛》第六卷（2002 年 10 月），第 74 页。

② WTO/GATT 体制中关于"安全例外"的规定主要见于 GATT 第 21条、GATS 第 14 条之二以及 TRIPs 协议第 73 条。

③ See Mitsuo Matsushita, Thomas J. Schoenbaum and Petros C. Mavroidis, *The World Trade Organization Law*, *Practice*, *and Policy*, Oxford University Press, 2003, p. 221; See also John H. Jackson, William J. Davey, Aan O. Sykes, Jr., *Legal Problems of International Economic Relations*, Fourth Edition, West Group, 2002, p. 1046.

④ See John H. Jackson, William J. Davey, Aan O. Sykes, Jr., *Ibid.*, p. 1047.

⑤ *Ibid.*

外，因此，不能认为该条款是一个自我判断的条款"①。

其次，GATT 第 21 条的范围没有确定的解释。尽管在 GATT 时代，GATT 第 21 条已经被援引过多次，但是对该条的范围并没有确定的解释。② GATT 时代，曾经有三个比较典型的援引"安全例外"条款的争端：分别是阿根廷诉欧共体、加拿大和澳大利亚限制进口案，尼加拉瓜诉美国削减食糖配额案以及尼加拉瓜诉美国禁运案。③ 从这三个案件来看，对于"安全例外"条款的援引都表现出蓄意将经贸问题政治化以及对 GATT 体制下"安全例外"条款加以曲解和滥用的共同特征。而且，在 GATT 历史实践中，仅有两个 GATT 专家小组报告（都涉及尼加拉瓜和美国）涉及 GATT 第 21 条，并表现出 GATT 缔约方全体及其理事会在处理此类问题时，尽可能将经贸问题从政治中剥离出来，以求得问题的妥善解决。所以，此类争端制造者的违规违法行为，自然极难得到其他缔约方的普遍认同。④

因此，无论从 GATT 第 21 条的立法意图，还是从 GATT/WTO 体制的历史实践来看，作为 WTO 成员，台湾当局希望在 WTO 框架下以政治为目的而曲解和滥用"安全例外"条款的设想必将难以得逞。

此外，尽管大多数 IIAs 中包含国家安全例外条款，且其措词给予缔约方最大程度的自我判断，其中最为突出的是美国缔结的

---

① Mitsuo Matsushita, Thomas J. Schoenbaum and Petros C. Mavroidis, *The World Trade Organization Law, Practice, and Policy*, Oxford University Press, 2003, p. 223.

② *Ibid.*, p. 221.

③ 有关阿根廷诉欧共体、加拿大和澳大利亚限制进口案，尼加拉瓜诉美国削减食糖配额案、尼加拉瓜诉美国禁运案的详尽分析，参见陈安：《中国"入世"后海峡两岸经贸问题"政治化"之防治》，载《国际经济法论丛》第六卷（2002 年 10 月），第 75—82 页。

④ 同上，第 80 页。

BITs，如美国—乌干达 BIT（2005 年）第 18 条中的规定，[①] 但根据 1969 年《维也纳条约法公约》第 26 条规定，条约缔约方有义务以"善意"履行其条约义务。由于在实践中很难以客观方式判断一缔约方是否以"善意"方式援引国家安全例外，[②] 所以，尽管对于国家安全的自我判断例外是保护东道国国家安全的强有力手段，但是以投资保护为目的的这种自我判断例外可能是存在争议的。[③] 换言之，是否能够不受限制地自我判断 IIAs 中常用的国家安全例外条款，在国际上并非取得了一致的意见。

加之，中国大陆和台湾地区同属于一个中国，台湾地区不存在因为两岸之间目前尚未统一而出现所谓的"国家"安全问题。两岸经贸交流对台湾经济的贡献度已经充分说明两岸经贸交流是台湾经济发展的最大动力。所以，民进党当政时期的台湾当局以所谓"国家安全"为由来限制涵盖两岸直接投资在内的两岸经贸交流，不过是刻意将两岸经贸问题政治化的伎俩而已。

2. 互不适用例外

民进党执政时期的台湾当局认为，台湾对中国大陆的货物和服务所采取的限制贸易政策和措施的另一个理由是，"中国大陆和台湾在加入 WTO 时，彼此之间没有进行 WTO 框架下的谈判"。[④] 这种理由成立吗？

WTO 规则要求双边谈判的所有结果应以最惠国待遇（MFN）

[①] See UNCTAD, *The Protection of National Security in IIAs*, UNCTAD Series on International Investment Policies for Development, United Nations, 2009, p. 91.

[②] *Ibid.*, p. 92.

[③] *Ibid.*, pp. 125 – 126.

[④] 在接受 WTO 贸易政策审议中，中国台北代表提出对中国大陆的货物和服务所采取的限制的贸易政策和措施是有理由的，因为双方在加入时彼此之间没有进行 WTO 框架下的谈判。See WTO, *Trade Policy Review of Chinese Taipei*, *Minutes of Meeting*, *Revision*, WT/TPR/M/165/Rev. 1, 10 October 2006, para. 136.

为基础多边适用于所有 WTO 成员，除非符合 MFN 本身允许适用的例外情形，[①] 而且这些例外适用时也必须符合相应的条件或经过一定的程序。[②] 对于多边贸易协议在特定成员间的互不适用作为 MFN 例外，《建立 WTO 协定》第 13 条规定："任何成员，如自己成为成员时或另一成员成为成员时，不同意在彼此之间适用《建立 WTO 协定》及附件 1（即《货物贸易多边协定》——作者注）和附件 2（即《关于争端解决规则与程序的谅解》——作者注）所列多边贸易协定，则这些协定在该两成员之间不适用。"但是，这些协定在 WTO 成员之间互不适用是有前提条件的。对此，《建立 WTO 协定》第 13 条紧接着规定，对于根据《建立 WTO 协定》第 12 条加入 WTO 的成员，只有在不同意对另一成员适用的一成员在部长级会议批准关于加入条件的协议之前，已按此（即已将不同意在彼此之间适用《建立 WTO 协定》及附件 1 和附件 2 所列多边贸易协定——作者注）通知部长级会议的前提下，这些协定的规定才可以在该两成员之间适用。

事实是，中国大陆和台湾都是 WTO 的加入成员，而且中国大陆和台湾之间并没有这种符合多边贸易协议在特定成员间互不适用的通知。因此，中国大陆和台湾彼此之间在加入时没有进行 WTO 框架下的谈判根本不能成为后者免除其对中国大陆履行 MFN 义务的借口。

四、限制两岸直接投资的负面影响

（一）破坏和影响台湾地区自身的投资环境

有关资料表明，民进党当政时期的台湾主管机关已经认识到引入直接投资是促进台湾经济持续发展的重要政策，并提出台湾投资

---

① 关于最惠国待遇例外的论述，详见曾令良：《世界贸易组织法》，武汉大学出版社 1996 年版，第 150—158 页、第 394—395 页。

② 例如区域贸易协定必须符合 GATT 第 24 条及其谅解、GATS 第 5 条规定的条件。

政策主要目标是创造一个高度自由化、国际化、透明和友好的、以非歧视方式运行的商业投资环境。① 当时的台湾当局也曾一再提出"拼经济"，并在接受 WTO 贸易政策审议时提出台湾将继续改善投资环境，以吸引外资进入，并提出台湾投资政策的主要目标是创造一个高度自由化、国际化、透明和友好的、以非歧视方式运行的商业投资环境。② 甚至台湾当局声称"通过进一步自由化有关的行政和法律体制以及使其更加透明和致力于创造更多更好的投资机会，正在执行的经济发展计划（挑战 2008）已经极大地改善了投资环境"③。

但是，当时台湾的投资环境如何呢？实际上，在民进党执政时期，台湾引进外资和台商回台投资的比例都在减少，且外商和台商对台湾当局的经济政策不满意。在全球 FDI 流入都在以较快速度增长的大背景下④，台湾 FDI 的流入却呈现下滑趋势。即使在亚洲"四小龙"之间相比，流入台湾 FDI 的数量自 2000 年开始即远远落后于中国香港、新加坡和韩国，处于"四小龙"之末。⑤

台湾主管机关的统计也显示，台湾引进的 FDI 中，服务部门的比例在 2001—2004 年期间从 64.3% 下降到 49.2%。⑥ 更有台北欧洲商会公布白皮书指出，2006 年有 33 家欧商撤出在台湾的投资，加上 2005 年的 17 家，两年合计已有 50 家欧商自台湾撤资。而且欧商撤资的主要理由是台湾经济与投资环境日益恶化。美国商会也

---

①　See WTO, *Trade Policy Review of Chinese Taipei*, *Report by the WTO Secretariat*, WT/TPR/S/165, 16 May 2006, p. 10, para. 44.

②　See WTO, *Trade Policy Review of Chinese Taipei*, *Report by Chinese Taipei*, WT/TPR/G/165, 16 May 2006, p. 10, para. 44.

③　*Ibid.*, p. 3, para. 11.

④　See UNCTAD, *World Investment Report* 2006, United Nations, p. 3.

⑤　See UNCTAD, *World Investment Report* 2004, United Nations, p. 370; and *World Investment Report* 2006, p. 301.

⑥　See WTO, *Trade Policy Review of Chinese Taipei*, *Report by the WTO Secretariat*, WT/TPR/S/165, 16 May 2006, p. 12.

在同时期的一期会刊中，强烈批评台湾当局缺乏行政效率，处理经济只会用砸钱的方式，而不知道如何去改善投资环境。① 台湾恶劣的投资环境也影响到台湾本土企业对台湾的投资信心。②

据台湾的学者研究，从台湾撤出的外资主要转向中国大陆投资。这种投资的转向不但有经济上的理由，而且那些对台湾政治与经济环境彻底失望的外资最终可能会作为下一批转向中国大陆投资。③ 如台湾电机电子公会公布的 "2006 年中国大陆地区投资环境与风险调查"④ 结果也从另一方面证明了这种变化。

由此可见，台湾加入 WTO 后，并没有因此而加速台湾经济的自由化，相反，对于两岸经贸政策，几乎都违反了 WTO 自由与开放原则及台湾的 "入世" 承诺。⑤ 这种闭锁的两岸经贸政策，无形中影响和破坏了台湾的投资环境，⑥ 导致当时台湾的投资环境很恶劣。⑦

尽管当时的台湾当局为实施其不过度依赖大陆，布局全球的战

---

① 林祖嘉：《两岸投资环境消长、外资用脚投票》，"国家" 政策研究基金会出版物（电子版）：（台）科经（析）095 – 026 号，2006 年 11 月 22 日。

② 林祖嘉：《从联电减资看台湾企业投资环境》，"国家" 政策研究基金会出版物（电子版）：（台）科经（析）096 – 006 号，2007 年 3 月 2 日。

③ 林祖嘉：《两岸投资环境消长、外资用脚投票》，"国家" 政策研究基金会出版物（电子版）：（台）科经（析）095 – 026 号，2006 年 11 月 22 日。

④ 该调查显示，在 2137 份有效问卷里，规划企业未来布局时，高达 57.46% 的台商计划 "扩大对大陆投资生产"，比 2005 年大幅增加 21.44%。参见《台商回台投资创 1.97% 新低》，载《香港文汇报》（电子版），2006 年 9 月 2 日。

⑤ 林祖嘉：《入世满五年两岸经贸政策仍原地踏步析》，"国家" 政策研究基金会出版物（电子版）：（台）科经（析）095 – 032 号，2006 年 12 月 17 日。

⑥ 李允杰：《两岸新形势下签署双向投资保障协议之分析》，载《展望与探索》（台湾）第 7 卷第 2 期（2009 年 2 月）。

⑦ 马淑静：《台湾经济投资环境很恶劣》，载《人民日报》（海外版）2006 年 7 月 17 日第 3 版。

略，采取了一系列措施鼓励台商回台投资，如制定《台商回台投资项目融资贷款要点》以及推出台商返台投资奖励措施，且于2006年10月25日宣布启动"大投资、大温暖"计划，五大套案全部出炉。① 但是，对于政府此次启动的"大投资、大温暖"计划，同样受到质疑。因为多年来民进党多次提出"拼经济"的施政计划，总经费动辄数百或数千亿元新台币，然而攸关经济成长的经济发展支出却是年年下降，和"拼经济"的理念完全不符。②

当时的台湾当局也曾希望通过改进美台贸易关系来改变台湾投资环境恶劣的状况，但正如美国在台协会台北办事处长杨苏棣所指出的，改进美台贸易伙伴关系的一个重要途径，就是台湾进一步开放与大陆的经济关系，且要改进美台关系，台湾就应进一步开放和中国大陆的投资关系。③

因此，台湾当局对台商投资大陆方面的限制既阻止不了台商"用脚投票"投资大陆的决策，也无法达到台湾实施"根留台湾"政策的效果，反而影响台商资金的回流，降低台商返回台湾投资的信心；同时，台湾当局限制和禁止陆资入台直接投资的政策与法律制度，也影响了台商回台投资和外资入台投资，进而破坏了台湾自身的投资环境。

（二）阻碍两岸经贸交流全面深入发展

国际贸易和国际投资关系密切，或者可以说国际投资是国际贸

---

① 有关"大投资、大温暖"计划内容，详见陈伟鸿：《政府启动"大投资、大温暖"计划》，载海基会：《两岸经贸》（台），2006年11月号（电子版）。

② 谭瑾瑜：《"大投资、大温暖"能给台湾经济温暖吗？》，"国家"政策研究基金会出版物（电子版）：（台）科经（研）095-034号，2006年10月30日。

③ 杨苏棣：《要改善美台关系，请先改善两岸关系》，星岛环球网，http://www.singtaonet.com/hk_taiwan/200705/t20070521_541257.html，2007-05-21。

易发展的结果，是国际贸易的延伸。① 从两岸经贸发展来看，投资带动贸易极其明显。如多年来中国大陆从台湾进口产品依序为电机设备及其零件、机器用具及其零件、塑料及其制品等，大多数为工业品，很少是消费品。从台湾的进口多系供台商在大陆投资设厂生产加工所用。不仅如此，台湾出口上游原料、零组件及机器设备至中国大陆，大陆进行生产加工的制造过程再输往欧、美主要消费市场，台湾与中国大陆这样的生产合作形态，已成为台湾产业供应链的一个重要环节。② 据台湾"中华经济研究院"估算，台湾对中国大陆出口每增加 1 元，可诱发台湾各产业增加值 2 元。③ 依台湾"陆委会"估算，自 1985 年至 2006 年 8 月的二十多年间，台湾对中国大陆累计的贸易顺差约有 3200 亿美元，超过台湾同期累积的 2610 亿美元的外汇存底。④ 又如现任海基会董事长江丙坤 2008 年指出，过去三年，台湾的经济成长率大概是 4% 到 5.5%，这中间，岛内真正的内需只占 1 到 1.5 个百分点；其余的 3 到 3.5 个百分点，是对中国大陆出口的贡献。⑤ 足见，两岸经贸往来为台湾带来的巨额贸易顺差，成为台湾经济成长的主要动力。⑥

在投资领域，台湾当局在金融业、服务业以及一些并非台湾特有高科技业等产业对台商投资大陆进行限制和禁止，导致台商可以把握的时机流失，丧失竞争优势。而台湾几乎禁止大陆直接投资台湾的政策，自然在一定程度上限制了大陆对台湾货物、技术和服务的出口。

---

① 王贵国：《国际投资法》，北京大学出版社 2001 年版，第 151 页。

② 高孔廉、邓岱贤：《两岸经贸新展望》，"国家"政策研究基金会出版物（电子版）：（台）国安（研）096 - 001 号，2007 年 1 月 1 日。

③ 朱磊：《解读陈水扁执政六年来台湾的两岸经贸政策》，http://www.chinataiwan.org/web/webportal/W2001027/Uliuf/A210598.html，2006 - 04 - 23。

④ 高孔廉、邓岱贤，同注①引文。

⑤ 江丙坤：《台商权益保护已列下次两会协商议事日程》，你好台湾网，http://www.nihaotw.com/zt/ztkb/200811/t20081129_ 411392.htm，2010 - 01 - 11。

⑥ 邓利娟：《大陆成为台湾经济发展的重要动力》，载《两岸关系》2004 年第 2 期。

从两岸之间的往来贸易量可见一斑。台湾与中国大陆之间贸易的巨大顺差①，一方面与台湾当局限制大陆商品出口台湾的政策②相关，另一方面也凸显出台湾当局限制陆资入台投资，两岸投资长期处于单向流动是造成台湾与大陆之间贸易巨大顺差的原因之一。这种限制陆资入台投资的做法无疑也阻碍了两岸经贸交流的深入发展。

　　实际上，台湾的这种做法忽视两岸经贸交流内在的紧密性，一味地强调台湾主体意识，而对两岸经贸交流合作进行限制，最终受损的只能是台湾经济，牺牲的只能是台湾民众的利益。③ 民进党当政时期台湾经济一直处于下滑趋势就是明显的例证。④ 在台湾甚至有学者发出"台湾经济消失的七年"⑤ 之感叹。

第二节　台湾地区现行的两岸直接投资法律制度

　　2008 年 5 月 20 日以来，马英九当政的台湾当局强调"新政府

---

　　① 商务部：《历年两岸贸易统计》，商务部网站，http：//tga. mof-com. gov. cn/aarticle/jingmaotongji/redht/200701/20070104299461. html，2007 - 04 - 13。

　　② 尽管几乎所有的台湾贸易是以最惠国待遇为基础，但是台湾禁止大陆产品的输入达 2200 个税则号。See WTO, *Trade Policy Review of Chinese Tai-pei*, *Report by the WTO Secretariat*, WT/TPR/S/165, 6 May 2006, p. 14, para. 2.

　　③ 如台湾有研究认为，"两岸经贸关系正常化，并不只是符合 WTO 多边贸易规范的要求而已，长期而言亦符合台湾本身的利益与需求"。参见钟启宾：《搞懂规则，赚遍大陆——WTO 下的两岸经贸》，秀威资讯科技股份有限公司（台湾）2007 年版，第 207 页。

　　④ 谢明瑞：《经济成长率偏低的省思》，"国家"政策研究基金会出版物（电子版）：（台）财金（评）096 - 006 号，2007 年 1 月 17 日。

　　⑤ 唐慧琳：《台湾经济消失的七年：薪资恶化，所得不增，分配恶化》，"国家"政策研究基金会出版物（电子版）：（台）科经（研）096 - 004 号，2007 年 4 月 30 日。

所有的施政都要从全民福祉的高度出发",坚持推动两岸经贸往来的立场。在两岸投资方面,于 2008 年 8 月 29 日修订发布了《在大陆地区从事投资或技术合作审查原则》(以下简称《在大陆投资审查原则》)和 2008 年 9 月 12 日修订发布了《在大陆地区从事投资或技术合作许可办法》(以下简称《在大陆投资许可办法》)等法律法规,有限松绑台商投资大陆的政策,并于 2009 年 6 月 30 日发布了《大陆地区人民来台投资许可办法》和《大陆地区之营利事业在台设立分公司或办事处许可办法》,公布了陆资投资台湾的投资项目清单和陆资来台审批流程,初步确立了有限开放陆资入台投资的政策,掀开了两岸双向投资的新篇章。接下来本节内容主要针对马英九当政的台湾当局两岸直接投资法律制度进行分析和探讨。

一、台商投资中国大陆的法律制度调整

对于台商投资大陆,马英九当政的台湾当局有限松绑了台商投资大陆的政策,具体表现在:

(一)提高投资大陆的投资比例

对于台商投资大陆的投资比例,民进党当政时期的 40% 的投资比例上限要求,限制了台商对大陆的投资,所以一些台商只好选择一些变通的做法,如经由第三地的公司来对大陆投资。

台湾当局现行的规定中,提高了台商投资大陆的投资比例上限,[①] 具体规定如下:对于个人投资,投资上限由原来的每年 8000 万元新台币提高到每年 500 万美元;对于中小企业,原来规定的投资上限是 8000 万元新台币,现行的规定则设置了两种控制标准,即投资上限是新台币 8000 万元,或净值或合并净值的 60%,且二者可以取其较高者;对于其他企业的投资比例上限,则改变了过去企业规模越大,投资上限比例越小的规定。现行的规定是,对于其他企业的投资上限统一采取企业净值或合并净值的 60%,且二者

---

① 台湾《在大陆投资审查原则》(2008 年 8 月 29 日修订)第 3 条。

可以取其较高者。

当然，根据现行台湾当局的有关规定，对于投资人对大陆投资累计金额同样规定原则上不得超过所规定的投资金额或比例上限。[①] 为了鼓励台商投资大陆的投资盈余投回台湾，台湾的现行法律还规定，对于"大陆投资事业盈余转增（投）资的金额，不计入其投资累计金额"，且"投资人将大陆投资事业的股本或盈余汇回台湾者，得扣减其投资累计金额"。[②]

（二）减少禁止台商投资大陆的投资项目

根据台湾现行规定，台商在中国大陆从事投资或技术合作的产品或经营的项目，仍然分为禁止类及一般类。[③] 其中，禁止类是指基于国际公约、"国防"、"国家"安全需要、重大基础建设及产业发展考虑，禁止前往大陆投资的产品或经营项目。一般类则是指凡不属禁止类的产品或经营项目。[④]

对于禁止或者一般类的投资中国大陆的产品或经营项目，由台湾的主管机关基于产业发展的需要，召集产、官、学界组成的项目小组，就前述产品或经营项目的分类，进行每年一次的定期和不定期的项目检讨，由项目小组研究讨论提出建议清单，由主管机关审查汇整，报请台湾"行政院"核定后公告实施。根据现行的《在大陆投资审查原则》的规定，台湾对于台商赴中国大陆投资的产品与项目的分类检讨，分为三种，[⑤] 即积极开放类、不予限制类和审慎评估类。具体规定是：凡有助于提高"国内"产业竞争力、提升企业全球运筹管理能力的产品或项目，应积极开放；凡是"岛内"已无发展空间，必须赴中国大陆投资方能维系生存发展的

---

① 台湾《在大陆投资审查原则》（2008 年 8 月 29 日修订）第 3 条。

② 同上。

③ 台湾《两岸人民关系条例》（2009 年 7 月 1 日修订）第 35 条；《在大陆地区投资审查原则》（2008 年 8 月 29 日修订）第 2 条，

④ 台湾《在大陆投资审查原则》（2008 年 8 月 29 日修订）第 2 条。

⑤ 同上。

产品或项目，不予限制；凡是赴中国大陆投资可能导致少数核心技术移转或流失的产品或项目，应审慎评估。

根据现行规定，禁止台商投资中国大陆的投资或者技术合作的项目总计554项，[①] 其中农业产品项目有449项，制造业产品项目101项，服务类项目有4项，分别是邮政业、电信业、金融及其辅助业（台湾金融控股公司或银行的海外子银行持有大陆银行已发行股份总数在20%以下者除外）和集体电路设计业等，基础建设项目有13项，分别是公路、水利、铁路、港湾、自来水、下水道、机场、捷运、焚化炉、发电、输电、配电和工业区开发。

根据原来规定，台湾当局禁止台商投资中国大陆的投资或者技术合作的项目总计557项，其中农业产品项目有449项，制造业产品项目102项，服务类项目6项，即相比较在禁止台商投资中国大陆的投资或者技术合作项目，台湾现行的法律规定有一定程度的放宽。在制造业产品项目上开放了1个制造业项目投资大陆；[②] 在服务业项目方面，开放了2个项目，即期货商和其他期货商项目。

对于某些特定制造业，台湾依然采取了特殊的申请条件和受理审查原则。如制造业未列禁止类的85422110、85422910、85426010［八吋以下（硅）晶圆铸造］3项，项目受理审查原则与以前规定没有变化；对于制造业未列禁止类的85422110、85422910、85426010测试及封装（限焊线型式）3项，项目与审查原则与以前规定相比没有变化；对于制造业未列禁止类的85312000、

---

① 《大陆投资负面表列——农业、制造业及服务业等禁止赴大陆投资产品项目》（经审字第09709012100号公告）（2008年8月15日更新）。

② 制造业产品项目方面，85422110EX、85422910EX、85426010EX、28046110、28046120、85422190、85422990、85426090、85427000、27111400、29012100、29012200、29012410、29022000、29024100及29024300，计16项（包括晶圆测试、封装、轻油裂解厂等），因尚未经大陆投资产品项目产、官、学项目小组完成讨论，故暂列禁止类。实际上原来规定是17项，还包括85429010，其他没有变化。

90138030 四吋以下薄膜晶体管（TFT）液晶显示器面板模块前预备制程（切割、裂片及灌液晶制程）2 项，项目与审查原则与以前规定相比没有变化；对于不动产投资业受理审查原则与以前的规定一模一样。

（三）简化审批程序和手续

对于台商投资中国大陆，原则上台商在向大陆投资之前，应该向台湾的主管部门［即台湾的"经济部"，执行单位是"经济部"投资审议委员会（以下简称投审会）］提出申请，获得主管机关许可后才可以对大陆投资，否则，对于未经申报或许可在大陆从事投资或技术合作，主管机关将依法处以行政罚款并限期停止。①

对于在中国大陆从事一般类项目的投资或技术合作案件，根据现行的法律规定，台湾主管机关将其划分为如下几种类型②：申报案件、简易审查案件和项目审查案件。

其中，申报案件是指投资人个案累计投资金额在 100 万美元以下者，向主管机关以申报方式即可，并应于投资实行后 6 个月内，备齐有关的法律文件，向主管机关申报。现行的规定中相对大幅提高了申报案件的投资金额标准。③

简易审查案件是指个案累计投资金额 5000 万美元以下的案件，或者虽然个案累计投资金额逾 5000 万美元，但不属于项目审查的案件。④ 对此，主管机关主要针对投资人财务状况、技术移转的影

---

① 台湾《在大陆地区从事投资或技术合作许可办法》（2007 年 11 月 12日修订文本和 2008 年 9 月 12 日修订文本）第 8 条都有同样规定。
② 台湾《在大陆投资审查原则》（2008 年 8 月 29 日修订）第 4 条。
③ 台湾《在大陆投资审查原则》（2004 年 3 月 1 日修订）第 4 条规定：申报案件是指投资人个案累计投资金额在 20 万美元以下（含 20 万美元）者。
④ 台湾《在大陆投资审查原则》（2008 年 8 月 29 日修订）第 4 条第 2款。对于简易审查案件，原来规定是个案累计投资金额在 2000 万美元以下（含 2000 万美元）的投资项目。参见台湾《在大陆投资审查原则》（2004 年 3 月 1 日修订）第 4 条第 2 款。

响、劳工法律义务履行情况及其他相关因素进行审查，并由主管机关以书面方式会商各相关机关意见后，决定是否批准。但是，对于简易审查案件，台湾现行《在大陆投资审查原则》进一步规定，如果有特殊必要时，将由主管机关提请"经济部"投审会审查或者将该简易审查案件改为按照项目审查方式审查。如果主管机关于投资人备齐完整文件后一个月内未作出决定，则该申请案自动许可生效，主管机关并应发给证明。对于何为"特殊必要时"，并没有进一步明确的规定。

项目审查案件是指在中国大陆投资事业个案累计投资金额逾5000万美元的投资案件，① 由主管机关会商相关机关后，提报台湾"经济部"投审会会议审查。对于项目审查案件主要审查的项目有：② （1）事业经营考虑因素：包括岛内相对投资情形、全球化布局、岛内经营情况改变及其他相关因素。（2）财务状况：包括负债余额、负债比例、财务稳定性、其集团企业的财务关联性及其他相关因素。（3）技术移转及设备输出情况：包括对岛内业者核心竞争力的影响、研发创新布局、侵害别家厂商知识产权的情形及其他相关因素。（4）资金取得及运用情形：包括资金来源多元化、资金汇出计划、中国大陆投资资金汇回情形及其他相关因素。（5）劳工事项：包括对就业的影响、对劳工法律义务的履行情况及其他相关因素。（6）安全及策略事项：包括对"国家安全"的可能影响、经济发展策略考虑、两岸关系及其他相关因素。

除此之外，现行台湾《在大陆投资审查原则》依然规定，台湾的主管机关应每年定期或视需要邀集"陆委会"、"中央银行"、"财政部"、"经建会"、"劳委会"、"农委会"等"部会首长"从岛内超额储蓄率；赴大陆投资占GDP的比重；赴大陆投资占岛内

---

① 台湾《在大陆投资审查原则》（2008年8月29日修订）第4条第3款。对于项目审查案件，原来规定是个案累计投资金额超出2000万美元的投资项目。参见《在大陆投资审查原则》（2004年3月1日修订）第4条第3款。
② 台湾《在大陆投资审查原则》（2008年8月29日修订）第4条第3款。

投资的比重；赴大陆投资占整体对外投资的比重；赴大陆投资厂商资金回流情形；外汇存底变动情形；两岸关系的状况；岛内就业情形以及其他影响总体经济的因素等方面调整采取简易许可程序的个案累计投资金额上限及个别企业累计投资金额比例上限，或采取其他必要的措施，以降低大陆投资对整体经济的可能风险。① 显然，台湾的主管部门依然保留了台商赴大陆投资审批方式的较大自由裁量权。

对于创业投资公司，台湾主管受理审查原则也没有任何变化，其基本原则依然是：（1）台湾创业投资公司赴中国大陆地区从事一般类项目的投资，依《两岸人民关系条例》、《在大陆投资许可办法》、《在大陆投资审查原则》等相关规定办理，须于投资前向台湾的主管机关"经济部"（执行单位为"经济部"投资审议委员会）申报或申请许可。（2）在中国大陆投资创业投资公司属禁止赴中国大陆投资项目，台湾人民、法人、团体或其他机构禁止赴中国大陆投资创业投资公司。

此外，对于未经台湾主管机关批准在中国大陆地区从事投资或技术合作，其产品或经营项目经主管机关公告列为一般类和禁止类的情形，台湾当局依然采取非常严格的处罚措施。根据 2009 年发布的现行的《违法在大陆地区从事投资或技术合作案件裁罚基准》（以下简称《裁罚基准》）的规定，台湾主管机关将依据投资金额或技术合作价值的一定比例处以行政罚款。尽管该规定中主管机关对投资者的罚款最高不得超过新台币 2500 万元，② 但主管机关依《两岸人民关系条例》第 86 条第 1 项规定处以连续处罚的罚款金额可以为第一次处分罚款金额的一倍至五倍。③

---

① 台湾《在大陆投资审原则》（2008 年 8 月 29 日修订），第 5 条。

② 台湾《裁罚基准》第 8 条。

③ 台湾《裁罚基准》第 7 条。

二、陆资入台直接投资的法律制度调整

如前所述，民进党当政时期的台湾当局已经对大部分投资项目实行对外开放，但是对陆资入台投资却几乎是禁止的，仅仅对陆资开放的房地产部分，也因投资者入台困难和停留时间短暂而使之名存实亡。两岸直接投资交流长期以来是建立在大陆单方面给予台商投资大陆优惠的基础之上。可喜的是，在两岸政府的努力下，两岸直接投资交流目前已经步入双向投资的新阶段。

目前，台湾当局调整陆资入台投资现行的法律依然主要以《两岸人民关系条例》第 72 条、第 73 条的规定为基础。关于开放陆资来台投资，台湾"经济部"依据《两岸人民关系条例》发布了《大陆地区人民来台投资许可办法》①（以下简称《来台投资办法》）和《大陆地区之营利事业在台设立分公司或办事处许可办法》②（以下简称《在台设立分公司办法》），这两项《办法》都是自 2009 年 6 月 30 日起生效实施，并自同日起，正式受理陆资来台投资或设立办事处的申请案件。台湾"经济部"于 2009 年 7 月 6 日公布实施了《大陆地区人民来台投资业别项目》（以下简称《陆资投资项目》）。③台湾现行关于陆资入台直接投资的基本法律与制度的主要内容，主要包括以下几个方面：

（一）有限度开放陆资入台投资项目

1. 开放原则

对陆资开放的投资项目，台湾当局的开放原则④是：（1）有助

---

① 《大陆地区人民来台投资许可办法》由台湾"经济部"于 2009 年 7 月 3 日发布。

② 《大陆地区之营利事业在台设立分公司或办事处许可办法》由台湾"经济部"于 2009 年 7 月 3 日发布。

③ 《大陆地区人民来台投资业别项目》由台湾"经济部"2009 年 7 月 6 日正式发布。为了配合两岸空运直航协议的要求，于 2010 年 1 月 6 日修正该《陆资投资项目》。

④ 台湾"行政院大陆委员会"：《开放陆资来台从事事业投资政策说明》（2009 年 6 月 30 日）第 4 条之一（二）。

于岛内产业发展及带动投资，可增强外人对台湾投资环境信心的项目，优先开放。（2）配合两岸签署的协议，双方承诺开放的投资项目，包括航空运输业及船舶运送业，优先开放。（3）对岛内产业可能造成冲击影响，业者不及调适者，现阶段不开放。（4）涉及层面较复杂及敏感性高的产业，现阶段不开放。

2. 以正面表列方式明确开放投资项目

对于陆资开放的项目，台湾当局采用了正面表列清单方式明确了开放陆资来台投资的项目，① 具体情况如下：（1）制造业部分：依台湾的行业标准分类，制造业细类共 212 项，第一阶段对陆资先开放 64 项，占总项数的 30%。（2）服务业部分：依 WTO 服务业承诺表行业分类，台湾承诺开放的此行业计 113 项，第一阶段对陆资先开放 25 项，占 22%；若转换成台湾行业标准分类，共计开放服务业细项 117 项，占 36%。（3）公共建设部分：依台湾"促进民间参与公共建设法"（以下简称"促参法"）公共建设次类别分类计 81 项，第一阶段对陆资先开放 11 项，占总项数的 14%，另陆资在台投资限于非承揽部分，公共工程承揽部分暂不开放。②

（二）简化陆资来台投资审查程序

关于陆资来台投资的审查程序，如前所述，民进党当政时期的台湾当局采取复杂而烦琐的审批程序，且在事实上阻碍中国大陆投

---

① 台湾"行政院大陆委员会"：《开放陆资来台从事事业投资政策说明》（2009 年 6 月 30 日），第 4 条之二；以及台湾"经济部"：《大陆地区人民投资业别项目》。

② 2011 年 3 月 2 日，台湾"经济部"公布了《第二阶段大陆地区人民赴台投资业别项目》，包括制造业部分，本次开放 25 项，累计开放 89 项，占台湾行业标准分类—制造业细类 212 项之 42%；服务业部分，本次开放 8 项，累计开放 138 项，占台湾行业标准分类—服务业细类 326 项之 42%；公共建设部分，本次开放 9 项，累计开放 20 项，占促参法公共建设次类别分类 83 项之 24%。商务部网站，http://tga.mofcom.gov.cn/aarticle/a/jinqidongtai/201103/20110307437761.html，2012 - 01 - 01。

资者入台投资。根据现行的规定，台湾当局在一定程度上简化了陆资入台投资的审查程序。

现行的审查程序将根据陆资是直接投资台湾还是经由第三地间接投资台湾采取不同的审查作业流程，且两种不同的入台投资方式所依据的法律依据有所不同。具体审查作业流程如下：

对于陆资直接投资台湾，无论是在台湾设立子公司还是分公司，投资者首先必须依据《来台投资办法》向台湾的主管机关——"经济部"投审会申请许可。依据《来台投资办法》规定，投资者向主管机关提出申请许可时，应填具投资申请书，并附投资计划、身份证明、授权书及其他有关文件。[①] 如果是在台湾设立子公司，则在申请获得主管机关的许可后，依台湾的"公司法"规定向商业司办理公司登记；如果是在台湾设立分公司，则在其申请获得主管机关的许可后，依台湾的《在台设立分公司办法》向商业司办理许可登记。

其中，对于陆资入台投资设立子公司者，依《来台投资办法》，"投资者，应填具投资申请书，检附投资计划、身份证明、授权书及其他有关文件，向主管机关申请许可；投资计划变更时，亦同。"[②] 在申请获得许可后，依台湾"公司法"规定向"商业司"办理公司登记。

对于陆资入台投资设立分公司者，在先依《来台投资办法》规定取得主管机关的投资许可后，向主管机关提交有关文件申请许可。需要提交的文件有：公司名称，公司章程，公司资本总额（如有发行股份者，其股份总额、每股金额及已缴金额），公司所营事业，公司董事与负责人的姓名、国籍及住所或居所，公司所在地、在台湾所营事业、在台湾营业所用的资金、在台湾指定的诉讼与非诉讼的代理人姓名、国籍及住所或居所等。[③] 台湾《在台设立分公司办法》进一步规定，陆资在台湾设立分公司者，在取得台

---

① 台湾《来台投资办法》第9条。

② 台湾《来台投资办法》第9条。

③ 台湾《在台设立分公司办法》第7条。

湾"经济部"投审会许可后，向主管机关——"商业司"申请设立分公司登记时，需要提交有关的文件，主要有：分公司名称、分公司所在地以及分公司经理人姓名、国籍及住所或居所等。①

对于陆资经由第三地区间接投资台湾的情形，又分为两种情况，即陆资对第三地公司持股逾30%或具实质影响者和陆资对第三地公司持股30%以下或不具实质影响者情况。对于第一种情况，如果在台湾设立子公司，则首先依据《来台投资办法》向台湾的主管机关——"经济部"投审会申请许可或者向"经济部"申请许可，然后在申请获得许可后，依台湾"公司法"规定向"商业司"办理公司登记。如果在台湾设立分公司，则首先依据《来台投资办法》向"经济部"申请许可，然后在申请获得许可后，依台湾"公司法"规定向"商业司"办理分公司认许登记。对于第二种情况，台湾现行的制度中将这种投资视为外资，如果在台湾设立子公司，则首先依据《外国人投资条例》向台湾的主管机关——"经济部"投审会申请许可，然后在申请获得许可后，依台湾"公司法"规定向"商业司"办理公司登记。如果在台湾设立分公司，则依台湾"公司法"规定向"商业司"办理分公司认许登记。

陆资在台湾设立办事处的程序是，首先依照台湾《在台设立分公司办法》向主管机关申请许可。② 提出设立办事处申请许可时，投资者需要向主管机关提交的文件有：公司名称、公司章程、公司资本总额（如有发行股份者，其股份总额、每股金额及已缴金额）、本公司所营事业、公司董事与负责人之姓名、国籍及住所或居所、本公司所在地、在台湾指定的诉讼与非诉讼的代理人姓名、国籍及住所或居所等。③ 然后，在设立办事处的申请获得许可后，投资者还要向主管机关提交申报备查材料，提交的材料有：办

---

① 台湾《在台设立分公司办法》，第8条。
② 同上，第9条。
③ 同上。

事处所在地以及在台湾所从事的业务活动范围的材料。①

（三）适度开放大陆投资者资金入台投资

对于大陆投资者资金入台投资方面，为配合开放陆资来台投资政策，台湾"行政院金融监督管理委员会"（以下简称"金管会"）于 2009 年 6 月 30 日修正发布实施了《台湾与大陆地区金融业务往来许可办法》（以下简称《两岸金融业务办法》，并配合《来台投资办法》、《在台设立分公司办法》，以及台湾"内政部"《大陆地区人民在台湾取得设定或移转不动产物权许可办法》施行。

本次《两岸金融业务办法》的修正主要涉及如下方面：

1. 经台湾"中央银行"许可办理外汇业务的银行（以下简称指定银行）及"中华邮政股份有限公司"办理对中国大陆汇出款业务，改采负面表列方式管理。② 按照台湾"金管会"的说法，此举不仅能因应开放陆资来台后的两岸民间汇款需求，而且有助于消弭两岸地下通汇问题，并可达到吸引中国大陆台商资金回流的效果。③

2. 为因应陆资企业来台投资后所衍生的外币融资需求，开放指定银行经主管机关许可后，可与经许可来台投资的陆资企业在台湾设立的分公司或子公司，办理外币授信业务。④

3. 开放台湾银行、信用合作社、票券金融公司、信用卡业务机构及"中华邮政股份有限公司"等金融机构与中国大陆的个人、法人、

---

① 台湾《在台设立分公司办法》第 10 条。

② 台湾《两岸金融业务办法》第 5 条第 2 款规定："汇出及汇入款业务。但不包括未经许可之直接投资、有价证券投资汇款及其他未经法令许可事项为目的之汇出及汇入款。"

③ 台湾《修正两岸金融业务往来许可办法配合政府开放陆资来台投资政策》，海基会两岸经贸网，http://www.seftb.org/mhypage.exe?HYPAGE=/05/05_1_content.asp&policyid=451，2009-09-11。

④ 台湾《两岸金融业务办法》第 5 条之一第 2 项。

团体、其他机构及其海外分支机构从事新台币的金融业务往来。①

4. 鉴于政府开放陆资来台后，两岸经贸往来及人员交流将更为频繁，台湾的金融机构与中国大陆的个人、法人从事新台币的金融业务往来，其管理架构原则比照办理。如依据《两岸金融业务办法》的规定，金融机构与在台湾有居留资格②或登记证照的中国大陆个人、法人为新台币金融业务往来，比照与台湾人民往来。③

至于与未取得国内居留资格或登记证照的大陆个人、法人从事新台币业务往来，台湾当局基于往来风险的考虑，并为配合其放宽陆资投资国内不动产政策，《两岸金融业务办法》明确规定，新台币授信业务，以银行及信用合作社对未取得国内居留资格的大陆个人办理不动产物权担保放款业务为限，且授信对象须经许可在国内取得、设定不动产物权。至于授信以外的其他新台币业务，则比照与未取得国内居留资格或登记证照的外国人往来。④

（四）建立严格的陆资入台投资风险控制体制

1. 坚持开放陆资以对台湾有利为前提

台湾当局开放陆资入台投资是以不冲击台湾产业为前提，无论制造业、服务业或公共工程开放项目，均经过审慎的评估，以循序渐进方式推动。对于社会对陆资入台仍有顾虑的部分，现阶段均采取严格限制或有配套措施，如禁止赴大陆投资的核心技术产业，不开放陆资来台投资；公共工程发包不开放陆资；采取配套措施防范炒作房地产等。⑤

2. 对陆资入台投资坚持事前许可制

《两岸人民关系条例》第73条首先规定了"大陆地区人民、

---

① 台湾《两岸金融业务办法》，第5条之一第1项。
② 所谓"居留资格"，系指持有台湾长期居留证或台湾依亲居留证者。
③ 台湾《两岸金融业务办法》第5条之一第2项。
④ 同上。
⑤ 台湾"行政院大陆委员会"：《开放陆资来台从事事业投资政策说明》（2009年6月30日）第5条之三（一）。

法人、团体、其他机构或其于第三地区投资的公司，非经主管机关许可，不得在台湾从事投资行为"①。可见，根据《两岸人民关系条例》的规定，对于陆资入台直接投资，台湾当局采取的是事前许可制。2009 年实施的《来台投资办法》不但明确规定，中国大陆投资者"应申请许可"才能在台湾进行投资行为。② 该《办法》还进一步规定，"投资人依本办法投资者，应填具投资申请书，检附投资计划、身份证明、授权书及其他有关文件，向主管机关申请许可；投资计划变更时，亦同"③。即中国大陆人民、法人、团体、其他机构或其于第三地区投资的公司，必须事先取得台湾的主管机关——"经济部"许可后，才能够赴台设立子公司、分公司、独资或合伙事业。

同时，如前所述，根据《在台设立分公司办法》，中国大陆的营利事业在台湾设立分公司或办事处，也必须经过台湾主管机关的许可。④

3. 对陆资设定严谨的管理门坎

台湾当局在《来台投资办法》中不仅对大陆投资者作了明确的规定，⑤ 即大陆投资者是指在台湾从事投资行为的中国大陆人民、法人、团体、其他机构或其于第三地区投资的公司。而且为避免陆资经由第三地投资事业来台投资，规避《来台投资办法》的适用，《来台投资办法》对于如何确定第三地区投资的公司也有明确规定。所谓"第三地区投资的公司"，是指"大陆地区人民、法人、团体或其他机构投资第三地区"且"直接或间接持有该第三地区公司股份或出资总额逾百分之三十"或者"对该第三地区公

---

① 台湾《两岸人民关系条例》第 73 条第 1 款（2009 年修订）。
② 台湾《来台投资办法》第 4 条。
③ 台湾《来台投资办法》，第 9 条。
④ 台湾《在台设立分公司办法》第 7 条、第 8 条。
⑤ 台湾《来台投资办法》第 3 条。

司具有控制能力"①。

对于如何来理解和判断"具有控制能力"，台湾当局也予以了明确的规定。根据新近公布的《大陆地区人民来台投资许可办法第3条规定之解释》，《来台投资办法》中所称的具有"控制能力"，是指中国大陆人民、法人、团体或其他机构对第三地区公司具有下列情形之一者：

（1）与其他投资人约定下，具超过半数的表决权股份的能力。

（2）依法令或契约约定，可操控公司的财务、营运及人事方针。

（3）有权任免董事会（或约当组织）超过半数的投票权，且公司的控制操控于该董事会（或约当组织）。

（4）有权主导董事会（或约当组织）超过半数的投票权，且公司的控制权于该董事会（或约当组织）。

可见，对于大陆人民、法人、团体或其他机构，直接或间接持有第三地区公司股份或出资额超过30%，或其对该第三地区公司的控制达到如上所规定的"具有控制能力"的四种情形之一，即被认定为陆资，应适用该《来台投资办法》的规定。

4. 证券投资超过一定比率视同直接投资

《来台投资办法》明确规定，中国大陆企业投资上市、上柜及兴柜公司的股票，如果单次或累计投资股份在10%以上者，视为直接投资，应依《来台投资办法》办理。②

5. 设置严格的防御条款

《来台投资办法》对于中国大陆投资者的投资资格作了严格的限制和禁止规定。如中国大陆投资者如果是中国大陆"军方投资或具有军事目的的企业者，主管机关应限制其来台投资"③。陆资来台投资在经济上如具有独占、寡占或垄断性地位，在政治、社

---

① 台湾《来台投资办法》第3条。

② 同上，第4条。

③ 同上，第6条。

会、文化上具有敏感性或影响"国家"安全，或对"国内"经济
发展或金融稳定有不利影响，台湾主管机关将禁止其投资。① 并
且，目前台湾当局已经确定有 138 家大陆国有企业，其中 9 家军方
投资企业，目前不得赴台投资外，其他 129 家国有企业若涉及敏感
性问题，主管机关均可禁止其来台投资。②

6. 建立后续查核机制

为了加强对资金透过第三地公司入台投资的查核，针对实收资
本额新台币 8000 万元以上的陆资投资事业，《来台投资办法》明
确规定该陆资投资事业应每年向主管机关申报财务报表，并同股东
名簿，报主管机关备查。必要时，台湾的主管机关可以要求该陆资
投资事业申报资金来源或其他资料。且台湾的主管机关为查验前两
项资料，或掌握陆资投资事业的经营情况或活动，必要时可以派员
前往调查，陆资投资事业不得规避、妨碍或拒绝。③

另外，对于中国大陆人民在台湾工作及其受雇佣的期限，需要
经过台湾的主管机关批准，且原则上受雇期间不得超过一年。④ 虽
然，依据《两岸人民关系条例》的规定，经由申请且经过批准，
对于受雇在台湾工作的中国大陆人民和符合条件⑤的在台湾从事商
务或工作居留的中国大陆人民，居留期间最长为三年，期满时可以
申请延期。⑥ 但是，根据《两岸人民关系条例》第 16 条第 1 项的

---

① 台湾《来台投资办法》，第 8 条。

② 台湾"行政院大陆委员会"：《开放陆资来台从事事业投资政策说明》
(2009 年 6 月 30 日) 第三条之二 (四)。

③ 台湾《来台投资许可办法》第 11 条。

④ 台湾《两岸人民关系条例》第 11 条 (2009 年修订，下同)。

⑤ 台湾《两岸人民关系条例》第 17 条规定，要求的条件是：一、符合
第十一条受雇在台湾工作之大陆地区人民。二、符合第十条或第十六条第一
项来台从事商务相关活动之大陆地区人民。

⑥ 台湾《两岸人民关系条例》第 17 条。

条件①来看，显然对于陆资投资台湾并没有多大帮助。

三、评析

马英九当政的台湾当局在台商投资大陆方面的政策有了一定程度的"松绑"，如将台商投资大陆的投资上限由原来的40%提高到了60%，减少了禁止台商投资大陆的投资或技术合作项目，降低了审批门槛，简化了台商投资大陆的审批程序和手续。应该说，台湾当局对于台商投资大陆政策的"松绑"将对台商投资大陆的投资布局和扩大投资等方面产生积极的影响。

但是，我们也要看到，目前台湾当局在开放台商投资大陆方面的步伐还过于谨慎，甚至在很多方面依然停滞不前。如前所述，在开放台商投资大陆的投资或技术合作项目上，仅仅减少了3项，并没有多大的变化。在审批台商投资大陆的某些类型的投资上，台湾主管机关受理审查原则没有任何变化。对于未经台湾主管机关批准在中国大陆从事投资或技术合作，其产品或经营项目经主管机关公告列为一般类和禁止类的情形，台湾当局依然采取非常严格的处罚措施，等等。

适逢2008年下半年开始爆发的全球金融危机导致全球经济低迷和2008年、2009年全球范围内国际投资减少，②台湾当局实施以上有限"松绑"台商投资大陆的政策与法律对于推动台商投资大陆的效果还有待后续观察。

在开放陆资入台直接投资方面，目前台湾当局开启了两岸双向直接投资的新篇章，在陆资入台直接投资方面已经取得了一定的成绩，其积极意义不容忽视。如截至2009年7—12月，台湾"经济部"核

---

① 台湾《两岸人民关系条例》第16条第一项的条件是：台湾人民的直系血亲及配偶，年龄在七十岁以上、十二岁以下者。

② See UNCTAD, *World Investment Report* 2009, United Nations, 2009, p. 3.

准陆资来台投资件数为 23 件，核准投资金额计 3748.6 万美元。[1]
2010 年，陆资赴台投资额为 1735 万美元。[2] 但是目前台湾仅仅非
常有限度地开放陆资入台投资的产业和项目；同时，不仅对陆资入
台投资依然采取较为严格的事前许可制、对陆资设定严谨的管理门
坎、设置严格的防御条款和建立后续查核机制，而且台湾继续保持
了非常重视陆资和入台大陆人民对台湾的"国家"安全方面的防范。[3]

从台湾最新的《侨外投资负面表列——禁止及限制侨外人投
资业别项目》[4] 来分析，目前侨外投资中制造业均按照"国民"待
遇规范，外国人投资服务业中的邮政及快递业、邮政储金汇兑业亦
为"国民"待遇，而无线广播及电视业、特殊娱乐业、路上运输
业、其他法律服务业等服务业业别虽有若干限制，但台湾对于外国
人投资的相关法令已符合国际规范。可见，台湾当局现有这种有限
开放陆资入台从事事业投资的政策与法律制度，与台湾目前对外国
人投资的开放程度相比较，仍有不小的差距。[5]

笔者认为，虽然台湾当局对于开放陆资入台投资政策的原则中

---

① 台湾"经济部"投审会：《1998 年 12 月（即 2009 年 12 月——作者
注）核准侨外投资、陆资来台投资、"国外"投资、对中国大陆投资统计新闻
稿》，http：//investtaiwan. nat. gov. tw/news/news _ chn _ display. jsp? newsid =
583&MID = 8，2010 – 01 – 21。

② 商务部：《2010 年中国对外直接投资统计公报》，第 37 页。

③ 如现行台湾《来台投资许可办法》第 2 款第 3 项规定，对于大陆投
资者的投资申请，如果在政治、社会、文化上具有敏感性或影响"国家"安
全，台湾主管机关将禁止其投资。台湾"内政部"修正《大陆地区人民申请
进入台湾面谈管理办法》第 14 条第 5 款规定，经查大陆地区人民有影响"国
家"安全、社会安定之虞情形的，其申请案不予许可；已许可者，应撤销或
废止其许可。

④ 台湾《侨外投资负面表列——禁止及限制侨外人投资业别项目》
(2008 年)。

⑤ 谭瑾瑜：《陆资来台效益评估》，载《交流》（台湾）第 106 期（2009
年 8 月号）。

首先提到的是"以台湾为主，对人民有利"原则，但是，目前关于开放陆资入台直接投资的具体政策与法律制度却表现出过于强调"以台湾为主"，没有真正落实"对人民有利"，也忽视了两岸经贸合作的深入应该是建立在"互利合作"的基础上。

另一方面，台湾当局至今未出台任何鼓励陆资入台投资的政策与保护陆资入台直接投资的法律制度。而中国大陆在改革开放之初，国务院即颁布《关于鼓励台湾同胞投资的规定》，"鼓励台湾的公司、企业和个人在大陆投资"。[①] 并且"为了保护和鼓励台湾同胞投资"，[②] 1994 年 3 月 5 日，中国大陆还专门通过了《中华人民共和国台湾同胞投资保护法》，将鼓励和保护台湾同胞投资纳入全国人大常委会正式通过的法律层次保护，二者形成了鲜明的对比。

实际上，就陆资入台直接投资问题，有关调查显示，受访的陆资企业中有高达 82% 都想投资台湾，其中有 58% 的企业愿意投入 2—3 成资金投资台湾。[③] 尽管台湾对侨外资的保护基本上提供的是不低于台湾内资的保护待遇，但是，由于两岸关系的特殊性，以及台湾当局一直对于大陆事务实施的是独立的、专门性的法律制度，显然，台湾当局保护侨外资的法律制度并不能自动适用于入台直接投资的陆资。入台直接投资的陆资能否受到台湾相关法律制度的保护以及受到法律保护的程度如何，在一定程度上将决定着大陆投资

---

① 1988 年国务院《关于鼓励台湾同胞投资的决定》第 1 条。

② 1994 年《中华人民共和国台湾同胞投资保护法》第 1 条。

③ 就陆资入台直接投资问题，台湾的《Money 钱》杂志曾特地横跨中国大陆北京、上海、深圳 3 大城市，分别就该三大都会区的中国本地基金公司进行最完整的《陆资投资台湾关键报告》大调查。参见杨伶雯：《陆资投资台湾关键报告，82% 的陆资都想投资台湾》，载《商业周刊》（电子版），http://smart. businessweekly. com. tw/webarticle2. php? id＝12305，2009－10－21。

者入台投资的意愿与投资信心。[①]

因此，为实现两岸双向直接投资的持续、稳定发展，台湾当局不仅应该公平地对待陆资入台直接投资，而且应该适时地制定相应的保护入台直接投资陆资的法律制度。正如 OECD 在其公布的《投资政策框架》中所指出的，"投资政策的质量直接影响到所有投资者的决定。透明度、产权保护和非歧视是投资政策原则，这些原则加强了创造稳定投资环境努力的基础。"[②]

---

① 在如前《陆资投资台湾关键报告》中，关于"大陆投资者投资台湾最怕遇到什么风险？以政治变动的 41.3% 最高，其次是不熟悉产业变化占 25.3%……"参见杨伶雯：《陆资投资台湾关键报告，82% 的陆资都想投资台湾》。

② OECD, *policy Framework for Investment*, 2006, p. 13.

第六章 构建适应全球化发展的 两岸直接投资法律体制

在全球化的背景下和国际投资规则一体化发展的今天，两岸政府不仅各自需要完善和建立相应的两岸直接投资法律制度，还需要充分利用 WTO 框架下的区域贸易安排机制，建立双边层次的两岸直接投资法律框架，为两岸直接投资从初步正常化走向正常化，法制化最终走向自由化，提供持续、稳定、可预期的法律体制。

第一节 全球化背景下两岸直接投资法律制度的调整

一、中国大陆关于两岸直接投资法律制度的调整

（一）完善台商权益保护机制

1. 台湾地区中国大陆保护台商合法权益的基本观点

从海基会举办的多场专家座谈会、苏北及广东地区的一些台商协会和有关台商协会领导的意见等整理来看，台商与专家对于中国大陆保护台商合法权益存在的问题主要集中在如下几个方面：①

（1）中国大陆《台湾同胞投资保护法》自 1994 年公布迄今已有 15 年，《台湾同胞投资保护法实施细则》自 1999 年公布实施至今也有 10 余年的历史，一直未修订，台商有修订的需求，尤其针对征收补偿及人身安全规定部分。

---

① 海基会：《探讨大陆台商投保法实施细则修法内容座谈会纪实》（2009 年 8 月 13 日），载海基会：《两岸经贸》2009 年 9 月号；林震岩：《〈台湾同胞投资保护法实施细则〉修订之研议》，载海基会：《两岸经贸》2009 年 12 月号。

（2）投资合法权益保障较严重的问题主要体现在在地方具体落实不足方面，特别表现在当地政府的重视程度影响台商的投资保障，认为《台湾同胞投资保护法》的具体落实，完全依系当地首长对台商的重视程度，《台湾同胞投资保护法》保障还不如地方首长重视，《台湾同胞投资保护法》不是问题而是执行与落实问题等。特别是在解决台商投资纠纷方面，台商对中国大陆还有不少的期许。[1]

（3）台商投资形式及项目的限制：过去台商无法以个人或本来的名义进行投资，需借中国大陆人的身份及名义进行投资，产生"隐性台商"的问题，[2] 对台商的投资或权益造成不必要的损失或伤害。[3]

（4）人身安全保障：主要针对大陆现有法令将经济案件当成刑事案件处理。

---

① 如台湾商业总会在 2007 年针对上市公司进行"中国大陆投资争端解决机制调查"问卷调查显示，在中国大陆协助台商投资纠纷处理满意度，仅 23.8% 选择满意，选择差强人意为 70.66%，相对不满意度仅 1.99%，满意度远大于不满意度，但高达 7 成的台商选择差强人意。参见李允杰：《两岸新形势下签署双向投资保障协议之分析》，载《展望与探索》（台湾）第 7 卷第 2 期（2009 年 2 月）。

② 关于"隐性台商"投资的法律问题，详见莫世健：《台商隐名投资产生的法律问题思考》，载《时代法学》2009 年第 6 期；姚若贤：《台商隐名投资权益的法律保护》，载《福建法学》2009 年第 3 期。

③ 为鼓励台湾同胞到大陆投资创业，不断深化两岸经贸合作，国务院台办、商务部等部门于 2011 年 12 月 27 日联合发布了《关于开放台湾居民申请设立个体工商户的通知》，自 2012 年 1 月 1 日起，大陆开放台湾居民依照国家有关法律、法规和规章，在北京、上海、福建、重庆等 9 省市，无须经过外资审批，申请设立个体工商户，开放的行业涉及餐饮、零售业。这在一定程度上有助于减少过去因台商不能以个人的名义在大陆投资，往往借当地的"人头"来进行，由此衍生出很多不必要的纷争。当然，目前台湾居民在大陆设立个体工商户的具体登记办法有待后续另行颁布。

（5）仲裁执行问题：主要针对台商在大陆仲裁胜诉后，因还有地方复议执行的问题，往往造成台商虽已取得仲裁裁决，但不被执行的情况产生。

据台湾方面的有关资料显示，近年来台商对于大陆地方政府针对台商土地拆迁补偿、地上物及机器设备补偿基准方面权益的保护异议也比较大，成为台商强烈希望未来列入两岸投资协议中的内容之一。①

2. 修改《台胞投资保护法》等相关法规

尽管大陆已经建立了较为完善的外商投资投资法律保护体系，对于台商权益的保护，从党中央、国务院到各级政府都予以高度重视，也及时出台了专门性的调整台商投资大陆的法律法规，并展开了一系列落实台商权益保护的工作，取得了较好的效果。但是大陆在台商投资权益保障方面仍然存在一些问题。② 对此，时任国台办主任陈云林在 2007 年 4 月 24 日向全国人大常委会进行的《国务院关于台湾同胞投资合法权益保护工作情况的报告》中建议，大陆应该"适时修订台商投资保护法及其实施细则，针对两岸经济关系的新特点和新形势，对台商的投资主体、投资形式、投资领域、投资便利化等，进一步予以明确"，"认真清理与台湾同胞投资合法权益保护工作有关的地方性法规和规章"，"加快台胞投资合法权益保护的立法进程"。

从以上报告来看，再次证明了大陆重视保护台商权益的一贯原则与态度，从该报告中也反映出中国大陆对于台商权益保护存在的问题主要涉及两个大的方面：一是有关台胞投资合法权益的立法完善问题；二是有些地方和部门应该加强依法行政，进一步落实台商

---

① 姜志俊：《两岸投资保障协议架构趋向初探》，载《两岸经贸月刊》2010 年 10 月号。

② 陈云林：《国务院关于台胞投资合法权益保护工作情况的报告》，ht-tp：//www. china. com. cn/policy/txt/2007 – 04/25/content_ 9252692. htm，2009 – 12 – 12。

权益保护工作的问题。

　　有关资料表明，对于推动台商投资保护法的修改，过去两年多来，中国大陆国台办等单位不断前往各地与台商座谈，征询台商的修法意见，[1] 包括大陆拟定的《台胞投资保护法实施细则修正草案》（讨论稿）也通过海基会征求台商与专家的意见。[2]

　　3. 完善台商合法权益保护机制的建议

　　（1）《台湾同胞投资保护法实施细则》修订中对台商特别关注的征收与人身安全问题要进一步明确。如征收条件中"社会公共利益"的界定与范围的明确、补偿标准的确定；台商与大陆投资者之间的民事纠纷（含经济纠纷）按照民事程序处理等。

　　（2）完善地方性法规。对于台胞投资保护问题比较突出并且尚未立法的省市，依据《台湾同胞投资保护法》及其《实施细则》，结合本地实际情况，制定相关地方性法规和规范性文件，为台胞合法权益保护提供一个健全的法制环境。

　　（3）进一步健全保护台湾同胞投资合法权益工作机制。目前国务院各部门都根据各自的职能制定了保护台胞投资合法权益的相关措施，建立起了一套较为完善的台胞投资合法权益保护工作机制，如前述专责处理台商权益保障工作事宜的由23个中央和国家机关共同建立的台商权益保障工作联席会议工作机制。但还存在一些亟待解决的问题，如台胞投资合法权益保护工作缺乏有针对性的行政法规；在联席会议工作机制中，国务院台办对中央和国家机关各部门的协调能力的发挥与协调机制的完善；针对台胞投诉案件数

---

　　① 林则宏：《大陆〈台商投资保护法〉拟修法，有助保障台商投资权益》，载《交流》（台湾），九十八年十二月号（即2009年12月——作者注）第108期。

　　② 海基会：《探讨大陆台商投保法实施细则修法内容座谈会纪实》（2009年8月13日），载海基会：《两岸经贸》2009年9月号；林震岩：《〈台湾同胞投资保护法实施细则〉修订之研议》，载海基会：《两岸经贸》2009年12月号。

量呈递增趋势，特别是合同纠纷较为突出的问题的快速反应与公正公平处理；加大地方政府部门对台商保护工作的执行力度问题等。

（4）进一步完善台商权益保护救济机制

关于台商权益保护救济机制，我国《台湾同胞投资保护法实施细则》中规定，"台湾同胞投资者与大陆的公司、企业、其他经济组织或者个人之间发生的与投资有关的争议，当事人可以通过协商或者调解解决。当事人不愿协商、调解的，或者经协商、调解不成的，可以依照合同中的仲裁条款或者事后达成的书面仲裁协议，提交中国的仲裁机构仲裁。大陆的仲裁机构可以按照国家有关规定聘请台湾同胞担任仲裁员。当事人未在合同中订立仲裁条款，事后又未达成书面仲裁协议的，可以向人民法院提起诉讼。"① 可见，台商与大陆的公司、企业、其他经济组织或者个人之间发生与投资有关的争议，可以采取协商或者调解、仲裁以及诉讼等解决方式。

在实践中，台商在处理民商事纠纷方面，一般采取三种途径：其一是行政程序和投诉机制。这主要由国台办和各地台办来履行。各级政府的台办部门有责任宣传保护台商权益的政策，而且要帮助协调和解决台商在大陆所遇到的一些纠纷和问题。其二是司法途径。包括行政诉讼和民事诉讼，行政诉讼主要针对大陆政府部门及相关人员侵害台商权益的问题，民事诉讼是通过司法的途径来解决民事案件、商事纠纷。其三是仲裁。②

对于仲裁解决争议，值得肯定的是，考虑到台商权益的保护，我国的有关仲裁机构非常好地落实了该《实施细则》中关于"大陆的仲裁机构可以按照国家有关规定聘请台湾同胞担任仲裁员"的规定，发挥聘请的台湾仲裁员的作用，切实保护台商合法权益。例如，为了进一步保障台商的合法权益，2007年12月，国台办在

---

① 《台湾同胞投资保护法实施细则》第29条。

② 于健龙（中国国际经济贸易仲裁委员会秘书长）：《发挥仲裁优势，保护台商合法权益》，http://www.chinataiwan.org/tsfwzx/qybh/zf/200803/t20080325_613003.html，2010-01-11。

新闻发布会上宣布，中国大陆将在原有 16 家仲裁委员会的基础上，增加 21 家仲裁委员会聘请台湾地区专业人士担任仲裁员。截至 2008 年 3 月，中国大陆仲裁机构共聘请台湾仲裁员约五六十人，还将进一步增加聘请台籍仲裁员的人数。而且中国国际经济贸易仲裁委员会已经与台湾最主要的仲裁机构——中华仲裁协会建立了仲裁交流机制。此外，这两个仲裁机构还在探讨建立联合调解和联合仲裁的争议解决机制。①

《台湾同胞投资保护法实施细则》修正草案第 28 条规定"可提交两岸或双方认可的仲裁机构仲裁……也可以向台湾地区的法院提起诉讼"②，显然也再次表明大陆对于如何保护台商权益的重视程度和保护台商合法权益的着实努力。从该修正草案第 28 条规定来看，拟将原来《实施细则》中仅仅允许向大陆的仲裁机构申请仲裁的规定，修改为"可提交两岸或双方认可的仲裁机构仲裁"。甚至对过去只能向大陆的人民法院提起诉讼的情形，拟修改为"也可以向台湾地区的法院提起诉讼"。明确了拟进一步加大台商选择争议解决方式和解决机构的自由权利，将有利于保护台商的合法权益。

由此，笔者认为，关于改善台商权益保护救济机制，主要存在涉及台商权益保护救济与地方保护主义冲突的解决问题，为此，应该建立确保台商合法权益保护救济程序中的行政复议程序的畅通与及时答复以及司法判决和仲裁裁决及时、有效执行的机制。同时，如果将来允许台商选择台湾的法院提起诉讼，关于诉讼管辖权的问

----

① 于健龙（中国国际经济贸易仲裁委员会秘书长）：《发挥仲裁优势，保护台商合法权益》，http://www.chinataiwan.org/tsfwzx/qybh/zf/200803/t20080325_613003.html，2010 – 01 – 11。

② 海基会：《探讨大陆台商投保法实施细则修法内容座谈会纪实》（2009 年 8 月 13 日），载海基会：《两岸经贸》2009 年 9 月号；林震岩：《〈台湾同胞投资保护法实施细则〉修订之研议》，载海基会：《两岸经贸》2009 年 12 月号。

题应该在相关法律中予以明确。

（二）制定鼓励和促进陆资入台直接投资的法律制度

胡锦涛总书记在纪念《告台湾同胞书》发表 30 周年座谈会上的讲话中明确表示："鼓励和支持有条件的大陆企业到台湾投资兴业。"为促进两岸双向直接投资，实现两岸经济互利共赢，大陆适时地出台了相关法规。如 2008 年 12 月，国家发改委、国务院台办发布了《关于大陆企业赴台投资项目管理有关规定的通知》。2009 年 5 月，商务部、国务院台办发布了《关于大陆企业赴台湾地区投资或设立非企业法人有关事项的通知》。

从该两个《通知》规定来看，大陆鼓励"具备投资所申报项目的资金、行业背景、技术和管理实力"且"在大陆依法注册、经营的企业法人"作为"大陆投资主体赴台湾地区投资"[1]，且明确规定："鼓励大陆企业积极稳妥地赴台湾地区投资"[2]，"鼓励和支持大陆企业结合两岸经济发展和产业特点赴台湾地区投资或设立非企业法人"[3]，但是并没有出台相关的政策与法律法规来明确具体的鼓励措施、方式等，使得以上两个《通知》中关于鼓励陆资入台直接投资的规定变得更具有宣示性，无法产生实际的鼓励或者促进陆资入台直接投资的效果。加之鼓励和促进陆资入台直接投资本身是个系统工程，包括投资项目的选择、投资资金转移、经营管理、投资风险（包括政治风险）控制等，以上两个《通知》仅仅属于部门规章，其法律地位在我国的法律位阶中过低，将使得现有两个《通知》中的鼓励性宣示变得更加空洞。

以上两个部门规章中的有关规定还存在自相矛盾之处。如对于

---

[1] 国家发改委、国务院台办《关于大陆企业赴台湾地区投资项目管理有关规定的通知》（2008）第 3 条。

[2] 同上，第 1 条。

[3] 商务部、国务院台办《关于大陆企业赴台湾地区投资或设立非企业法人有关事项的通知》（2009）第 2 条。

赴台投资的投资主体，有的规章中规定是"大陆企业"①，有的规定则是仅限于"在大陆依法注册、经营的企业法人"②。由于"企业"中既包括法人式企业，也包括非法人式企业，所以"企业"的范围明显地宽于"企业法人"。其次，在审查批准大陆投资主体时存在多头审批且相互矛盾现象。如尽管以商务部牵头发布的规章中规定"商务部按照《境外投资管理办法》（商务部2009年第5号令）负责赴台湾地区投资或设立非企业法人的核准工作"③，但是国家发展改革委牵头发布的规章中规定"国家发展改革委按照《境外投资项目核准暂行管理办法》对申请项目进行核准和管理，国家发展改革委在审核项目前须征求国务院台办的意见。重大投资项目，须经国家发展改革委商国务院台办审核后报国务院核准"④。所以，以上两个《通知》中对于赴台投资的投资主体方面的上述矛盾之处首先应该进行调整，应该统一规定界定"企业"的定义，如涵盖大陆的公司、企业或者其他经济组织，或者直接规定赴台投资的主体包括大陆的公司、企业或者其他经济组织。

因此，我国应该着手研究并尽快出台具体性的促进和鼓励大陆企业赴台直接投资的法律制度（可考虑与保护入台直接投资的法律制度一同作出规定，下文将进一步论述）。内容至少应该涉及有关具体的鼓励措施、鼓励方式；明确促进和鼓励入台直接投资的产业（结合台湾开放的产业）；明确对入台直接投资进行必要协助与辅导的方式和途径；协助入台直接投资纠纷的解决；是否给予赴台投资的补助；等等。同时，考虑到如前所提及的入台直接投资涉及

---

① 商务部、国务院台办《关于大陆企业赴台湾地区投资或设立非企业法人有关事项的通知》（2009）第1条。

② 《关于大陆企业赴台湾地区投资项目管理有关规定的通知》第3条第1款。

③ 《关于大陆企业赴台湾地区投资或设立非企业法人有关事项的通知》第4条。

④ 《关于大陆企业赴台湾地区投资项目管理有关规定的通知》第5条。

面非常广，需要多个部门的协助与配合，甚至是联动，为便于协调，要明确主管机关的职能与协调事项，同时，有必要提高鼓励大陆企业赴台直接投资的法律规范的位阶，如首先考虑国务院行政法规的层次，再根据实施的情况上升到全国人大常委审议通过的法律层次。

尽管 2010 年 11 月 9 日国家发展改革委、国务院台办发布了《大陆企业赴台湾地区投资管理办法》，① 但是，该《管理办法》除了进一步明确大陆对陆资赴台投资的基本原则——应遵循互利共赢和市场经济原则并宣示性地表示鼓励和促进陆资赴台投资之后，更主要的是从"投资管理"的角度进行规定，如进一步明确了陆资赴台投资的核准手续与程序等事项，并没有针对如何鼓励和促进陆资赴台投资作出相应的规定。

（三）建立保护陆资入台直接投资的法律制度

1. 出台保护陆资入台直接投资的专门法律

如前所述，就陆资入台直接投资问题，台湾《Money 钱》杂志曾特地横跨中国大陆北京、上海、深圳 3 大城市的中国本地基金公司进行最完整的《陆资投资台湾关键报告》大调查，一方面说明大陆企业赴台投资的意愿非常高，另一方面也显示大陆投资者特别担心政治变动带来的投资风险。② 从台湾"经济部"投审会公布的统计数据显示：自 2009 年 6 月 30 日台湾开放陆资入台直接投资以来，截至 2009 年 7—12 月，台湾"经济部"核准陆资来台投资件数为 23

---

① 《大陆企业赴台湾地区投资管理办法》（发改外资〔2010〕2661 号）自发布之日起生效，《关于大陆企业赴台投资项目管理有关规定的通知》和《关于大陆企业赴台湾投资或设立非企业法人有关事项的通知》同时废止。

② 该《陆资投资台湾关键报告》显示，受访企业中有高达 82% 的陆资都想投资台湾，其中有 58% 的陆资企业愿意投入 2—3 成资金投资台湾。但是，对于大陆投资者投资台湾最怕遇到什么风险，调查结果显示，以政治变动的41.3% 最高。参见杨伶雯：《陆资投资台湾关键报告，82% 的陆资都想投资台湾》，载《商业周刊》（台湾），http://smart.businessweekly.com.tw/webarticle2.php? id =12305，2009 - 10 - 21。

件，核准投资金额计 3748. 6 万美元，① 且主要为航空类项目投资的实际情况来分析，目前陆资入台直接投资，还处于探索和起步阶段，远没有达到原来预期的效果。这既与马英九当政的台湾当局对于陆资入台直接投资仍然设置有许多障碍，允许陆资入台直接投资的项目限制依然很多有关，也与台湾至今没有建立任何促进、鼓励和保护陆资入台直接投资的法律制度有必然联系，因此，有着极强投资意愿的中国大陆投资者对于入台直接投资更多还只能处于观望状态。②

另外，大陆方面也应尽快出台保护陆资直接投资的法律制度，内容主要涉及：负责协调与处理保护入台直接投资陆资主管机关及其职能，明确受保护的投资者及其投资的范围、投资保护的方式、投资保护预警机制与救济机制、政治风险预防与分担机制（下文将进一步论述）等内容。同时，为立法成本的考虑和更好地保证关于陆资入台直接投资法律适用的统一性，可以考虑与前述的促进和鼓励陆资入台直接投资的法律制度合并处理。

2. 建立保护陆资入台直接投资的海外投资保险机制

从两岸经贸关系的发展历程来看，两岸经贸关系的发展受到两岸政治关系的变动影响非常大。前述《Money 钱》的《陆资投资台湾关键报告》调查结果也证明大陆投资者投资台湾最怕遇到的是政治变动带来的风险。在国际投资领域，"对政治风险的担忧，经常造成一些外国投资者对潜在的投资裹足不前。"③ 而海外投资

---

① 台湾"经济部"投审会：《1998 年 12 月（即 2009 年 12 月——作者注）核准侨外投资、陆资来台投资、"国外"投资、对中国大陆投资统计新闻稿》，台湾"经济部"投审会网站，http：//investtaiwan. nat. gov. tw/news/news_ chn_ display. jsp？newsid = 583&MID = 8，2010 - 01 - 21。

② 截至 2011 年 5 月底，台湾"经济部"核准陆资入台投资件数为 147件，核准投资金额计 1. 52 亿美元。参见《台湾"经济部"近三年执政绩效——开放陆资来台》，台湾"经济部"网站，http：//www. moea. gov. tw/Tapp/main/content/Content. aspx？menu_ id = 3645，2011 - 12 - 24。

③ ［美］劳伦·S. 威森贾尔德：《多边投资担保机构的十五年发展历程》，徐崇利译，载《国际经济法学刊》第 9 卷（2004），第 196 页。

政治风险的防范与投资风险的分担，最典型的国内法机制莫过于海外投资保险制度。基于两岸关系的特殊性，笔者认为我国要建立有特色的保护陆资入台直接投资的海外投资保险制度，为入台直接投资的陆资保驾护航。

随着中国大陆唯一的专业出口信用保险机构——中国出口信用保险公司于 2001 年 12 月 18 日正式揭牌运营，中国大陆初步建立了海外投资保险机制。根据该保险机构的现行海外投资保险机制，在香港、澳门、台湾和中华人民共和国境外注册成立的企业、金融机构，如果其 95% 以上的股份在中华人民共和国境内的企业、机构控制之下，可由该境内的企业、机构投保。① 投资的形式涵盖直接投资，包括股权投资、股东贷款、股东担保等，且不论投资是否已经完成。② 也即对于赴台直接投资的陆资，原则上可以利用中国的海外投资保险机制。因此，对于拟赴台直接投资或者已经赴台直接投资的企业，首先可以考虑充分利用我国的海外投资保险机制，根据投资项目的实际情况，依据投保的条件和程序进行投保，以减少入台直接投资的政治风险。

其次，由于我国的海外投资保险承保机构——中国出口信用保险公司是我国的出口信用保险机构。尽管该机构的承保业务涉及海外投资保险，但是该机构的主要业务是出口信用保险。从我国企业利用该海外投资保险机制的实际情况来看，该机构承保海外投资保险的业务只是附带的业务，我国企业海外投资过程中利用海外投资保险制度的程度并不高。③ 这可能与我国的海外投资保险制度还处于初级阶段，制度本身存在不完善，如在投保程序透明、手续简

---

① 《中国出口信用保险公司投保指南——海外投资保险》。

② 同上。

③ 王毅（中国出口信用保险公司总经理）：《在"第四届国家风险管理论坛"致辞》（2009 年 12 月 29 日），中国出口信用保险公司网站，at http://www.sinosure.com.cn/sinosure/fxlt/2009/ldzc.html，2010 - 02 - 16。

化、投保可预期性以及投保成本等方面需要改善①有一定的关系，也可能与中国出口信用保险公司对其承保海外投资保险业务的宣传以及与企业的对接有一定的关系。

因此，要为入台直接投资的陆资保驾护航，真正促进和保护陆资入台直接投资，必须配合我国鼓励与保护陆资入台直接投资法律制度，建立我国有特色的陆资入台直接投资的海外投资保险机制。

首先，要适时地扩大申请投保的投资者范围。现有的海外投资保险制度中，尽管允许包括在台湾地区注册成立的企业、金融机构，如果其95%以上的股份在中华人民共和国境内的企业、机构控制之下，可由该境内的企业、机构投保。但是，这种规定存在两个方面的问题：第一，规定申请投资的主体资格必须是境内的企业、机构，而限制了在台湾地区设立的企业作为投保的主体资格；第二，该保险制度中的"企业"，我们可以理解为包括法人式企业和非法人式企业。且国家发展改革委和中国出口信用保险公司于2005年1月25日发布的《关于建立境外投资重点项目风险保障机制有关问题的通知》规定，由中国出口信用保险公司提供境外投资保险服务，包括"承保境内投资主体因征收、战争、汇兑限制和政府违约等政治风险遭受的损失"②。该《通知》还规定，"在中华人民共和国境内注册的企业法人均可申请为其提供境外投资项目风险保障服务。"③但是，从我国关于大陆企业赴台投资的有关部门规章中，规定的合格投资主体仅限于大陆的"企业法人"。④当然，由于我国的海外投资保险机制还没有以法律，甚至是以国家

---

① 慕刘伟、王晓坤：《如何规避投资风险》，载《财经科学》2004 年第 3 期。

② 《关于建立境外投资重点项目风险保障机制有关问题的通知》（发改外资〔2005〕113 号）第 3 条第 4 款。

③ 《关于建立境外投资重点项目风险保障机制有关问题的通知》（发改外资〔2005〕113 号），第 3 条。

④ 《大陆企业赴台湾地区投资管理办法》（2661 号）第 4 条。

有关机关的部门规章的形式予以确定，而仅仅停留在由中国出口信用保险公司内部操作的"投保指南"的层次，所以当该机构的"投保指南"中的规定与部门规章相冲突的时候，应该以部门规章为准。但是，至少目前中国的非法人式企业赴台投资的资格都存在问题，自然谈不上如何为赴台直接投资进行投保政治风险的问题。因此，要扩大申请投保的投资者范围，还涉及未来出台的关于鼓励和保护赴台直接投资的法律中要允许中国的非法人式企业赴台投资的资格。

其次，加大赴台直接投资陆资提供政治风险保险的力度。这里既包括投保程序透明、手续简化、投保可预期性以及投保成本等方面的改善，也包括加大赴台直接投资陆资提供政治风险保险的宣传力度以及承保机构与企业的对接，增强企业赴台投资的信心，以此落实鼓励和促进大陆企业赴台直接投资的政策。

二、台湾地区关于两岸直接投资法律制度的调整

（一）全面遵守 WTO 规则及其"入世"承诺

由于 WTO 协议"对所有成员具有拘束力"①，WTO 的"每一成员应确保其法律、法规和行政程序与所附各协议对其规定的义务一致"。② 台湾当局在其"入世"承诺中，也已经确认将全面执行其在 WTO 协议和加入 WTO 议定书中义务，除非在其"入世"工作组报告和加入议定书中有特殊规定。③ 台湾当局也承诺，台湾现在和将来都不会采用任何与 TRIMs 协议不一致的措施。④ 在服务贸易具体承诺减让表中，关于投资的市场准入限制，有关商业存在方式，台湾当局承诺，除了在具体服务部门中的特定限制措施之外，

---

① 《建立 WTO 协议》第 2 条第 2 款。

② 同上，第 16 条第 4 款。

③ See WTO, *Working Party on the Accession of Chinese Taipei*, WT/ACC/TPKM/18，para. 15.

④ *Ibid.*，para. 141.

外国商人和个人可以在台湾直接投资,[①] 而且台湾当局不会对任何处于从典型计划经济转为自由市场经济进程中的发展中成员方在 WTO 协议下获得的权利提出任何主张。[②]

因此,"台湾必须遵守工作组报告中的各项承诺事项、接受并遵守 WTO 各项协定规定以及附件一(关税减让表及服务承诺表)与附件二(特别汇兑协定)之各项承诺"。[③] 除非符合 GATS 的特定例外,台湾当局给 WTO 任何成员的利益、优惠、特权或豁免,都应全面履行 MFN 义务。

实际上,台湾在加入 WTO 之初的"台湾加入 WTO 相关政策说明"报告案中已提到,台湾"必须遵守 WTO 规范,恪遵入会承诺,善尽作为 WTO 会员的责任"[④]。然而,事实上民进党当政时期,台湾对来自中国大陆的投资者及其投资与来自 WTO 其他成员的投资者及其投资给予的是完全两种不同的待遇。即使目前台湾当局开放陆资入台直接投资,台湾当局对陆资入台直接投资的限制依然较多,并没有全面履行 WTO 义务及其"入世"承诺,而且台湾现有这种有限开放陆资入台直接投资的政策与法律制度,"与台湾目前对外国人投资的开放程度相比较,仍有不小的差距",[⑤] 因此台湾当局首先应该全面实施 WTO 规则与履行其"入世"承诺,这是台湾作为 WTO 成员应该履行的基本义务。

[①] See WTO, *Report of the Working Party on the Accession of Chinese Taipei, Part II – Schedule of Specific Commitments on Services List of Article II MFN Exemptions*, WT/ACC/TPKM/18/Add. 2, p. 2.

[②] See WTO, *Working Party on the Accession of Chinese Taipei*, WT/ACC/TPKM/18, para. 6.

[③] 黄立、李贵英、林彩瑜:《WTO:国际贸易法论》,元照出版公司(台湾)2005 年版(第三版),第 62 页。

[④] 陆委会(台湾):《台湾加入 WTO 相关政策说明报告案》,http://210.34.17.178:809/Article/1993 – 08 – 06/239. html,2009 – 03 – 12。

[⑤] 谭瑾瑜:《陆资来台效益评估》,载《交流》(台湾)第 106 期(2009 年 8 月号)。

（二）进一步放宽两岸直接投资政策

"有某理则某种事物可实际地有而不必有。如某种事物能为实际地有，则必先有某种底势"①。当今世界，全球化已经是不可逆转的趋势，或是"大势所趋"。面对这种大"势"，任何国家或地区唯有审时度势且顺势而为方可乘势而上。台湾当局自李登辉掌权以来实施的两岸经贸紧缩政策本来就已经偏离这种大"势"，陈水扁上台后执行的两岸经贸政策更是与这种大"势"背道而驰。本文第五章所述的事实足以证明无论是偏离大"势"还是与大"势"背道而驰的做法都是台湾经济发展的桎梏。

在全球化的大背景下，面对国际投资规则一体化和自由化的发展趋势，以及两岸经贸内在紧密联系的特点，台湾当局应该全面理解和把握大"势"，并且顺"势"而为。为此，台湾当局应该在开放两岸直接投资方面进一步作出着实努力。

1. 进一步放宽台商投资大陆的限制

首先应该肯定的是，目前台湾当局将台商投资大陆的投资上限由原来的40%提高到了60%，减少了禁止台商投资大陆的投资或技术合作项目，降低了审批门槛，简化了台商投资大陆的审批程序和手续，将对于台商投资大陆的投资布局和扩大投资等方面产生积极的影响。

但是，台湾当局在开放台商投资大陆方面的步伐还过于谨慎，甚至在很多方面依然停滞不前。如前所述，在开放台商投资大陆的投资或技术合作项目上，台湾当局禁止台商投资中国大陆的投资或者技术合作的项目总计554项，相比民进党执政时期禁止的项目总计557项，仅仅减少了3项，并没有多大的变化。在农业产品项目和基础建设项目上没有增加任何开放的项目。在审批台商投资大陆的某些类型的投资上，如对创业投资公司投资大陆的审批，台湾主管机关受理审查原则没有任何变化，可见台湾的主管部门依然保留了

---

① 王贵国：《理一分殊——刍论国际经济法》，载《比较法研究》1999年第13卷第3—4期。

审批台商赴大陆投资的较大自由裁量权。此外，对于未经台湾主管机关批准在中国大陆从事投资或技术合作，其产品或经营项目经主管机关公告列为一般类和禁止类的情形，台湾当局依然采取非常严格的处罚措施。

因此，台湾当局应该进一步开放台商投资大陆的项目，改变某些投资类型项目的严格审查制度，给予台商投资大陆更大的自主权，减轻对台商的处罚措施等。

2. 进一步开放陆资入台直接投资

在开放陆资投资台湾方面，目前台湾当局已经发布了《来台投资许可办法》和《在台设立分公司许可办法》等法规，公布了陆资投资台湾的投资项目清单和陆资来台审批流程，初步确立了有限开放陆资入台直接投资的政策，掀开了两岸双向投资的新篇章。但是台湾现有这种有限开放陆资入台直接投资的政策与法律制度，与"台湾目前对外国人投资的开放程度相比较，仍有不小的差距"①。即使经过两次逐步放宽，目前台湾开放陆资入台直接投资的产业和项目依然非常有限，② 对陆资入台投资依然采取较为严格的事前许可制、对陆资设定严谨的管理门坎、设置严格的防御条款和建立后续查核机制，且当局继续保持了非常重视陆资和入台大陆人民对台湾的"国家"安全方面的防范。③

---

① 谭瑾瑜：《陆资来台效益评估》，载《交流》（台湾）第106期（2009年8月号）。

② 2011年3月2日，台湾"经济部"公布《第二阶段大陆地区人民赴台投资业别项目》，至今包括制造业累计开放89项，占台湾制造业细类212项之42%；服务业累计开放138项，占台湾服务业细类326项之42%；公共建设累计开放20项，占促参法公共建设次类别分类83项之24%。商务部网站，http://tga.mofcom.gov.cn/aarticle/a/jinqidongtai/201103/20110307437761.html，2012－01－01。

③ 《来台投资许可办法》（2009年6月30日发布）第2款第3项、2009年8月20经台湾"内政部"修正的《大陆地区人民申请进入台湾地区面谈管理办法》第14条第5款。

笔者认为，台湾当局不能过于担心开放陆资入台投资对台湾产业造成的冲击影响，不能过于关注开放产业的复杂性和敏感性，也不能仅考虑开放陆资必须有助于台湾产业发展及借此增强外国人对台湾投资环境的信心，[①] 更不能仅仅是"由于危机所迫，不得不做些姿态"[②]，台湾应该更全面、更正确理解陆资入台投资的积极作用，而非"防范"在前；同时，台湾当局应该全面按照 WTO 规则的要求并切实履行其"入世"承诺，公正和平等地对待陆资入台直接投资，尽快比照侨外资投资台湾的待遇，进一步开放陆资入台直接投资的产业和项目，降低对陆资设定的管理门坎，放宽中国大陆企业入台直接投资的审查条件限制，延长中国大陆人民在台湾工作及其受雇佣的期限，而且，在陆资入台投资之后的经营、管理等过程中，台湾当局也应该给予中国大陆投资者及其投资以台湾内资的同等待遇，等等。

（三）提高现有陆资入台直接投资法律规范的效力层次

对于法律渊源，台湾有学者将其划分为直接法律渊源和间接法律渊源。直接法律渊源，是指直接发生法律效力者，如"宪法"、法令、自治法规、"条约"等，也称为成文法法源。[③] 根据台湾"'中央'法规标准法"的规定："法律得定名为法、律、条例或通则"，[④]且该法还规定"法律应经'立法院'通过，'总统'公布"。[⑤]

---

① 台湾当局目前开放陆资入台投资项目的考量原则是：（1）有助于台湾产业发展及带动投资，可增强外人对台湾投资环境信心的项目，优先开放。（2）配合两岸签署的协议，双方承诺开放的投资项目，包括航空运输业及船舶运送业，优先开放。（3）对台湾产业可能造成冲击影响，业者不及调适者，现阶段不开放。（4）涉及层面较复杂及敏感性高的产业，现阶段不开放。参见台湾"大陆事务委员会"：《开放陆资来台从事事业投资政策说明》。

② 梅新育：《陆资入台的机遇与挑战》，载《中国外资》2009 年第 6 期。

③ 除直接法律渊源之外，间接法律渊源，是指须经过国家的承认，才发生效力者，如习惯、法理、判例、学说等，亦称为不成文法源。参见郑玉波：《法学绪论》，元照出版公司（台湾）2005 年版，第 17 页。

④ 台湾"'中央'法规标准法"（2004 年 5 月修订）第 2 条。

⑤ 同上，第 4 条。

根据台湾"宪法"中的规定:"本'宪法'所称之法律,谓经立法院通过,'总统'公布之法律"①,所以尽管法律与命令可并称为法令,但狭义的法律专指由立法机关经过立法程序所制定之法律。②而"命令"是指台湾的"主管机关发布之命令,得依其性质,称规程、规则、细则、办法、纲要、标准或准则"③。依此规定,台湾"各机关依其法定职权或基于法律授权订定之命令,应视其性质分别下达或发布,并即送'立法院'"④。即主管机关发布的"命令"无须通过台湾"立法院"的立法程序。在效力层次上,台湾当局也规定,"法律不得抵触'宪法',命令不得抵触'宪法'或法律,下级机关订定之命令不得抵触上级机关之命令"⑤。即"法律与宪法抵触者无效"⑥,"命令与宪法或法律抵触者无效"⑦,显然,"命令的效力不若法律强"。⑧另外,"命令"与"法律"二者制定程序不同,"命令"是由台湾各机关制定或公布,无一定的程序,而法律的制定须经立法程序。⑨

目前,台湾调整陆资入台直接投资法律制度的法律渊源除了《两岸人民关系条例》中的原则性规定外,⑩还涉及陆资入台直接投资具体事项,如投资者定义、出资种类、投资许可、投资项目等

---

① 台湾"宪法"第 170 条。
② 郑玉波:《法学绪论》,元照出版公司(台湾)2005 年版,第 17 页。
③ 台湾"'中央'法规标准法"第 3 条。
④ 同上,第 7 条。
⑤ 同上,第 11 条。
⑥ 台湾"宪法"第 171 条第 1 款。
⑦ 同上,第 172 条。
⑧ 郑玉波:《法学绪论》,元照出版公司(台湾)2005 年版,第 18 页。
⑨ 同上。
⑩ 如《两岸人民关系条例》(2009 年修订)第 72 条和第 73 条的规定。按照台湾"'中央'法规标准法"的规定,《两岸人民关系条例》的效力层次属于台湾的"法律"。

问题的规定几乎都是由台湾主管机关发布的"命令"来予以调整。① 如前所述的《来台投资办法》、《在台设立分公司办法》和《〈大陆地区人民来台投资办法〉第 3 条规定之解释》都是由台湾"经济部"发布的"命令"。根据台湾"'中央'法规标准法"规定，"命令之废止，由原发布机关为之。"② 换言之，除了《两岸人民关系条例》中的原则性规定之外，目前台湾调整陆资入台直接投资法律制度的法律渊源，仅仅停留在台湾主管机关发布的"命令"效力层次，所以不仅效力层次相对较低，而且台湾主管机关可以"基于政策或事实之需要"认为有必要时对其原来发布的"命令"进行修正。③ 而根据台湾"'中央'法规标准法"规定："法律之废止，应经'立法院'通过，'总统'公布。"④ 显然，《来台投资办法》、《在台设立分公司办法》等台湾主管机关发布的"命令"，在效力层次和稳定性上既不如台湾的"公司法"、"所得税法"，也不如台湾的《外国人投资条例》、《华侨"回国"投资条例》、《促进产业升级条例》等。⑤

"投资政策的质量直接影响到所有投资者的决定，无论是小的投资者或者大的投资者，国内投资者或外国投资者。"⑥ 投资政策的稳定性和可预期性是投资者判断投资政策质量的重要因素。即对于投资者而言，特别注重投资东道国或投资地区投资环境的稳定性和可预期性。作为"命令"，其可能表现出针对性强的特征，但是另一方面主管部门对其修订或废除的程序相对简单，灵活性强和变

---

① 实际上台湾关于台商投资大陆法律制度的法律渊源也是如此。

② 台湾"'中央'法规标准法"第 22 条第 2 款。

③ 同上，第 20 条第 1 款。

④ 同上，第 22 条第 1 款。

⑤ 按照台湾"宪法"和"'中央'法规标准法"的规定，台湾的"公司法"、"所得税法"、《促进产业升级条例》、《外国人投资条例》和《华侨"回国"投资条例》的效力层次都属于台湾的"法律"。

⑥ OECD, *policy Framework for Investment*, 2006, p. 13.

化快，这在一定程度上将影响投资者的投资意愿和投资信心。

在对待华侨和外国人投资台湾方面，台湾在引进侨外资初期即很快修正发布了效力层次更高的"法律"。如本文第四章所述，台湾于 1952 年首次核准华侨投资案，1953 年核准外国人投资案，1954 年 7 月 14 日，台湾即发布《外国人投资条例》，1955 年，台湾也把 1952 年制定的《鼓励华侨和旅居港澳人士来台举办生产事业投资办法》和《自备外汇进口货物来台进行生产投资的有关规定》两项临时性的"应急"措施①规定加以合并，修订成为《华侨"回国"投资条例》。此后，台湾虽然先后多次对《外国人投资条例》、《华侨"回国"投资条例》进行了多次修订，但其目的是使台湾对侨外资的政策在投资范围、审批手续、结汇限制方面更趋合理。② 在较长一段时期，台湾的外资政策与法律制度总体上呈现出稳定性、连续性和优惠性的特点，保证了侨外资厂商在台湾投资的中长期利益，使外商投资保持兴旺，历久不衰，有增无减。③

同样的道理，陆资入台直接投资也需要持续、稳定的投资法律环境，特别是两岸关系背景复杂，历史上两岸经贸往来受两岸关系发展变化的变动也比较大，加之台湾不同党派对于两岸经贸政策的态度和所坚持的原则存在分歧，这些都可能带来投资风险，所以，如果具体调整陆资入台直接投资法律制度的法律渊源仅仅停留在台湾主管机关制定的"命令"效力层次，显然无法保证陆资入台投资法律环境的稳定性和可预期性。因此，笔者认为，台湾当局应该尽快将专门调整陆资入台直接投资的"命令"上升至《华侨"回国"投资条例》、《外国人投资条例》、"公司法"等同等法律效力

---

① 刘进庆：《战后台湾经济分析》，厦门大学出版社 1990 年版，第 317 页。

② 余先予主编：《台湾民商法与冲突法》，东南大学出版社 2001 年版，第 454—455 页。

③ 张子凤：《浅析台湾侨外资政策》，载《国际贸易》1987 年第 12 期。

层次的"法律"。当然，所涉及的内容还应涵盖鼓励和保护陆资入台直接投资的事项（见下文阐述）。

（四）建立鼓励和保护陆资入台直接投资的法律制度

尽管台湾当局从 2001 年就开始规划与调整大陆企业赴台投资事宜，但迟迟无法取得实质成果的主要原因就在于很多政策仅限于规划阶段，或是限制过多，使得所谓的开放政策缺乏可操作性，失去实际意义。[①] 从目前台湾出台的有关调整陆资入台直接投资的法规来看，虽然明确了开放陆资入台直接投资的政策，但是，其重心明显在于如何管理和监督陆资入台直接投资，反映出目前台湾对于开放陆资入台直接投资的谨慎心态。因为从现有规定来看，台湾当局强调的是"台湾利益"，担心的是不能突出"台湾主体"，防范的是陆资入台可能带来的各种不利影响，乃至对台湾的"国家安全"的影响。

至于鼓励和保护陆资入台直接投资，台湾当局现有的规定中没有任何肯定的答案，在笔者看来，台湾当局现有的规定似乎仅仅在向世人展示其一种姿态：台湾已经开放陆资入台投资。实际上，"如果一国或地区建立稳定的投资环境，投资促进和便利措施能够成为吸引新的投资者有用的文件"。[②] 因此，台湾当局应该尽快出台促进和鼓励陆资入台直接投资的法律制度，明确促进和鼓励陆资入台直接投资的具体措施、方式等，使得台湾当局开放陆资入台直接投资的政策能够切实可行。

另外，尽管台湾当局对侨外资的保护基本上提供的是不低于台湾内资的保护待遇，但是由于两岸关系的特殊性，以及台湾当局一直对于中国大陆事务实施的是独立、专门性的法律制度，显然，台湾当局保护侨外资的法律制度并不能自动适用于入台直接投资的陆资。就陆资入台直接投资问题，有关调查显示，一方面受调查的企

---

① 李非、汤韵：《海峡两岸双向投资的方式和领域》，第四届两岸经贸文化论坛论文（2008 年上海）。

② See OECD, *policy Framework for Investment*, 2006, p. 29.

业中有高达 82% 的陆资都想投资台湾，另一方面大陆投资者投资台湾最怕遇到的风险是政治变动。[1] 该调查有力地说明了入台直接投资的陆资能否受到台湾相关法律制度的保护以及受到法律保护的程度如何，在一定程度上将决定着大陆投资者入台投资的意愿与投资信心。正如有台湾学者所指出的，"尤其是在张铭清事件与陈云林会长所遭遇的抗争事件之后，未来陆资与陆商势必对台湾的政治环境产生不确定感"[2]。

因此，台湾当局应该尽快出台相关的法律，明确陆资入台投资所享有的待遇标准、征收保护、"保护伞条款"保护、争端解决保护等投资者特别关注和重视的问题，以切实的态度吸引陆资入台直接投资。

总之，进一步开放两岸直接投资，特别是开放陆资入台直接投资，不仅仅是台湾全面履行 WTO 规则及其"入世"承诺义务的要求，也是在全球化趋势的背景下，台湾应对被边缘化的危险，改善其投资经营环境之顺"势"而为的需要。为此，台湾当局应该完善有关的法律、法规，进一步开放两岸直接投资，特别是为开放陆资入台直接投资而着实努力。

三、推动两岸双向直接投资法律体制

多年以来，台湾当局和台商对于保护台商投资大陆权益事宜，仅有大陆单方面的国内立法来加以保护颇有微词，[3] 迫切希望就此进行双向投资保护协议的谈判与签署。在台湾，也有学者提出需要

---

[1] 杨伶雯：《陆资投资台湾关键报告，82% 的陆资都想投资台湾》，载《商业周刊》（电子版），at http://smart.businessweekly.com.tw/webarticle2.php? id = 12305，2009 - 10 - 21。

[2] 李允杰：《两岸新形势下签署双向投资保障协议之分析》，载《展望与探索》（台湾）第 7 卷第 2 期（2009 年）。

[3] 林则宏：《大陆〈台商投资保护法〉拟修法，有助保障台商投资权益》，载《交流》（电子版）（台湾），九十八年十二月号。

两岸正式协商并签订双向投资保护协议来确切保障台商权益的建议。① 海基会董事长江丙坤于 2008 年 11 月 27 日在由海基会主办的"福建地区台商投资保障座谈会"上也表示，台商们最为关心的第一个问题是避免双重课税的协议的问题，第二个问题则是投资保障，希望两岸在签署投资保障协议之后，对他们的权益多一层保护。②

由于陆资入台投资最为担心的是投资风险，特别是两岸关系发展变化带来的政治风险。加上台湾不同党派角力带来的政治斗争的复杂性，也可能影响到陆资入台直接投资的投资意愿与投资信心，并且直接涉及投资者的合法投资利益。这反映了投资者希望有持续、稳定、有保障的投资环境来保障其投资的合法权益。

目前，陆资入台直接投资还处于初步阶段，两岸直接投资的法律基本处于"部门规章"或者"命令"的效力层次，未来陆资能否持续、稳定地入台直接投资，入台直接投资的陆资在台湾享受的待遇如何，能否享受应有的公正与公平待遇等，不仅仅是中国大陆政府和投资者所关注的问题，也应该是台湾当局落实两岸双向直接投资，改变投资不平衡，实现两岸经贸关系正常化必须考虑的事项。台商关心的投资大陆合法权益的保护问题，同样也是两岸政府予以高度重视的问题。"法律机制是两岸关系和平发展框架贯彻落实的重要保障"③，笔者认为，两岸直接投资的法律体制是两岸关系和平发展框架中的重要一环，因此除了两岸有关部门各自出台或

---

①　两岸早于 1995 年 5 月第二次"辜汪会谈"第一次预备性磋商时即达成共识，将"有关台商投资权益保障协议问题"纳入协商议题，但其后因两岸协商中断，以致双方未能就该项议题进行协商、达成协议。参见王泰铨：《台商在大陆投资权益之保障》，海基会两岸经贸网：http：//www.seftb.org/tbinfojsp/front/upload/116640763051503.doc，2006－12－18。

②　江丙坤：《台商权益保护已列下次两会协商议事日程》，你好台湾网，http：//www.nihaotw.com/zt/ztkb/200811/t20081129_411392.htm，2010－01－11。

③　周叶中：《论建构两岸关系和平发展框架的法律机制》，载《法学评论》2008 年第 3 期。

完善两岸直接投资的政策与法律制度之外，还必须推动两岸双向直接投资的法律体制。

第二节　全球化背景下构建两岸双向直接投资法律框架

一、构建两岸双向直接投资法律框架的形式与路径

（一）双边投资条约（BITs）模式的选择

目前全球已经缔结了一个庞大的 BITs 的全球网络，[①] 而且 BITs 在国际投资关系中正在扮演日益重要的角色。[②]

对于两岸之间签订双向投资保障协议，自 1991 年开始，台湾政、商界不断有人提出要和中国大陆签署双向投资保障协定的意见。[③] 在台湾宣布有限度开放陆资入台投资之后，台湾有学者也提出签署两岸"两岸投资保障协议"乃当务之急。[④] 中国大陆也有学者建议，在陆资入岛前，两岸"两会"（即海峡两岸关系协会和海峡交流基金会）签订"两岸投资保障协议"，保障两岸同胞投资的双向性。[⑤] 但是笔者认为，目前两岸间不宜签署传统意义上的 BIT。理由如下：

其一，BIT 实践主要是在国家与国家之间签订。不仅仅第一个

---

① See UNCTAD, *Recent Developments in International Investment Agreements* (2008 - *June* 2009), United Nations, 2009, p. 2.

② See UNCTAD, *Bilateral Investment Treaties 1959 - 1999*, United Nations, 2000, p. iii.

③ 陈彦佑：《中国双边投资保障协定与台商投资保护法令之比较研究》，（台湾）国立中正大学法律学研究所硕士论文（2006），第167—169页。

④ 李允杰：《两岸新形势下签署双向投资保障协议之分析》，载《展望与探索》（台湾）第7卷第2期（2009年）。

⑤ 刘震涛：《对两岸双向投资权益保障问题的探讨》，第四届两岸经贸文化论坛（上海），2008年。

BIT 是产生在国家之间,[①] 而且至今绝大多数 BIT 都是由国家与国家之间签订。尽管当今社会有少量的 BIT 是在非主权主体与国家之间缔结,如中国香港缔结 BIT 的实践,也得到了国际社会的认可。这说明在现代国际法下,并不否定非主权主体参与国际经济领域活动中缔结协定的权力及其缔结协定的法律效力。同时,也要注意到,香港无论是在英国管治下还是在中国对香港恢复行使主权之后,作为 BIT 缔约一方,香港都是在明确获得了主权政府或者主权国家的批准或者授权之后缔结 BIT,且在 BIT 中都有具体明确的表达。这与香港政府本身不具有主权身份的法律地位是相适应的,所以也得到了 UNCTAD 与 ICSID 政府间国际组织的认可。

台湾地区是中国领土不可分割的一部分,台湾地区不具有主权地位,这是中国大陆必须坚持的基本原则;而在台湾的实践中,台湾多坚持以"中华民国"或者"中华民国"政府的名义成为 BIT 的缔约方。如果两岸之间就传统 BIT 模式进行谈判,台湾方面势必坚持签订 BIT 时必须体现两岸对等,台湾地位不能被"矮化"等,因此,对此议题短期内两岸政府恐怕根本无法达成共识。

其二,BIT 的核心是投资保护问题,无法涵盖两岸间就投资问题所涉及诸多方面。尽管近年来,BITs 已经出现投资自由化的发展变化,[②] 但是 BIT 的核心依然是投资保护问题。如征收保护问题一直是 BIT 谈判中排列在前的问题,[③] 甚至,征收保护问题是投资协议中首要和最重要的问题,[④] 且在已缔结的 BITs 中,往往涵盖有绝对和相对保护标准之分,其中绝对保护标准包括公平和公正待

---

① See UNCTAD, *Bilateral Investment Treaties* 1995 – 2006: *Trends in Investment Rulemaking*, United Nations, 2007, p. 1.

② See UNCTAD, *International Investment Rule – Making*: *Stocktaking, Challenges and the Way Forward*, United Nations, 2008, p. 17.

③ See UNCTAD, *Bilateral Investment Treaties* 1995 – 2006: *Trends in Investment Rulemaking*, United Nations, 2007, p. 44.

④ See UNCTAD, *Investment Provisions in Economic Integration Agreements*, United Nations, 2005, p. 106.

遇、充分保护和安全标准、依据国际法的最低标准待遇。目前还有少量 BITs 更详尽地规定了最低标准待遇的含义，包括公正和公平待遇原则与充分保护和安全待遇标准的关系。①很显然，传统 BIT 形式无法解决两岸投资从目前的投资单向走向两岸投资正常化，最终走向自由化的法律机制目的。

在以上两个原因中，基于两岸关系的特殊背景，笔者认为恐怕第一个原因是最难以逾越的障碍。尽管台湾有学者指出，"两岸之间签署'双向投资保障协议'（BIA）取代'双向投资保障协定'（BIT）可避免敏感的主权争议"②，然而，首先就该"协议"签署方的名义就难以达成一致。即使以"两会"签订"两岸投资保障协议"，③ 但两岸投资问题的复杂性远远不能以原则性和程序性的规定即可解决两岸投资保证问题，而应该涉及如投资待遇、投资保证、征收保护、投资争端解决等非常具体的问题，之后还将涉及两岸各自相关法律制度的调整。加之，从历史上看，"两会"协商机制本来就受两岸政治因素变化的影响比较大，显然，"两会"协商机制下签订的协议无法满足两岸投资未来发展的需求。④ 所以，如果从长远角度规划，应该选择一种更具有长效机制的途径或方式（下文将进一步论述）。

---

① See UNCTAD, *International Investment Rule – Making: Stocktaking, Challenges and the Way Forward*, United Nations, 2008, p. 43.

② 李允杰：《两岸新形势下签署双向投资保障协议之分析》，载《展望与探索》（台湾）第 7 卷第 2 期（2009 年）。

③ 刘震涛：《对两岸双向投资权益保障问题的探讨》，第四届两岸经贸文化论坛论文（2008 年上海）。

④ 当然，本文并不反对通过"两会"协商机制来协商两岸投资保护的问题，更不否认目前"两会"协商机制所达成的系列协议所产生和将产生的积极作用，只是认为可以考虑一种更为长效、稳定，又能避免主权敏感问题的协定形式。

（二）WTO 框架下 RTAs 形式的选择

2008 年 6 月 12 日，中断九年的两岸制度化协商正式恢复，"两会"先后签署了两岸《旅游协议》、《空运协议》、《海运协议》、《邮政协议》等多项协议，两岸民众期盼已久的直接"三通"也迈出了历史性步伐，两岸关系迎来了大交流、大合作的新局面。2010 年 6 月 29 日"两会"签署了 ECFA。[①]

笔者认为，在充分肯定这些成绩的同时，也要认识到，"两会"协商机制签署的协议如果涉及两岸间相互给予优于各自给予其他 WTO 成员更优惠的待遇，则至少理论上势必会受到 WTO 其他成员的质疑或者起诉。因为两岸政府都是 WTO 成员，含投资交流在内的两岸经贸政策与法律必须遵守 WTO 规则。此外，从"两会"协商机制历史来看，这种协商机制受两岸政治因素变化的影响比较大[②]。因此，要确保两岸间经贸关系的长期、稳定发展和逐步走向自由化，仅仅停留在"两会"协商机制还远远不够。

1. 选择 FTA 作为两岸经济合作协议形式

作为 WTO 成员，两岸间经贸关系的发展遵守 WTO 规则，这既是 WTO 规则的基本要求，也是两岸政府履行"入世"承诺的应尽义务。同时，两岸政府自然也有权充分享有 WTO 框架下的所有权利，如对 WTO 框架下 RTA 形式的有效利用即为 WTO 成员享有

---

① 商务部官网资料表明，ECFA "内容基本涵盖了两岸间的主要经济活动，是一个综合性的、具有两岸特色的经济协议"。http://tga.mofcom.gov.cn/aarticle/e/201006/20100606995185.html，2011 – 10 – 26。

② "两会"协商机制的重新启动是基于承认"九二共识"为前提和基础。但是，在新近台湾地区领导人竞选中，民进党主席蔡英文在公布《十年政纲》的《"国家安全"战略篇》和《两岸经贸篇》的记者会上，明确表示不接受"九二共识"。台湾有学者认为，蔡英文基本上是将海峡对岸定位为敌人，所以中国大陆的崛起和两岸经贸的增加都被视为对台湾的威胁。参见庞建国：《都是两岸经贸惹的祸？》，"国家"政策研究基金会出版物（电子版）科经（评）100 – 169 号，2011 年 10 月 21 日。

的权利之一。只是如果选择缔结 RTA，则必须符合 WTO 规则中关于签署 RTA 的条件和要求。①

由于两岸关系的特殊背景，特别是台湾可能不当利用 WTO 平台寻求所谓"国际空间"和操弄不合理的"对等"舆论，这恐怕是中国大陆也不得不考虑的因素。

关于两岸间商签的经济合作协议是否在 WTO 的框架下进行，该协议是否是 RTA 的性质，台湾"经济部"国际贸易局设置的"两岸经济合作架构协议"（简称 ECFA）专属网站公布的材料中，对于 ECFA 的定位是：不采港澳模式，也非一般的自由贸易协议（FTA），而是属于两岸特殊性质的经济合作协议，不违背世界贸易组织（WTO）精神。②

对于两岸商签经济合作协议，中国大陆方面有明确表态和积极行动，如胡锦涛总书记指出"两岸可以为此签定综合性经济合作协议，建立具有两岸特色的经济合作机制"。③ 国务院总理温家宝指出"通过商签两岸经济合作框架协议，促进互利共赢，建立具有两岸特色的经济合作机制"。④ 国务院台办主任王毅在"2009 两岸关系研讨会"上指出，"如双方都认为有需要，在海协会和海基会的第

---

① 关于 WTO 成员缔结或签署区域贸易协定的条件的规定，主要体现在 GATT 第 24 条关于"关税同盟和自由贸易区"的规定和 GATS（服务贸易总协定）第 5 条关于"经济一体化"的规定。

② 《两岸经济合作架构协议（ECFA）介绍》，台湾"两岸经济合作架构协议"（ECFA）专属网站，http：//www. ecfa. org. tw/ShowNotice. aspx？id = 49&catalogue = ECFA，2010 - 03 - 03。

③ 胡锦涛：《携手推动两岸关系和平发展，同心实现中华民族伟大复兴——在纪念〈告台湾同胞书〉发表 30 周年座谈会上的讲话》，国务院台办网站，http：//www. gwytb. gov. cn/hu6dian/2008123101. html，2010 - 01 - 16。

④ 温家宝：《政府工作报告（十一届全国人民代表大会第三次会议》，http：//news. sina. com. cn/c/2010 - 03 - 05/112019797023. shtml，2010 - 03 - 08。

四次会谈中可以就商签协议问题交换意见，并推动这一进程。"①

笔者认为，如果两岸之间的经贸合作仅仅只是需要解决从目前的不正常化到正常化，并为此建立制度化机制，倒不必借助 RTA 形式。但是，如果两岸经贸合作要走向自由化，需要充分发挥两岸经贸合作本来具有的优势，需要为两岸经贸合作提供持续、稳定的法律框架，并寻求优惠于各自在 WTO 协定下"入世"承诺的合作条件，则两岸之间的经济合作协议必须在 WTO 框架下建构，需要充分利用 RTA 机制所具有的优势。② 理由如下：

（1）WTO 成员的权利。

两岸政府已经都是 WTO 的正式成员，两岸间经贸关系的发展首先应该遵守 WTO 规则，同时，作为 WTO 成员，两岸政府也可以充分享有 WTO 框架下任何权利，包括签署涵盖 FTA 在内的 RTA 的权利，这是毋庸置疑的。

（2）两岸间 RTA 性质协议不会提升台湾单独关税区地位。

根据 WTO 关于其成员方资格的规定，WTO 的成员方，既可以是主权国家，也可以是单独关税领土区。只要有关的主权国家或者单独关税领土区遵守 WTO 规则，按照《建立 WTO 协定》规定的条件和程序，该主权国家或者单独关税领土区可以成为 WTO 的创始成员或者加入成员。目前在 WTO 成员当中，大部分是具有主权身份和地位的国家，但也包括非主权的单独关税区成员，如目前 WTO 成员中既包括欧盟——这一高度发达的区域一体化经济组织，也包括中国香港、中国澳门和中国台北在内的单独关税领土区作为

---

① 商务部网站：《王毅在 2009 两岸关系研讨会开幕式上的讲话》，ht-tp：//tga. mofcom. gov. cn/aarticle/zhongyts/200910/20091006580715. html，2009 - 10 - 28。

② 在"两会"签署 ECFA 后，商务部官方网站公布的资料表明，ECFA "是一个综合性的、具有两岸特色的经济协议"，并将 ECFA 纳入中国签署的自由贸易协定之中。分别参见商务部官网，http：//fta. mofcom. gov. cn/；http：//tga. mofcom. gov. cn/aarticle/e/201006/20100606995185. html，2011 - 10 - 26。

WTO 的成员。

无论从一般国际法还是 WTO 法律来考量，RTA 并不一定是主权国家之间经贸合作的专属概念和法律形式。无论是 GATT，还是 WTO，都没有将 RTA 界定为主权实体之间协定的产物，而是界定为依照"一组关税领土"之间协议而建立的。① 因此在 WTO 的框架下，同一个主权下的两岸之间签署 RTA 性质的协议，不会导致台湾地区的法律地位上升为主权主体地位。②

（3）WTO 中的主权主体与单独关税区之间 RTAs 广泛存在。

根据 WTO 公布的资料显示，自 1973 年开始，欧共体或者欧盟先后与包括冰岛、挪威、智利、以色列等国家缔结了大量的 RTAs，截至 2009 年 10 月 1 日，欧共体或者欧盟对外缔结的 RTAs 中有 27 个已经生效。③ 欧盟正在谈判当中的 RTAs 有 7 个，其中包括欧盟与印度、乌克兰等国之间的 RTA 谈判，且欧盟与韩国之间的 FTA 已经草签。④ 显然，欧盟签署的这些 RTAs 并不会改变欧盟作为一个区域性国际经济组织的性质，不会因此而导致欧盟具有主权主体的身份和地位。

中国香港与中国澳门都是以单独关税领土区名义成为 WTO 的单独成员方，中国内地与香港、澳门之间的 CEPA 毫无疑问也是属于 RTA 性质上的协议。同理，并不会因为中国香港与中国澳门与具有主权地位的中国政府之间签署了 CEPA，使中国香港和中国澳门从此拥有了主权国家的地位。

尽管台湾与中美洲的几个所谓"友邦国家"签署 FTA 时出于

---

① 曾令良：《两岸贸易便利与自由化的法律形式》，载王贵国主编：《两岸四地经贸安排研究》，北京大学出版社 2006 年版，第 40—43 页。

② 同上，第 41 页。

③ WTO 网站，http：//rtais. wto. org/UI/PublicAllRTAList. aspx，2009 - 11 - 03.

④ WTO 网站，http：//rtais. wto. org/UI/publicPreDefRepByCountry. aspx，2009 - 11 - 04.

政治方面的考量，台湾以"中华民国"或"中华民国"政府或者"中华民国"（台湾）名义成为 FTA 的缔约一方，但从 WTO 受理登记并公布的台湾 FTAs 来看，WTO 认可台湾在 RTA 中的身份依然是台湾加入 WTO 时的名义，即台湾、澎湖、金门、马祖单独关税区，简称中国台北的名义。① 可见，台湾对外签署 FTAs 的实践，在国际上也只能证明台湾地区仅仅是一个单独关税区的身份和地位属性，不会因此而使台湾具有主权的身份和地位。

由此，WTO 成员签署 RTAs 的广泛实践，从实证角度有力地证明了 WTO 成员中的主权主体与单独关税区之间可以签署区域贸易协定（RTA），且并不会因为 WTO 中的单独关税区成员与主权主体成员之间签署了 FTA 而改变该单独关税区的主体资格与地位。

笔者认为，作为同属于 WTO 成员的两岸，只要之间经济合作协议内容的确定是以 WTO 框架下建立 RTA 的条件为依据，则该协议在法律性质上就属于 RTA 的性质，② 正如中国内地与香港、澳门之间的 CEPA 以及《中国—东盟全面经济合作框架协议》虽然都没有采取 FTA 或者自由贸易区的名称，但是都已经列入 WTO 的 RTAs 数据库，即为显见的例证，毕竟"协定的名称不能作为依据"③。

2. RTAs 不同模式的选择

即使选择 RTAs 形式，那么是参照 RTAs 中的突出代表——北美自由贸易协定（以下简称 NAFTA）模式，还是采取中国最早践行 RTA 形式的 CEPA 模式，抑或中国与东盟十国之间先框架后具

---

① WTO, *Taipei, Chinese—List of notified RTAs in force*, at http: //rtais. wto. org/UI/Public PreDefRepByCountryRTAList. aspx? enc = BGNDAo9i1u5NEK0fWo0 Yn1Tnu6im + eQI4YAWpxMNQWk = , 2009 - 11 - 04.

② 由于两岸同属于一个主权中国，ECFA 在法律性质上不同于国与国之间的 FTA，而是一个特殊性质的 FTA。

③ 曾令良：《WTO 框架下两岸经济合作框架协定的法律定位》，载《时代法学》2009 年第 6 期。

体的建立自由贸易区模式呢?

(1) NAFTA 模式。

1994 年 1 月 1 日正式生效的 NAFTA 与同时期或早期的其他 FTA 相比,其显著特征之一是专设投资篇章,即 NAFTA 第 11 章。该章的内容包含有关于投资自由化、投资保护和投资争端解决的最详细和全面的规定,尤其规定了一整套东道国对待外国投资者及其投资的强制性待遇标准。NAFTA 第 11 章关于投资的详细规定为美国、加拿大和墨西哥三国间的投资流动起到了良好的促进和保护作用,[①] 也有力地推动了 NAFTA 三国之间的经济一体化进程。NAFTA 关于投资篇章设立的形式及其有关规定成为了后续众多 FTAs 效仿的模式。[②] 甚至,我国与新西兰于 2008 年 4 月 7 日正式签署的 FTA,在一定意义上与 NAFTA 模式有些类似。[③]

笔者曾经指出,由于两岸间政治、经济形势的复杂性,如果希望将敏感的投资问题在两岸间综合性的经贸合作机制中一步到位加以详尽、明确的规定,恐怕难以成形。从针对马英九提出两岸间签署"两岸经济合作架构协议"(ECFA)的倡议,台湾在野党即在采取不同的形式予以抵制可见一斑。如台湾在野政党将 ECFA 与"主权"问题混为一谈,[④] 强调双方签订 ECFA 的身份定位不清,反对两岸签订 ECFA。民进党批评 ECFA 与 CEPA 相同,都是在"一国两制"前提下签订的文件,强调两岸签订 ECFA 必然会"矮

① 涂志玲:《NAFTA 十年回顾与展望》,载《求索》2005 年第 4 期;谌国庭、冯峰:《北美自由贸易协定对墨西哥经济的影响》,载《拉丁美洲研究》第 27 卷第 2 期 (2005 年)。

② See UNCTAD, *Investment Provisions in Economic Integration Agreements*, United Nations, 2006, p.45.

③ 我国与新西兰 FTA 的第十一章,专设了投资篇章,就两国间投资促进和保护等问题作出了明确的规定。

④ 谢英士:《两岸协议的法律定位——一个文本之粗略观察》,载《台湾国际法季刊》第 5 卷第 4 期 (2008 年)。

化"台湾，因此对 ECFA 仍然采取强烈反对、杯葛到底的态度。①
可见，如果要强行将两岸直接投资所涉及的问题一次性在两岸拟商
定中的经济合作协议中加以规定，反而可能会因为投资问题谈判的
进度而影响到两岸经贸合作机制建立的进程。因此，我们似乎只能
作另外的选择。②

（2）CEPA 模式。

中国大陆与香港、澳门特区政府于 2003 年分别签署了内地与
香港、澳门《关于建立更紧密经贸关系的安排》（CEPA），2004 年
至 2011 年 11 月年又先后分别签署了八个 CEPA《补充协议》③。
CEPA 是"一国两制"原则的成功实践，是内地与港澳制度性合作
的新路径，是内地与港澳经贸交流与合作的重要里程碑，是中国国
家主体与香港、澳门单独关税区之间签署的自由贸易协议，也是中
国第一个全面实施的 FTA。④

那么，两岸经贸合作机制能否参照 CEPA 模式呢？笔者认为，
这在法理上并没有问题，因为 CEPA 在性质上就是 FTA，且 CEPA
为推动内地与香港、澳门的经济合作也确实发挥了积极作用。⑤ 但

---

① 陈华升：《对两岸签订 ECFA 相关政治问题之评析》，"国家"政策研
究基金会出版物（电子版）："国政"评论，内政（评）098-13 号，2009 年
8 月 3 日。

② 事实上由"两会"签署的《海峡两岸经济合作框架协议》（ECFA）
中仅仅原则性对投资问题作出规定。

③ 商务部，http：//tga. mofcom. gov. cn/subject/cepanew/index. shtml，2011-
12-29。

④ 商务部，http：//tga. mofcom. gov. cn/aarticle/Nocategory/200612/2006
1204086002. html，2009-11-28。

⑤ 如在货物贸易领域，截至 2011 年 8 月底，内地累计进口香港 CEPA 项下
受惠货物 43.28 亿美元，关税优惠额 25.18 亿元人民币。在个人游方面，2003 年 7
月至 2011 年 8 月底，内地赴港"个人游"旅客累计达 7213 万人次，占内地赴港旅
客的 53.1%。参见商务部：《2011 年 8 月内地与香港 CEPA 实施情况》，at http：//
tga. mofcom. gov. cn/aarticle/ah/201111/20111107832987. html，2011-12-20。

是两岸经贸合作机制照搬 CEPA 模式在实践中将面临难以操作的困境。台湾是中国领土的一部分乃客观事实，但鉴于中国大陆与台湾地区已经分治六十余年的现状和台湾不同党派间的角力之争所带来的复杂情势，以及 CEPA 中所确立的"一国两制"原则，台湾方面很容易认为 CEPA 模式对台湾有"矮化"之虞。因此，CEPA 模式将难以被台湾方面认同。台湾公布的有关资料表明，台湾当局对于 ECFA 的定位是：不采港澳模式，也非一般的自由贸易协议（FTA），而是属于两岸特殊性质的经济合作协议，不违背世界贸易组织（WTO）精神。[①] 加之，CEPA 中有关投资问题的规定比较原则，且仅涉及投资便利化，远不足以解决中国大陆与台湾之间纷繁复杂的投资局面与情势发展需要。

（3）中国—东盟自由贸易区建立模式。

2002 年 11 月，中国与东盟之间签订了《中国—东盟全面经济合作框架协议》（以下简称《中国—东盟框架协议》）。根据《中国—东盟框架协议》规定，中国与东盟双方推进了投资协议的谈判进程，2009 年 8 月 15 日，中国与东盟 10 国的经贸部长共同签署了《中国—东盟全面经济合作框架协议投资协议》（以下简称《中国—东盟投资协议》）。这是中国与东盟 10 国之间在《中国—东盟框架协议》下，继《货物贸易协议》、《服务贸易协议》和《争端解决机制协议》之后达成的又一个重要协议。《中国—东盟投资协议》的缔结，标志着中国—东盟自由贸易区建设的主要法律程序已经基本完成，从而中国—东盟自由贸易区于 2010 年如期建成。[②]

---

① 《两岸经济合作架构协议（ECFA）介绍》，台湾"两岸经济合作架构协议"（ECFA）专属网站，at http：//www. ecfa. org. tw/ShowNotice. aspx？id = 49&catalogue = ECFA，2010 - 03 - 03。

② 李光辉：《中国—东盟自由贸易区〈投资协议〉》，商务部国际贸易经济合作研究院网站，http：//www. caitec. org. cn/c/cn/news/2009 - 09/17/news_1593. html，2009 - 09 - 21。

《中国—东盟投资协议》明确了将致力于在中国与东盟十国之间建立一个自由、便利、透明的投资体制，建立一个高效、便利的机制安排，建立一个公平竞争的投资环境和建立一个互利共赢的投资平台。这是到目前为止，我国对外缔结的 FTAs 中对于投资问题规定的内容最为全面、系统的协议。

从签署《中国—东盟框架协议》到《中国—东盟投资协议》的缔结，历经了将近七年时间，期间既经历了"早期收获"计划的先行，也历经了中国与东盟十国间《货物贸易协议》、《服务贸易协议》和《争端解决机制协议》的谈判、达成协议与实践。对于投资问题，在《中国—东盟框架协议》中明确了双方"为建立中国—东盟自由贸易区和促进投资，建立一个自由、便利、透明及竞争的投资体制"，各缔约方同意"尽快谈判并达成投资协议，以逐步实现投资体制自由化，加强投资领域的合作，促进投资便利化和提高投资相关法律法规的透明度，并为投资提供保护"[①]。可见，双方对于投资问题的敏感性和复杂性以及谈判过程中所面临的各种问题有着清晰的认识，所以在《中国—东盟框架协议》中对投资的问题作出了务实而又富有远见的安排。事实也证明，这种先框架后具体、先原则后细节、先总体后分则，由易到难、逐步推进的策略与做法的正确性，不仅适时而又务实地解决了中国与东盟之间建立自由贸易区所面临的众多困难与窘境，最终也推动了双方之间自由贸易区的如期建立。

实现双向直接投资是两岸经济往来的必然要求，但是两岸的投资问题无疑是两岸经贸合作的敏感问题，既涉及两岸间各自有关政策和法律制度的调整，也涉及投资者极其关注的投资保护与安全；既涉及投资产业和投资部门的开放，也将涉及投资过程中的生产资料、资金、人员等能否自由流动；既涉及投资过程中的实体权利和义务问题，也将涉及一方投资者与对方政府间所产生的投资争端如

---

① 《中国—东盟全面经济合作框架协议》第 5 条、第 8 条。

何有效解决的程序问题，等等。因此，笔者认为，中国与东盟十国间自由贸易区循序渐进的建立模式值得借鉴，两岸间先行达成框架性的两岸经济合作协议或者两岸经济合作的框架协议。在框架协议中明确需要建立的投资体制的目标和基本原则，而后再进一步就两岸直接投资的问题达成具体协议。①

二、两岸双向直接投资法律框架中的基本原则

（一）确立基本原则的必要性

两岸双向直接投资法律框架中的基本原则是确立两岸双向直接投资法律框架的指导思想和基本方针。尽管两岸政府都是 WTO 的正式成员，但是，毕竟两岸同属于一个主权国家，这是无法否认的国际社会普遍认可的客观事实。对此，我们必须予以坚持。当然，笔者认为，尽管两岸同属于一个主权国家，但是，我们也要考虑到两岸关系的特殊发展历程。为此，为确保两岸双向直接投资法律框架的可适用性和稳定性，有必要确立两岸双向直接投资法律框架的基本原则。

（二）基本原则的确立

1. 坚持"九二共识"

在政治上，我们必须"坚持一个中国原则决不动摇"，坚持

---

① 事实上，2010 年 6 月 29 日经由"两会"签署的《海峡两岸经济合作框架协议》（ECFA）中仅仅对投资问题作了原则性规定（ECFA 第 2 条、第 5 条），并确定在该 ECFA 生效后六个月内，针对两岸投资问题展开磋商，并尽速达成协议。从商务部有关资料显示，2011 年 10 月 20 日，"两会"就两岸投资协议内容形成诸多共识并基本达成一致，并同意继续并加快最后阶段的商谈。参见商务部：《两岸投保协议协商取得积极进展》，http：//tga. mofcom. gov. cn/aarticle/subject/ecfa/subjectjj/201110/20111007790358. html，2012 - 01 - 01。

"世界上只有一个中国，中国主权和领土完整不容分割"，① 因为"海峡两岸并非两个国家。海峡两岸同属于一个国家，即中国"②。

随着台湾以"台湾、澎湖、金门、马祖单独关税区"（简称"中国台北"）的名义成为 WTO 的正式成员，在一个中国主权下，在 WTO 中形成了"一国四席"的现象，即中华人民共和国政府、"中国香港"、"中国澳门"、"中国台北"这四个既同属于一个中国主权，又在 WTO 中具有单独成员资格的现象。③

在两个 CEPA 中明确规定了遵循"一国两制"的方针是《内地与香港关于建立更紧密经贸关系的安排》的达成、实施以及修正应遵照的原则之一。④ CEPA 的实施既遵循了"一国两制"的方针，也严格遵守了 WTO 规则，而且 CEPA 实施也取得了非常令人瞩目的骄人成绩。

一些国际知名世贸组织专家私下曾多次分析中国政府积极推动 CEPA 的目的之一是为将来建立内地、香港、澳门、台湾的大中华自由贸易区以及由此扩张为涵盖韩国、印度等的远东自由贸易区提供经验及模式。⑤ 我国商务部部长陈德铭也曾指出，在达成"一个中国"共识的前提下，中国大陆会非常支持陆资到台湾投资。后

---

① 胡锦涛：《携手推动两岸关系和平发展，同心实现中华民族伟大复兴——在纪念〈告台湾同胞书〉发表30周年座谈会上的讲话》，国务院台办网站，http：//www.gwytb.gov.cn/hu6dian/2008123101.html，2010–01–16。

② 黄异：《"两国"乎?》，载《国际法论集：丘宏达教授六秩晋五华诞祝寿论文集》，三民书局（台湾）2001年版，第620页。

③ 《WTO协定》的"解释性说明"中明确，"本协定和多边贸易协定中使用的'国家'一词应理解为包括任何 WTO 单独关税区成员。对于 WTO 单独关税区成员，如本协定和多边贸易协定中的措词被冠以'国家（的）'一词，则此措词应理解为与单独关税区有关，除非另有规定。"

④ 《内地与香港关于建立更紧密经贸关系的安排》（CEPA）第2条；《内地与澳门关于建立更紧密经贸关系的安排》（CEPA）第2条。

⑤ 王贵国：《经济全球化下的区域性安排》，载王贵国主编：《区域安排法律问题研究》，北京大学出版社2004年版，第25页。

一步海峡两岸经济关系如何更加紧密地合作，前提要取决于台湾对"一个中国"的认可。[①]

　　笔者曾认为[②]，拟商签的两岸经济合作协议中，恐怕难以将"一国两制"的方针列入基本原则，[③] 但是我们应该坚持将"九二共识"纳入两岸经贸合作协议的基本原则。这主要是基于两岸关系发展的特殊性，[④] 虽然我们在政治上必须坚持"一个中国"原则决不动摇，坚持"一个中国"原则是两岸关系和平发展的政治基础。[⑤] 但是在两岸经贸关系上，"推进经济合作，促进共同发展"[⑥] 无疑是务实的选择。实践也证明，自 2008 年 5 月以来，本着

---

　　① 陈德铭（商务部部长）：《"一个中国"前提下支持陆资到台湾投资》，中国新闻网，http：//www. chinanews. com. cn/tw/kong/news/2008/03 - 12/1190027. shtml 2010 - 03 - 01。

　　② 笔者博士论文正式定稿于 2010 年 4 月，ECFA 于 2010 年 6 月 29 日签署。

　　③ 如台湾"经济部"指出，洽签两岸经济协议的指导原则中强调"对等原则"，其中特别提出，"不采港澳模式，不会出现一国两制"。参见台湾"经济部"：《两岸经济协议之内涵及可能影响》，载《两岸经贸》（海基会出版品）2010 年 3 月号。海基会会长江丙坤撰文指出，两岸 ECFA 谈判时台湾坚持的首要原则是"对等原则：不采港澳模式、不会出现一国两制"。参见江丙坤：《两岸经济协议之目的与内涵》，载《两岸经贸》（海基会出版品）2010 年 4 月号。

　　④ 如台湾"行政院大陆委员会主任"赖幸媛表示："ECFA 不是 CEPA，台湾拒绝'一国两制'，ECFA 也不是一般的 FTA，是公平贸易的实践，也是两岸经贸正常化的路线图，无涉主权。"海基会两岸经贸网，http：// www. seftb. org/mhypage. exe？HYPAGE =/05/05 _ 1 _ content. asp&policyid = 447，2009 - 07 - 23。

　　⑤ 周叶中：《论建构两岸关系和平发展框架的法律机制》，载《法学评论》2008 年第 3 期。

　　⑥ 胡锦涛：《携手推动两岸关系和平发展，同心实现中华民族伟大复兴——在纪念〈告台湾同胞书〉发表 30 周年座谈会上的讲话》，国务院台办网站，http：//www. gwytb. gov. cn/hu6dian/2008123101. html，2010 - 01 - 16。

"建立互信、搁置争议、求同存异、共创双赢"① 的精神，两岸协商在"九二共识"的基础上得到恢复并取得重要成果，两岸全面直接双向"三通"迈出历史性步伐。

尽管包括海峡两岸"三通"协议在内的"两会"协商机制下签订的一系列协议都没有写入"九二共识"作为基本原则，但是，笔者认为，将坚持"九二共识"列入两岸经贸合作协议是必要的也是可行的。

说其必要是因为"九二共识"是两岸协商的基础。正是由于在"九二共识"基础上展开的两岸协商，才出现了"目前两岸关系在新的历史起点上取得重要进展，呈现和平发展良好势头。两岸交流合作不断深入，全面直接双向'三通'得以实现"以及两岸"经济关系正常化迈出重要步伐，经济合作制度化建设逐步推进"②的良好发展局面。

说坚持"九二共识"原则是可行的，其一是中国大陆方面对坚持"九二共识"为基础的"两会"商谈持肯定态度。③ 其二是台湾地区领导人的有关讲话对"九二共识"持肯定态度以及从台湾的民意反映来分析，对于以"九二共识"为基础进行"两会"协商机制与协商成果也大多持肯定意见。如马英九先生在 2008 年 5 月 20 日就任台湾地区领导人时④明确提到"今后将继续在'九二共识'的基础上，尽早恢复协商"。针对胡锦涛总书记分别于 2008 年 3 月

---

① 胡锦涛：《携手推动两岸关系和平发展，同心实现中华民族伟大复兴——在纪念〈告台湾同胞书〉发表 30 周年座谈会上的讲话》，国务院台办网站，http：//www. gwytb. gov. cn/hu6dian/2008123101. html，2010 - 01 - 16。

② 温家宝：《政府工作报告（十一届全国人民代表大会第三次会议）》，http：//news. sina. com. cn/c/2010 - 03 - 05/112019797023. shtml，2010 - 03 - 08。

③ 胡锦涛：《携手推动两岸关系和平发展，同心实现中华民族伟大复兴——在纪念〈告台湾同胞书〉发表 30 周年座谈会上的讲话》，国务院台办网站，http：//www. gwytb. gov. cn/hu6dian/2008123101. html，2010 - 01 - 16。

④ 《马英九就职演说：人民奋起，台湾新生（全文）》，香港文汇报网，http：//paper. wenweipo. com/2008/05/21/TW0805210008. htm，2008 - 5 - 21。

26 日与美国布什总统谈到"九二共识"、4 月 12 日在博鳌论坛提出"四个继续"以及 4 月 29 主张两岸要"建立互信、搁置争议、求同存异、共创双赢"的观点，马英九先生明确表示"这些观点都与我方的理念相当的一致"①。

而且，在第三次"陈江会"之后，台湾"行政院大陆委员会"于 2009 年 5 月 5 日公布的民调调查结果显示，有超过七成以上的民众支持通过两岸制度化的协商来处理两岸交流问题，超过六成以上的民众满意此次会谈整体结果。② 海基会就"两岸复谈周年民意调查"公布的民调结果也显示：受访民众对于海基会的表现与两岸协商成果，有六成以上的满意度；超过六成的民众对目前及未来两岸关系持正面态度；六成六的民众表示两岸复谈可改善两岸关系；七成七受访者赞成两岸互设办事处；八成三的受访者赞成两岸协商会议轮流在两岸举行。③

2. 遵循 WTO 原则

两岸政府都是 WTO 的正式成员，有义务全面执行 WTO 规则和履行其"入世"承诺义务。在 WTO 框架下签署包括自由贸易协定（FTA）在内的区域贸易协定（RTAs）是每一个 WTO 成员的权利，但是也有义务遵守 WTO 中关于缔结 RTAs 的条件。对此，两岸政府各自在其"入世"承诺中都已明确承诺全面遵守 WTO 规则。台湾在加入 WTO 之初的关于"台湾加入 WTO 相关政策说明"报告案中也表示，台湾"必须遵守 WTO 规范，恪遵入会承诺，善尽作为 WTO

---

① 《马英九就职演说：人民奋起，台湾新生（全文）》，香港文汇报网，http：//paper. wenweipo. com/2008/05/21/TW0805210008. htm，2008 - 5 - 21。

② "陆委会"民调：《六成以上民众肯定"江陈会谈"协商结果》，海基会网站，http：//www. sef. org. tw/ct. asp? xItem = 50698&ctNode = 3943&mp = 25，2009 - 07 - 23。

③ 海基会：《两岸复谈周年民意调查》，海基会网站，http：//www. sef. org. tw/ct. asp? xItem = 51414&ctNode = 3875&mp = 1，2009 - 07 - 23。

会员的责任"。① 因此，两岸经贸合作协议必须符合 WTO 规则，其中关于两岸直接投资法律制度同样也必须遵循 WTO 原则。

3. 坚持互利合作原则

从台湾地区公布的资料表明，台湾当局推动两岸经济合作协议过于强调台湾主体意识和台湾自身的利益，而忽视了"互利合作"才有可能使两岸经贸合作的发展走向健康、持续和稳定。如台湾当局认为，推动和中国大陆签署 ECFA 主要有三个目的：（1）推动两岸经贸关系"正常化"。（2）避免台湾在区域经济整合体系中被"边缘化"。（3）促进台湾经贸投资"国际化"。② 这里的"正常化"是指"目前虽然两岸都是 WTO 的成员，但是彼此之间的经贸往来仍有许多限制"③。这里的"国际化"是指"陆续与中国大陆及其他国家签署协议或协议，可助台湾融入全球经贸体系"④。这里的"边缘化"是指台湾当局看到了区域经济整合是全球的重要趋势，如果不能和主要贸易对手签订自由贸易协议，台湾将面临被边缘化的威胁，在重要市场失去竞争力。而中国大陆是目前台湾最主要的出口地区，与中国大陆签署协议有助于台湾与其他国家洽签自由贸易协议，可避免台湾被边缘化。⑤ 台湾地区领导人马英九也指出台湾要与中国大陆签订"两岸经济协议"的主要原因是台湾面临亚洲自由贸易协议快速增长带来的压力和台湾要避免被边缘化。⑥

---

① 台湾"陆委会"：《台湾加入 WTO 相关政策说明报告案》，http：//210.34.17.178：809/Article/1993 – 08 – 06/239. html，2009 – 03 – 12。

② 《两岸经济合作架构协议（ECFA）介绍》，台湾"两岸经济合作架构协议"（ECFA）专属网站，http：//www.ecfa. org. tw/ShowNotice. aspx？id = 49&catalogue = ECFA，2010 – 03 – 03。

③ 同上。

④ 同上。

⑤ 同上。

⑥ 《"总统"主持"总统府"报告：两岸经济协议记者会》（2010/02/09），台湾 ECFA，http：//www.ecfa. org. tw/ShowNews. aspx？id = 735，2010 – 03 – 03。

笔者认为，以上资料显示，台湾当局似乎更多地将签署两岸经济合作协议视为从中国大陆方面"索取利益"的途径和方式，甚至将"两岸签署 ECFA 作为台湾全方向参与国际经贸空间的敲门砖"①，而忽视了签署两岸经济协议的实质在于"共创双赢"。因为前述"两岸都是 WTO 的成员，但是彼此之间的经贸往来仍有许多限制"当中，这里的"许多限制"，实际上更多的是台湾当局的限制。在当前全球化趋势和 RTAs 发展迅猛的大背景下，台湾当局应该更多地从自身角度进行反思和改善。因为"问题很清楚：两岸经贸合作对台湾有利"②，而且，"事实上，'全球化'与'区域整合'这两件事对台湾最主要的意义就是：与中国大陆的经贸整合"，"台湾的全球布局不能把中国大陆排除在外"③。因此，台湾当局必须改变其原来"言行不一"的做法——即一方面表示台湾"必须遵守 WTO 规范，恪遵入会承诺，善尽作为 WTO 会员的责任"；另一方面又以"现行两岸经贸体制与 WTO 差距甚大"为由，提出两岸经贸政策调整原则首先就是"在稳定安全基础上，循序渐进促进两岸经贸发展"以及坚持"优先推动可操之在我部分"④，依然过于强调"安全"和"操之在我"的违反大"势"的做法。台湾当局更不能过于强调"对等"和"以台湾为主"，却忽视了两岸经济合作协议的签署，两岸经济合作机制建立必须坚持"互利与合作"的基本原则。所谓"对人民有利"，只有对两岸的人民有利才是最高的价值取向。毕竟，"人民的福祉是最高的法律"。

---

① 庄奕琦：《以 ECFA 做为台湾全方位对外双边协议名称》，"国家"政策研究基金会出版物（电子版）："国政评论"，科经（评）098 - 097 号，2009 年 9 月 18 日。

② 萧万长：《一加一大于二——迈向两岸共同市场之路》，天下文化出版社（台湾）2005 年版，第 89 页。

③ 同上。

④ 台湾"陆委会"：《台湾加入 WTO 相关政策说明报告案》，http：// 210. 34. 17. 178：809/Article/1993 - 08 - 06/239. html，2009 - 03 - 12。

第三节　构建两岸双向直接投资法律框架的实体性问题

针对全球化背景下构建两岸双向直接投资法律框架的实体问题，本文将从投资和投资者的定义、市场准入与非歧视保护待遇、公正与公平待遇、"保护伞条款"、政治风险保证、禁止履行要求、资金转移、透明度要求等方面进行论证。

一、关于投资与投资者的定义

（一）关于投资的定义

关于投资的定义，国际上主要有两种做法：[1] 一种是基于资产的定义方法，是一种广义的定义法；另一种是基于企业的方法，也称狭义的定义法。

我国大多数的 BITs 和目前的 FTAs 实践中基本上以资产的定义方法来界定"投资"。"投资"一词包括了各种各样的财产和财产权，其涵盖的范围十分广泛，不仅包括直接投资，也包括间接投资。我国《台湾同胞投资保护法》规定："台湾同胞投资者可以用可自由兑换货币、机器设备或者其他实物、工业产权、非专利技术等作为投资。"而且"台湾同胞投资者可以用投资获得的收益进行再投资"。[2]

关于投资的定义，台湾签署的 BIT 基本也是以"资产"为基础来定义"投资"。在台湾 FTAs 当中，虽然仅有台湾—洪都拉斯、萨尔瓦多 FTA 中对于"投资"作出了规定。[3] 但是，该 FTA 不但同样是以"资产"为基础来定义"投资"，且对于"投资"所涉及的"资产"的范围与台湾 BIT 中的规定基本一致。

---

[1]　余劲松：《区域性安排中的投资自由化问题研究》，载王贵国主编：《区域安排法律问题研究》，北京大学出版社 2004 年版，第 66 页。

[2]　《台湾同胞投资保护法》（1994）第 6 条。

[3]　Article 10.01，台湾—洪都拉斯、萨尔瓦多 FTA。

加之，两岸各自的外资法、公司法以及有关法律中对于投资的资产所规定的种类都比较宽泛，所以笔者认为，两岸对于投资协议中关于"投资"的定义不会存在什么障碍，基本采取基于资产的定义方法，一般规定投资是指"各种投资"，而且通过列举的方式明确协定涵盖的资产范围，通常包括但不限于：（1）动产、不动产及抵押、留置、质押等其他财产权利；（2）股份、股票、法人债券及此类法人财产的利息；（3）知识产权，包括关于版权、专利权和实用新型、工业设计、商标和服务商标、地理标识、集成电路设计、商业名称、商业秘密、工艺流程、专有技术及商誉等权利；（4）法律或依合同授予的商业特许经营权，包括自然资源的勘探、培育、开采或开发的特许权；（5）金钱请求权或任何具有财务价值行为的给付请求权。必要时，还可对"投资收益"作出规定，如规定"投资收益应被认作投资，投入或再投入资产发生任何形式上的变化，不影响其作为投资的性质"。

（二）关于投资者的界定

关于投资者，我国 BITs 中大多分别对中国的投资者和缔约另一方的投资者作出界定。① 总体而言，在中国方面，对于"投资者"一般的规定是包括经中国政府核准进行投资的任何公司、其他法人或中国公民，也有的协定中还涵盖"其他经济组织"。我国已经签署的这些 FTAs 当中，关于投资者的定义基本是参照国际协定中通行的做法，不仅包括自然人，也包括法人。也有对投资者范围的规定更为广泛，即除了自然人之外，不限于法人，而是规定"法律实体，包括根据缔约任何一方法律设立或组建且住所地在该缔约方境内的公司、社团、合伙及其他组织"。②

关于投资者，台湾对外签署的 BITs 中，除了少量 BITs 之外，③

---

① 如1982年中国—瑞典 BIT 第1条第2款、1983年中国—德国 BIT 第1条第3款、1984年中国—比利时、卢森堡 BIT 第1条第1款。

② 如中国—巴基斯坦 FTA 第46条第3款。

③ 1982年台湾—赖索托 BIT 和 1992年台湾—马其顿 BIT。

自 1996 年开始签署的 BITs 通常规定投资者包括"自然人"和"法律实体"或者"法人"或者"法人团体"。这些协议中的"法律实体"或者"法人",除了涵盖"公司"外,还包括依缔约方法律设立的社团、商会或其他组织甚至行号或协会等。即自 1990 年代中期之后,台湾已经接受"投资者"的广泛定义。

台湾 FTAs 中,仅有台湾—洪都拉斯、萨尔瓦多 FTA 中对于"缔约方投资者"作出了笼统性的界定,即"缔约方投资者是指在另一缔约方境内进行或者已经进行投资的一缔约方的国有企业或者一缔约方的国民或企业"。①

在投资者界定方面,虽然两岸的 BITs 和 FTAs 实践中基本上接受了广泛的定义"投资者";我国的有关法规中,对于台商来大陆投资也是采取非常宽泛的规定,"台湾地区的公司、企业、其他经济组织或者个人"都可以到大陆投资,② 但是,我国目前对于赴台投资的投资主体,仅限于"在大陆依法注册、经营的企业法人"。③ 而台湾地区的相关法规中,对于台商投资大陆的投资者的规定是涵盖"台湾地区人民、法人、团体或其他机构",④ 对于大陆投资者的规定是,"投资人,指大陆地区人民、法人、团体、其他机构或其于第三地区投资之公司"。⑤

尽管我国目前未开放自然人成为对外投资主体,但是我国在大量的 IIAs 中规定的投资者都涵盖自然人,而且我们可以期待随着我国的经济发展,我国应该会开放自然人成为合格的对外投资主体。所以,在两岸的投资协议中,对于大陆赴台直接投资的投资主体中除了以上所提及"在大陆依法注册、经营的企业法人"之外,

---

① Article 10.01,台湾—洪都拉斯、萨尔瓦多 FTA。

② 《台湾同胞投资保护法》第 2 条第 2 款。

③ 2010 年《大陆企业赴台湾地区投资管理办法》第 4 条第 1 款。

④ 台湾《在大陆地区从事投资或技术合作许可办法》(2008 年 9 月 12 日修订)第 2 条、第 4 条。

⑤ 台湾《大陆地区人民来台投资许可办法》(2009)第 3 条。

还应包括大陆的企业、其他经济组织和自然人。

二、关于市场准入与非歧视保护待遇

(一) 市场准入

在习惯国际法下，对外国投资者进入和设立投资的控制，是有关一个国家主权的问题，[①]而且这种准入是一个国家在其境内专属控制的国内管辖权事项。[②] 在现代 IIAs 下，尽管关于市场准入前待遇在包括加拿大、哥伦比亚、日本、韩国和美国在内的这些国家当中有了一些实践，但是这种改革迄今为止主要限于以上少数国家所缔结的 BITs，将来是否会有更多的国家将采用这种方法尚待分晓。[③] 而且，即使是以上国家对于市场准入前国民待遇的开放也不是完全的开放，通常会通过一些"肯定式"清单或者"否定式"清单方式提出保留。

我国在外资法实践中，在对待外资准入上，一直按照《指导外商投资方向暂行规定》，依据中国市场开放的实际情况，适时发布《外商投资产业指导目录》来调整鼓励、限制或者禁止外资投资的产业。这与我国至今在 IIAs 实践中没有接受市场准入前的国民待遇是相适应的。

台湾方面，尽管在其签署的 FTAs 中不但规定了缔约方在其境内要给予缔约另一方的投资者和投资者的投资在投资的"收购、扩充、管理、经营、营运、销售或其他处置方面"的国民待遇，即市场准入后的国民待遇；而且全部规定了要给予投资"设立"阶段的国民待遇，即市场准入前的国民待遇。同时有关投资"设

---

① See UNCTAD, *Admission and Establishment*, United Nations, 2002, p. 7.

② See Ian Brownlie, *Principles of Public International Law*, 5th ed, Oxford: Clarendon Press, 1998, p. 522.

③ See UNCTAD, *Bilateral Investment Treaties* 1995 – 2006: *Trends in Investment Rulemaking*, United Nations, 2007, p. iii.

立"阶段的待遇也适用最惠国待遇原则。当然，台湾签署的 FTAs 也规定了"不适用"或者"不承诺"或作出"保留及例外"的一般性规定，然后基本上采取了类似 NAFTA 的做法，即采取"否定式"清单方式在 FTA 附件中列明不适用国民待遇的产业或部门。但是从台湾关于陆资入台直接投资的政策与法律制度以及目前台湾对陆资入台投资采取"先紧后松、循序渐进、先有成果、再行扩大"的政策原则，① 对于陆资入台直接投资，台湾难以与其签署的其他 FTAs 一样，在关于两岸直接投资的协议中接受市场准入前的国民待遇。

所以，两岸之间在市场准入问题上恐怕都只能接受各自保留市场准入开放的权利。当然，由于大陆对于台商投资大陆的产业项目上并没有特别的限制或禁止性要求，相反，台湾对陆资入台直接投资的项目限制依然很多。所以，两岸投资市场准入的问题，首先主要是台湾的投资产业项目对大陆开放的问题，特别是台湾已经对外国人开放的投资领域与项目，台湾应该按照 WTO 规则同等地给予中国大陆投资者，而不是仅仅希望借助两岸经济合作协议获得中国大陆的市场和避免被"边缘化"以及借此拓宽"国际化"渠道。即两岸经济合作协议关于市场准入首先要解决两岸市场准入开放正常化的问题。其次，根据两岸间产业的优势互补性，按照自由贸易协议的要求解决两岸投资市场更加优惠于其他 WTO 成员，即更加自由化的问题。

（二）非歧视保护待遇

非歧视待遇主要通过国民待遇和最惠国待遇原则来体现。如果说国民待遇保证的是"内外平等"的话，最惠国待遇保证的则是"外外平等"。前述两岸政府间目前无法接受市场准入前的国民待遇，那么对于已经相互开放和通过协商拟定可以开放的产业，各自

---

① 台湾"行政院大陆委员会"：《开放陆资来台从事事业投资政策说明》（2009 年 6 月 30 日）第 2 条之二（二），海基会两岸经贸网，http：//www. seftb. orgtb_ policy. pdf，2009 - 11 - 05。

投资者到对方境内已经进行投资和在投资经营、管理的过程所享受的待遇则必须给予非歧视待遇。为了避免国民待遇和最惠国待遇的措词可能引发台湾方面产生不适当的理解和歧义，笔者认为，两岸政府在协议中应该以非歧视待遇表述，而不应采取国民待遇和最惠国待遇的措词。

鉴于近来大多数 IIAs 中对于非歧视待遇中的国民待遇和最惠国待遇都采用了待遇比较标准的措词，即给予外国投资者及其投资待遇不低于给予国内或第三国投资者及其投资的义务是以投资者或投资必须处于"相似/同等情况"（in like circumstances）为条件，[①]以及我国的有关 IIAs 实践[②]和台湾的 BITs、FTAs 中[③]也已经接受了类似的规定，笔者认为，就两岸直接投资的非歧视待遇问题上，在相互开放的市场领域，可以明确任何时候两岸都有义务在其境内给予来自对方境内的投资者及其投资的待遇，在同等情况下，不低于其给予内资或者外国人投资者及其投资的待遇。

三、关于公正与公平待遇和充分保护与安全

（一）列入公正与公平待遇和充分保护与安全标准

如前所述，涵盖中国大陆和台湾各自的 BITs 和 FTAs 的实践在内，公正与公平待遇标准已经是 IIAs 中的普遍性原则之一。[④] 关于公正与公平待遇，目前在国际上最主要的区别在于是否需要将该待

---

① 如加拿大 2004 年 BIT 范本第 3 条第 1 款。

② 如 2007 年中国—韩国 BIT 第 3 条第 1 款。

③ See Article 10.03，2003 年台湾—巴拿马 FTA；Article 10.04，2005 年台湾—危地马拉 FTA；Article 10.04，2006 年台湾—尼加拉瓜 FTA；Article 10.04，2007 年台湾—洪都拉斯、萨尔瓦多 FTA。

④ UNCTAD, *Investor - State Dispute Settlement and Impaction on Investment Rulemaking*, United Nations, 2007, p. 40.

遇与国际法规范相联系，或是否不得低于国际法的要求。① 发达国家在实践中，从美国的 BIT 到经合组织的 MAI，都将公正与公平待遇与国际法的要求联系起来，而许多发展中国家则不愿将此二者相联系。② 但是近年来的发展是，包括美国在内的发达国家在积极践行公正与公平待遇与国际法规范相联系的实践中，也表现出并不愿意将该待遇标准所涉及的国际法无限扩大，而是要求作出相应的限制，突出的表现就是 NAFTA 贸易委员会对于"公正与公平待遇"的解释，③ 以及这种解释的结果后来在美国和加拿大各自 2004 年 BIT 范本当中也有具体的体现。④

中国的 BITs 实践中，大多数协定所规定的公正与公平待遇都没有与国际法规范相联系，但是近来少量的 BITs，如 2007 年中国—哥斯达黎加 BIT⑤ 和 2008 年中国—墨西哥 BIT⑥ 中已经尝试性地接受给予投资者的投资以"国际法最低标准的公正与公平待遇"，而且在 2008 年中国—新西兰 FTA⑦ 和 2009 年中国—秘鲁 FTA⑧ 中关于国际法下的公正与公平待遇的规定更加具体。由此说明了我国在 IIAs 实践中逐步接受了"国际法规范"的公正与公平待遇的立场。

---

① 余劲松：《区域性安排中的外资公平与公正待遇问题研究》，载王贵国主编：《两岸四地经贸安排研究》，北京大学出版社 2006 年版，第 45 页。

② See UNCTAD, *International Investment Arrangements: Trends and Emerging Issues*, United Nations, 2006, p. 33.

③ See Note of Interpretation of the NAFTA Free Trade Commission, 31 July 2001.

④ See Article 5 (2, 3), US Model BIT (2004); Article 5 (2, 3), Canada Model BIT (2004).

⑤ 2007 年中国—哥斯达黎加 BIT 第 3 条第 1 款。

⑥ 2008 年中国—墨西哥 BIT 第 5 条第 1 款、第 2 款。

⑦ 中国—新西兰 FTA 第 143 条第 1 款。

⑧ 中国—秘鲁 FTA 第 132 条。

台湾当局签署的 BITs 中除了 4 个 BITs① 没有对公正与公平待遇作出规定之外，其他的 BITs 对该待遇标准都作出了明确规定，而且通常都同时要求缔约方提供"充分保护与安全"，只是没有任何一个 BIT 中规定接受"国际法规范"的要求，这可能与这些BITs 都是在 21 世纪之前所签署有一定的关系。因为进入 21 世纪以来台湾的 FTAs 实践中，关于公平与公正待遇，都有"应依据国际法的规范"的规定。② 特别是台湾—尼加拉瓜 FTA 还将该待遇标准置于"最低标准待遇"规定的条款当中，③ 其具体规定不仅并入了美国 FTA 实践的做法，甚至是当前 FTA 实践中关于最低标准待遇规定最为详尽的 FTA。可见，台湾当局已经完全接受国际上对于投资待遇保护高标准的做法，并且在积极推行这种高标准的待遇标准。

因此，在两岸投资协议中规定在其境内给予对方的投资者及其投资公正与公平待遇，在理论上应该不存在障碍。鉴于投资者非常关注的政治风险问题，笔者认为，还需要在规定公正与公平待遇的同时，规定给予投资充分保护与安全的待遇。

（二）　不能笼统地规定遵照国际法规范的要求

尽管两岸在近来的 BITs 或者 FTAs 中基本已经接受了国际法规范的"公正与公平待遇"和"充分保护与安全"，但是笔者认为，在两岸投资协议中不可将"公正与公平待遇"和"充分保护与安全"的待遇标准纳入国际法规范。原因很简单：其一，两岸同属于一个中国，这是两岸协商不可更改的前提，这也是本文前述坚持将"九二共识"纳入两岸经济合作协议的原因之一。笼统地规定两岸之间提供"公正与公平待遇"和"充分保护与安全"待遇遵

---

① 它们是 1992 台湾—尼加拉瓜 BIT、1995 台湾—马拉威 BIT、1997 年台湾—塞内加尔 BIT 和 1998 年台湾—布吉纳法索 BIT。

② See Article 10.04，2003 年台湾—巴拿马 FTA；Article 10.05，2005 年台湾—危地马拉 FTA。

③ See Article 10.05，2006 年台湾—尼加拉瓜 FTA。

照国际法标准，容易引发台湾方面不适当的推测和遐想。其二，由于在 IIAs 实践中，对于公正与公平待遇的国际法规范本身并没有统一的定义与规定，有关公正与公平待遇的国际投资争议中，仲裁庭对于该待遇标准也没有统一的解释。例如，*Mondev International Inc v. United States* 案①和 *Loewen v. United States* 案，② 主张不诚信并不是违反公正与公平待遇所要求的标准。也有仲裁庭认为，东道国政府的管理不善也可能违反公正与公平待遇。③ 甚至有的裁决针对 BIT 中关于依据国际法的公正与公平待遇还理解为包括依据国际法下的善意原则来理解投资者对东道国的期望。④ 而对于"充分保护与安全"的理解和实践，国际上也没有形成统一的标准。

　　尽管两岸经济合作协议需要遵守 WTO 规则，但是 WTO 规则只是国际法规范的重要组成部分，并不等同于国际法规范。鉴于两岸关系的特殊性和公平与公正待遇标准条款在不同投资协定中的规定本身存在差异性，即对于该待遇标准所采用的不同措词所表达的义务可能存在不同，⑤ 以及对于"充分保护与安全"的理解和实践中存在"合并"和"扩大"解释等差异性，因此，在两岸投资协议中，关于"公正与公平待遇"和"充分保护与安全"待遇标准的规定应该尽可能明确和具体，且不能笼统地规定遵照国际法规范的标准。

---

　　① See *Mondev International Inc v. United States*, ICSID Case No. ARB（AF）/99/2, Award, 11 October 2002, paras. 116, 123, 125.

　　② See *Loewen Group, Inc. and Raymond Loewen v. United State*, ICSID Case No. ARB（AF）/98/3, Award on the Merits, 26 June 2003, para. 132.

　　③ See *GAMI Investments Inc. v. Mexico*, UNCITRAL, Final Award, 15 November 2004, para. 103.

　　④ See *Tecnicas Medioambientales Tecmed S. A. v. Mexico*, ICSID Case No. ARB（AF）/00/2, Final Award, 29 May 2003, para. 154.

　　⑤ See Jean Kalicki and Suzana Medeiros, *Fair, Equitable and Ambiguous*: *What Is Fair and Equitable Treatment in International Investment Law*? ICSID Review Foreign Investment Law Journal, Vol. 22, No. 1, 2007, pp. 26 - 27.

四、关于"保护伞条款"问题

在我国 BITs 早期实践中，已经开始接受了"保护伞条款"，① 表明中国在改革开放初期就已经承诺保护外国投资者利益的责任与义务。在我国 FTAs 当中，仅有 2006 年中国—巴基斯坦 FTA 中对"保护伞条款"作出了规定。② 在台湾的 BITs 当中，仅有 2 个 BITs 中规定了"保护伞条款"，③ 而在台湾 FTAs 当中，并没有对"保护伞条款"作出规定。

尽管并非所有的 IIAs 中都规定了"保护伞条款"，中国的 FTAs 实践与台湾的 BITs 和 FTAs 实践中也较少对该条款作出规定，而且对于该条款的解释无论从学理上还是国际投资争端实践中都没有形成统一意见，但是笔者认为，应将"保护伞条款"列入两岸投资协议中，理由如下：

其一，投资权益保护问题一直以来不仅是台商非常关注的问题，同样也是愿意积极赴台直接投资的中国大陆投资者关心的首要问题。

其二，两岸之间不可能缔结传统 BIT 性质的投资保护协定，但是投资保护又是两岸投资者极其关心的问题，需要借助 RTAs 性质的两岸经济合作机制下的投资协议作为可选择的渠道予以规定。

其三，从历史上看，两岸经贸关系的发展受到两岸关系发展变动的影响较大，为了保证投资者的合法权益不受到政府更替等因素可能带来的投资风险，增强投资者的投资意愿和投资信心，需要在 WTO 框架下的 RTAs 性质的协议中确保公权力遵守其对投资者及其投资所作的承诺。

---

① 如 1983 年中国—罗马尼亚 BIT 第 8 条第 2 款。

② 2006 年中国—巴基斯坦 FTA 第 55 条第 2 款。

③ 1999 年台湾—马其顿 BIT 第 10 条第 2 款、1999 年台湾—赖比瑞亚 BIT 第 10 条第 2 款。

五、关于政治风险保证

(一) 征收及其补偿

征收保护问题是 IIAs 中独立、首要和最重要的保护问题。[①] 在以发达国家为主导的 IIAs 实践中，尽管关于"公正市场价值"（Fair Market Value）的补偿标准计算，其本身经常引发的问题是什么是最合适的方法来衡量财产的公正市场价值标准，[②] 但是传统上关于征收合法条件与补偿标准之争显然表现出发达国家坚持"赫尔准则"为核心的要求占据了上风。[③]

由于自 20 世纪 90 年代以来，"大规模的征收已不再是当前国际投资的主要威胁"[④]，在现代国际法下，关于征收的争论主要集中于间接征收的确定以及征收补偿计算等更为具体、复杂的问题。只是至今在国际投资争端实践中，关于间接征收的认定并没有达成统一的认定标准，因此确定征收行为事实上是否已经发生，需要以逐案为基础作出决定。

中国所有的 BITs 都规定了征收条款，而且大多数协定都规定征收需要满足给予补偿、符合公共利益、非歧视和依照正当法律程

---

① See UNCTAD, *Investment Provisions in Economic Integration Agreements*, United Nations, p. 106.

② See Abby Cohen Smutny, *Some Observations on the Principles Relating to Compensation in the Investment Treaty Context*, ICSID Review Foreign Investment Law Journal, Vol. 22, No. 1, 2007, pp. 10 – 14.

③ See UNCTAD, *Bilateral Investment Treaties 1995 – 2006: Trends in Investment Rulemaking*, United Nations, 2007, p. 47.

④ Guiguo Wang, *China's Practice in International Investment Law: From Participation to Leadership in the World Economy*, The Yale Journal of International Law, Vol. 34, No. 2, 2009, p. 582.

序四个要件。① 对于补偿标准，尽管我国 BITs 似乎有意回避，② 但是在近年来的一些 BITs 中，实际上我国已向其他国家允诺了对征收予以充分的补偿，从而接受了"赫尔准则"，③ 如 2008 年中国—墨西哥 BIT 中的规定④即为例证。

台湾方面，本研究中所涉及的 12 个 BITs 都对征收问题作出了规定。总体而言，这些 BITs 中规定的"征收"不仅包括直接征收和间接征收，而且台湾当局早期签署的 BITs 中已经尝试接受国际投资征收争议问题中的"赫尔准则"。⑤ 台湾的 FTAs 中，对于征收的条件也采用了"四要件"的标准；关于补偿的标准，则采用了"赫尔准则"。

可见，关于征收及其补偿的问题，两岸 BITs 实践与 FTAs 实践已经基本上与 1995 年以来 IIAs 的实践保持了一致，所以在两岸投资协定中，关于征收及其补偿标准问题的规定不会存在太多障碍。

（二）投资政治风险保证的代位权问题

由于海外投资保险制度在性质上是一种国内法制度，为了使投资保证机构的代位求偿权得以实现，也为了增强获得投资保险的投资项目的安全性，许多国家都会在其缔结的 BIT 或 FTA 中予以明确，缔约各方承认对方投资保证机构的代位权，使该国内法上的代位权获得国际法上的求偿依据。虽然并不是所有的国家都如美国一

---

① See Paul Peters, *Recent Developments in Expropriation Clause of Asia Investment Treaties*, Asian Yearbook of International Law, Vol. 5, 1995, pp. 56 – 67. 或者参见季烨：《中国双边投资条约政策与定位的实证分析》，载《国际经济法学刊》第 16 卷第 3 期（2009），第 182 页。

② 季烨，《中国双边投资条约政策与定位的实证分析》，载《国际经济法学刊》第 16 卷第 3 期（2009），第 182 页。

③ 车丕照：《从国际法角度看我国物权法草案中的征收补偿标准》，载《时代法学》2009 年第 1 期。

④ 2008 年中国—墨西哥 BIT 第 7 条。

⑤ 如 1982 年台湾—赖索托 BIT 第 5 条。

样以东道国与美国已经缔结 BIT 作为其海外投资保证机构承保的前提条件，但是传统上通过 BIT 和近年来通过 FTA 来确定海外投资保证机构的代位权是普遍的做法。对此，我国 BITs 和 FTAs 中有广泛的实践。[①] 尽管在台湾 FTAs 实践中，仅有台湾—洪都拉斯、萨尔瓦多 FTA 有代位权条款的规定，[②] 但台湾 BITs 实践中绝大多数都对代位权条款作出了规定。[③]

　　虽然两岸的海外投资保证制度都还处于初级发展阶段，两岸的海外投资者实际利用该制度进行海外投资承保的积极性暂时似乎也不太高，但是前述《陆资投资台湾关键报告》调查结果表明，大陆投资者投资台湾最怕遇到的是政治变动带来的风险和台商对于投资大陆的政治风险之担忧似乎并没有减少，特别是对于地方政府的不当行为可能带来的投资损害是否构成间接征收的问题存在疑虑，基于两岸关系的特殊性，笔者认为要建立有特色的保护陆资赴台直接投资的海外投资保险制度，为赴台直接投资的陆资保驾护航。

　　同时，台商一直以来希望两岸签订双向投资保障协议的需求从另一方面也反映出台商对投资大陆风险的担忧。实际上，台湾也一直以没有签署两岸双向投资保障协议为由限制台湾的海外投资保证机构承保台商对大陆的投资。[④] 显然，如果两岸间就投资问题在 WTO 框架下达成有关协议，台湾有可能放开其承保机构对台商投资大陆的承保，这对进一步促进台商投资大陆也是有积极作用的。但是海外投资保证制度的实施通常需要确保海外投资保证机构的代

---

　　① 如 1992 年中国—韩国 BIT 第 7 条、1998 年中国—也门 BIT 第 7 条、2003 年中国—德国 BIT 第 7 条、2008 年中国—墨西哥 BIT 第 9 条；2006 年中国—巴基斯坦 FTA 第 52 条、2008 年中国—新西兰 FTA 第 148 条、2009 年中国—东盟投资协议第 12 条、2009 年中国—秘鲁 FTA 第 136 条。

　　② See Article 10.15，台湾—洪都拉斯、萨尔瓦多 FTA。

　　③ 尤以 1996 年台湾—洪都拉斯、萨尔瓦多 BIT 第 9 条中规定最为典型。

　　④《海外投资保险排除大陆，两岸未签投保协定是主因》，载台湾《经济日报》1994 年 4 月 1 日。转引自陈安：《国际经济法学刍言》（下卷），北京大学出版社 2005 年版，第 960 页。

位权，才可能更好地起到保障投资安全的作用。所以，笔者认为，应该在两岸投资协议中明确两岸海外投资保证机构的代位权。

六、关于禁止履行要求

履行要求是东道国在投资的设立和经营方面强加给投资者的条件或者给予特定优惠的交换条件。一国使用履行要求的基本原理是通过影响投资者的某些行为来推动其特定政策目标的实现。[①] 历史上，许多发达国家和发展中国家已经对外国投资者强加履行要求，以此作为允许外国投资者在其领土内投资的条件。[②] 但是，目前国际社会已经广泛认识到，至少某些履行要求对于国际贸易可能有扭曲作用。特别是 WTO 框架下的 TRIMs 协议中有关禁止履行要求的规定是突出而明显的例证。[③] 现在数量日益增长的 BITs 不但已经清楚地对履行要求作出规定，而且关于履行要求的规定还倾向于超出 TRIMs 协议所涵盖义务的水平。[④]

中国 BITs 实践中，至今还没有关于履行要求条款的具体规定。即使目前正在进行的中国与加拿大 BIT 谈判，在截至 2009 年 4 月的第九轮谈判中，也没有涵盖履行要求议题的谈判内容。[⑤] 在中国缔结的 FTA 当中，仅有中国—新西兰 FTA 对履行要求问题作了原则性的规定。我国在 BITs 和 FTAs 中的以上表现，一方面与履行要

---

① See UNCTAD, *Bilateral Investment Treaties* 1995 – 2006: *Trends in Investment Rulemaking*, United Nations, 2007, p. 64.

② See UNCTAD, *International Investment Arrangements*: *Trends and Emerging Issues*, United Nations, 2006, p. 40.

③ See the annex to the WTO Agreement on Trade – Related Investment Measures (TRIMs).

④ See UNCTAD, *Bilateral Investment Treaties* 1995 – 2006: *Trends in Investment Rulemaking*, Untied Nations, 2007, p. 65.

⑤ Background on the Canada – China Foreign Investment Promotion and Protection Agreement (FIPA), 加拿大外交事务与国际贸易部网站, http://www. international. gc. ca, 2009 – 12 – 10。

求措施的范围至今没有确定有关，如 TRIMs 协议禁止履行要求措施仅有 5 种，而美国近年来的 BITs 与 FTAs 中所涵盖的履行要求措施通常有 7 种，[①] OECD《多边投资协议（草案）》（MAI）所列举的履行要求则达到 12 条之多。[②] 且近来 IIAs 在履行要求上包含的规则仍然使用不同的含义，以留给东道国一些行动的自由来运用这些履行要求，以及据此在东道国的经济发展政策和外国投资保护之间找到平衡。[③] 另一方面，中国目前的经济发展水平决定了中国不宜在有关 IIAs 中承担超出 TRIMs 协议要求的义务，但是可以根据具体情况需要适当地减少实施某些履行要求措施。[④]

台湾方面，虽然台湾 BITs 中都没有关于履行要求的规定，但是台湾签署的 FTAs 中都有明确规定，缔约一方既不能对缔约他方投资人在其境内的投资实施准入阶段的履行要求，也不得在投资经营阶段实施履行要求。除了禁止这些强制性的履行要求之外，台湾 FTAs 中还规定，缔约一方对缔约他方投资者在其领域内的投资不得实施附条件的履行要求，也即不能实施外资为获得鼓励性优惠条件所应满足的条件。[⑤] 而且台湾—洪都拉斯、萨尔瓦多 FTA 与台

---

① Article 8, 2004 U. S model BIT; Article 10. 5, U. S—Chile FTA; Article 15. 8, U. S—Singapore FTA.

② See *The Multilateral Agreement on Investment Draft Consolidated Text*, Chapter Ⅲ, *Performance Requirement*, DAFFE/MAI（98）7/REV1, 22 April 1998, pp. 18 – 21.

③ See UNCTAD, *International Investment Arrangements：Trends and Emerging Issues*, Untied Nations , 2006, p. 42.

④ 如在中美双边市场准入协定中，中国同意在加入 WTO 时废除的出口实绩要求措施即超出 TRIMs 协议所禁止的与贸易有关的投资措施。参见单文华：《欧盟对华投资的法律框架：解构与建构》，蔡从燕译，北京大学出版社 2007 年版，第 44 页。

⑤ See Article 10.07, 台湾—巴拿马 FTA；Article 10.09, 台湾—尼加拉瓜 FTA；Article 10.07, 台湾—危地马拉 FTA；Article 10.07, 台湾—洪都拉斯、萨尔瓦多 FTA。

湾—尼加拉瓜 FTA 中关于强制性履行要求措施已经达到 7 种，① 这不仅表明台湾 FTAs 中所禁止的履行要求措施有增加的趋势，且在立法体例上与美国 2004 年 BIT 范本以及美国和智利、新加坡等国缔结的 FTAs 中所规定的履行要求条款基本类似，即既有"强制性履行要求"措施的规定，也有"受履行要求支配的优惠"措施的规定，还涵盖"例外与除外"的规定。②

在有关履行要求的问题上，尽管两岸在 FTAs 实践中存在的差距比较大，但是笔者认为两岸投资协议中需要纳入履行要求条款。这主要是由于中国在 2000—2001 年期间的外资法修订中，不仅废除了《TRIMs 协议》中禁止的与贸易有关的投资措施，③ 还多次修订了《外商投资产业指导目录》，④ 逐步开放了外商投资的产业部门，而且也修改了我国外资法体系中存在的技术转让要求措施，⑤ 从而"使中国大陆的外资法与 WTO 规则保持了一致"。⑥ 尽管笔者认为中国在其他的 IIAs 谈判中还不宜过快地接受发达国家所要求的超出 TRIMs 协议的禁止履行要求措施，但是正如有学者所主张的，在有关两岸之间安排中"取消强制性要求方面已经基本上没有什么障碍"，⑦ 而且"若安排中要实施某种非禁止性的履行要求

---

① See Article 10.09 (1)，台湾—尼加拉瓜 FTA；Article 10.07 (1)，台湾—洪都拉斯、萨尔瓦多 FTA。

② See Article 8，2004 U. S model BIT；Article 10.5，U. S—Chile FTA；Article 15.8，U. S—Singapore FTA。

③ 《中国加入工作组报告书》第 203 段，WT/ACC/CHN/49，2001 年 10 月 1 日。

④ 2011 年 12 月 24 日国家发改委和商务部共同修订发布的《外商投资产业指导目录》（2011 年修订），自 2012 年 1 月 30 日实施。

⑤ 如 2001 年修订的《对外合作开采海洋石油资源条例》第 13 条规定："石油合同可以约定石油作业所需的人员，作业者可以优先录用中国公民。"

⑥ 余劲松：《区域性安排中的投资自由化问题研究》，载王贵国主编：《区域安排法律问题研究》，北京大学出版社 2004 年版，第 60 页。

⑦ 同上。

时，可以将其给予优惠的鼓励措施结合起来"。① 何况两岸投资协议如果是 RTAs 性质的协议，其他 WTO 成员不能要求按照最惠国待遇要求自动享受。

七、关于资金转移

在资金转移问题上，一些国际经济组织协定和许多 IIAs 都有规定。例如《国际货币基金协定》中所确立的条约义务②在许多重要方面能够服务于投资自由流动。③ GATS 更是对"支付和转移"作出专门性的规定。④ 要求所有 WTO 成员承担涵盖投资资金及其利润在内的自由转移义务，除非符合保障收支平衡的例外情形。OECD《资本流动自由化法典》中规定："为了有效的经济合作，各成员应不断（progressively）取消相互之间对资本流动的限制。"⑤ NAFTA 中要求，每一缔约方应该允许所有在另一缔约方领土内与投资有关的资金自由和毫无迟延地转移，应允许外汇移转以自由可兑换的并按交易当时的现行市场汇率进行，以及即使在所明列的情形下，缔约方得在公平、非歧视且诚信适用法律方式下，才可以对移转予以限制。⑥

尽管 BITs 中的资金转移条款在其范围、内容和详尽程度方面并不一致，但是自 1995 年以来缔结的 BITs 已经遵循相同趋势，即大量的 BITs 已经涵盖准予投资者有权毫不迟延地、以自由兑换的货币和以具体的兑换利率转移与投资有关的资本的条款；同时协定

---

① 余劲松：《区域性安排中的投资自由化问题研究》，载王贵国主编：《区域安排法律问题研究》，北京大学出版社 2004 年版，第 60 页。

② 《国际货币基金协定》第 8 条第 2 款（a）。

③ See UNCTAD, *Transfer of Funds*, *UNCTAD Series on Issues in International Investment Agreements*, United Nations, UNCTAD/ITE/IIT/20, 2000, p. 10.

④ 《服务贸易总协定》（GATS）第 11 条第 1 款。

⑤ See Article 1 (a), The OECD Code of Liberalisation of Capital Movements, OECD (2009).

⑥ See Article 1109, NAFTA.

也涵盖这些义务的例外。[1]

中国在 1982 年中国—瑞典 BIT 中即对资金转移问题作出了规定，[2] 且在我国不同时期的许多 BITs 当中都有类似规定。[3] 在中国 FTAs 中，几乎既规定了各缔约方应当保证另一缔约方投资者转移在其领土内的投资和收益的基本原则，采取了列举的方法明确可以自由转移的投资和收益的类别，也规定这种转移应该以可自由兑换货币进行，是不可迟延的，甚至还规定了兑换汇率的标准。[4]

在坚持投资和利润可自由转移的基本原则下，中国 FTAs 通常也详细地规定了一些限制条件，主要包括：（1）遵守东道国国内法规与程序；[5]（2）执行法令或裁决令状所需；[6] 以及（3）特定经济情形下的禁止转移。[7] 当然，以上限制性条件的实施要求在公平、非歧视和善意的基础上进行，以免构成不公平和歧视。

台湾 BITs 实践中，1982 年台湾—莱索托 BIT 对投资资金转移条款就有原则性的规定。[8] 其他协定中，从 1994 年台湾—奈及利亚 BIT 开始，台湾 BITs 不但明确了资金转移的财产范围，而且规定"应以汇兑当日通常适用之外汇汇率兑换为可自由兑换之货币，

---

[1] See UNCTAD, *Bilateral Investment Treaties* 1995 – 2006: *Trends in Investment Rulemaking*, United Nations, 2007, p. 56.

[2] 1982 年中国—瑞典 BIT 第 4 条。

[3] 如 1984 年中国—芬兰 BIT 第 6 条、1993 年中国—立陶宛 BIT 第 5 条、2005 年中国—朝鲜 BIT 第 5 条、2007 年中国—哥斯达黎加 BIT 第 6 条、2008 年中国—墨西哥 BIT 第 8 条等。

[4] 中国—新西兰 FTA 第 142 条第 2 款、中国—巴基斯坦 FTA 第 51 条。

[5] 如中国—东盟投资协议第 10 条第 4 款、中国—新西兰 FTA 第 142 条第 3 款。

[6] 中国—新西兰 FTA 第 142 条第 4 款第 5 目。

[7] 中国—东盟投资协议第 10 条第 5 款。

[8] 1982 年台湾—莱索托 BIT 第 6 条。

不得迟延"。① 台湾 FTAs 中都涵盖关于资金转移的专门条款，从总体上来看，不仅坚持转移所涉及的财产范围广泛，自由汇兑和及时转移，而且对于某些情形下的限制也必须坚持公正与非歧视原则。②

可见，无论是两岸各自在 BITs 还是 FTAs 实践中，关于资金转移问题的规定基本上没有什么差异，即与国际上大多数的 IIAs 中关于该问题的规定已经接轨。中国大陆不仅是《国币货币基金协定》的缔约方，而且已经于 1996 年 12 月宣布接受 IMF 第 8 条的义务，实行人民币经常项目的自由兑换。③

尽管台湾地区不是也不可能是 IMF 的缔约方，但是台湾地区与中国大陆一样同属于 WTO 成员，有义务遵守 WTO 规则。且"两会"于 2009 年 4 月 26 日在南京签署《海峡两岸金融合作协议》，建立了两岸金融合作的框架之后，2009 年 11 月 16 日中国大陆银行业监督管理机构与台湾金融监督管理机构正式签署了《海峡两岸银行业监督管理合作谅解备忘录》（MOU），开启了两岸金融实质合作的新篇章。④于 2010 年 1 月 16 日正式生效的两岸 MOU 包括两岸银行、证券及期货、保险业等多个层面的监管合作，内容涉及信息交换、信息保密、共同监管、事后联系与互访以及危机处理等。MOU 规定了双方金融市场准入及优惠措施，为两岸业者酝酿已久的相互设立分行、认购股权、并购等业务打开了大门。⑤ 显然，两岸 MOU 的生效不仅有利于两岸金融业者展开两岸间的投资

① 如 1999 年台湾—马其顿 BIT 第 6 条、1999 年台湾—危地马拉 BIT 第 5 条。

② See Article 10.10（1，2，4），台湾—巴拿马 FTA；Article 10.10（1，2，4），台湾—危地马拉 FTA。

③ 王贵国：《国际货币金融法》，法律出版社 2007 年版，第 131 页。

④ 参见《两岸金融监管合作备忘录签署、开启两岸金融实质合作新篇章》，人民网，http：//tw.people.com.cn/GB/10389166.html，2009-12-29。

⑤ 《两岸金融监管合作备忘录（MOU）1 月 16 日正式生效》，中国政府门户网站，http://www.gov.cn/jrzg/2010-01/16/content_1512717.htm，2010-03-01。

与合作，而且为两岸之间就未来经济合作协议中的投资资金转移方面达成一致意见也奠定了良好的基础。

八、关于透明度要求

在国际投资关系中，"透明度问题是投资规则制定的领域之一"[1]，而且投资自由化与透明度密切相关。这主要是因为透明度有助于投资者了解其投资准入及活动方面的条件，或者从事经营活动所必要的信息，明确其在投资过程中的权利和义务，从而提高投资关系的稳定性和可预见性。[2]

WTO框架下的与国际投资有关的几个协议都有关于透明度原则的规定。[3] OECD也指出："有关政府如何执行和改变调整投资规则和规章的透明信息在投资决定中是关键的决定因素。"[4] 透明度要求在许多BITs中也有具体体现，且近来更多IIAs已经开始强调缔约方在所有与投资有关交易的透明度方面的一般义务。该义务可能涵盖东道国允许投资者参与影响其投资的国内规则制定程序的要求。[5] 甚至最近一些IIAs在投资者—东道国争端解决程序方面进行革新的目的之一是通过许可的公开听证（hearings）、有关的文件公布和在仲裁中有利益的非争端方"法庭之友"提交意见来提高透明度。[6]

21世纪以来我国少数BITs对投资透明度有非常具体的规定。不仅要求缔约方公布其现在或将来可能对投资产生影响的法律、法

---

① UNCTAD, *Bilateral Investment Treaties* 1995 – 2006: *Trends in Investment Rulemaking*, Untied Nations, 2007, p. 76.

② 余劲松:《区域性安排中的投资自由化问题》，载王贵国主编:《区域安排法律问题研究》，北京大学出版社，2004年版，第61页。

③ 如TRIMs协议第6条、GATS第3条、TRIPs协议第63条第1款。

④ OECD, *policy Framework for Investment*, 2006, p. 23.

⑤ See UNCTAD, *International Investment Arrangements*: *Trends and Emerging Issues*, Untied Nations, 2006, p. 47.

⑥ See UNCTAD, *International Investment Arrangements*: *Trends and Emerging Issues*, Untied Nations, 2006, p. 11.

规、程序以及对现有法律、法规和程序的修改或变化情况，还要公布对投资可能产生影响的行政裁决和可普遍适用的司法判决以及其已经或将来要签署、加入的对投资可能产生影响的国际协定，如另外缔结的 BITs 和对 BITs 的重新谈判达成新的协议以及签署的涉及投资问题的 RTAs 也在公布之列。① 同时，这种 BIT 也规定透明度要求的例外情形。②

尽管我国已经缔结的 FTAs 中仅有两个协定明确规定了投资透明度问题，③ 且可以划分两种不同情形：一种情形仅仅原则性地提出要建立透明的投资机制，没有专门的透明度条款设置，个别的具体要求和义务也是散见于特定方面。④ 另一种情形则专门设置了透明度条款，且将透明度要求具体化。⑤ 即不但要求设立联系点对投资政策的信息及其修改进行沟通和通知，⑥ 且根据协议规定设立的投资委员会还要承担"考虑制定有助于增强与国民待遇不符措施的透明度程序"⑦ 的职能。

可见，进入 21 世纪以来，我国在少量 BITs 和 FTAs 中已经基本接受投资政策的透明度要求。

考量台湾的 BITs 和 FTAs，尽管没有任何一个协定对于投资透明度问题作出了规定，由于透明度原则是 WTO 的基本原则之一，⑧

---

① 如 2004 年中国—拉脱维亚 BIT 第 10 条第 1 款。
② 如 2004 年中国—拉脱维亚 BIT 第 10 条第 2 款。
③ 中国—东盟投资协议和中国—新西兰 FTA。
④ 中国—东盟投资协议第 10 条第 5 款、第 6 款。
⑤ 中国—新西兰 FTA 第 146 条。
⑥ 中国—新西兰 FTA 第 147 条。
⑦ 中国—新西兰 FTA 第 150 条第 3 款。
⑧ 关于 WTO 中透明度原则的详尽论述，See Guiguo Wang, *The Law of the WTO：China and the Future of Free Trade*, HongKong. Singapore. Malaysia. Sweet&Maxwell Asia, 2006, pp. 126 - 133. 或参见王贵国：《世界贸易组织法》，法律出版社 2003 年版，第 87—90 页；曹建明、贺小勇：《世界贸易组织》，法律出版社 2004 年版，第 76—80 页。

在 WTO 框架下，与国际投资有关的几个协议对于透明度问题都有非常明确的规定。作为 WTO 成员，台湾有义务严格遵守 WTO 的透明度义务。加之，从现有情况来看，台湾当局无论是对于侨外资法律与政策，还是对于两岸的经贸政策，在透明度方面总体上都已经达到了 WTO 规则的要求，所以两岸间投资政策与法律制度就透明度问题达成一致应该也没有什么障碍。

第四节　构建两岸双向直接投资法律框架的程序性问题

由于投资解决争端的有效体制是加强法律规则和增加法律稳定性很重要的手段，所以许多 IIAs 都规定了投资者—国家争端解决机制。如从 NAFTA 开始，美国和澳大利亚在其各自 FTAs 中都一致地涵盖投资者—国家争端解决机制。[①] 近年来，以国际投资条约为基础提出投资者—国家投资争端也在日益增加。[②]

因为投资者与政府之间的投资争议如何解决是两岸投资者最为关注问题，所以有关投资者与政府之间的投资争议解决，应该纳入 ECFA 之后的两岸投资协议当中。鉴于两岸关系的特殊性，投资者与政府之间的投资争议如何解决的条款可能是两岸投资协议磋商中最为艰难的条款。[③] 接下来本文主要从争议解决方式、穷尽当地救济、争端解决机构等方面进行论述。

---

① See Gilbert Gagné and Jean – Frédéric Morin, *The Evolving American Policy on Investment Protection: Evidence from Recent FTAs and the* 2004 *Model BIT*, Journal of International Economic Law, Vol. 9, No. 2, 2006, p. 372.

② UNCTAD, *Latest Developments in Investor – State Dispute Settlement*, IIA Monitor, No. 1 (2009), UNCTAD/WEB/DIAE/IA/2009/6/Rev1, p. 2.

③ 李英明：《以 ECFA 与九二共识催生投保协议》，财团法人"国家"政策研究基金会出版物：内政（评）100 – 148 号，2011 年 9 月 30 号。

一、关于争议解决方式

国际投资实践中，投资者与东道国投资争端解决方式主要有协商、调解、诉讼和国际仲裁解决，但是，在现代国际法下，通常投资者在与东道国协商未果后，更愿意选择国际仲裁方式。

随着中国成为 ICSID 的一员，中国 BITs 实践中逐步固定化地规定允许投资者选择 ICSID 机制调解、仲裁或者其他国际仲裁机制的权利，体现出接受国际仲裁管辖的趋势。中国 FTAs 实践中也规定了投资者—东道国投资争端解决方式主要有协商/磋商或者调解解决、东道国法院诉讼解决和仲裁解决等方式，且都规定投资者在经由一定期限的协商或者磋商程序未果之后，投资者可以选择诉讼程序，也可以选择国际仲裁方式解决争议。

台湾自 20 世纪 90 年代中期以后的 6 个 BITs 都有专门条款就投资者—缔约方政府投资争端解决机制作出了规定，[①] 且其争端解决方式主要是协商和仲裁方式，仅有 1996 年台湾—萨尔瓦多 BIT 规定当事人可以选择缔约方境内法院解决方式。[②] 其中，关于仲裁解决方式，都规定争议双方在经由"协商或谈判"方式未能解决争议的一定时间之后，投资者可以将争议提交国际商事仲裁解决。在台湾 FTAs 实践中，投资者与缔约方之间投资争端解决方式有协商/磋商和仲裁解决方式，没有任何一个 FTA 规定了缔约方境内的法院解决方式。这表明台湾在这些 BITs 和 FTAs 实践中基本不接受缔约方境内诉讼程序解决争议的立场。由于与台湾签署 FTAs 的国家以及以上 6 个 BITs 中的缔约方基本来自中美洲或非洲的贫穷落后国家，这些国家的法制与司法水平相比台湾都有较大的差距，所以笔者认为，这更多是台湾所持立场的具体表现。

---

① 1996 年台湾—萨尔瓦多 BIT 第 10 条、1997 年台湾—塞内加尔 BIT 第 10 条、1998 年台湾—布吉纳法索 BIT 第 10 条、1999 年台湾—马其顿 BIT 第 7 条、1999 台湾—危地马拉 BIT 第 8 条、1999 年台湾—利比里亚 BIT 第 7 条。

② 1996 年台湾—萨尔瓦多 BIT 第 10 条第 3 款。

由此，就争端解决方式而言，关于协商解决和仲裁解决或者仲裁程序中的调解解决问题上，在两岸投资协议协商中应该基本没有争议。

需要指出的是，我国 FTAs 中关于协商方式，使用的是"尽可能"或"尽最大可能"，即"shall, as far as possible"的措词。为了避免就协商方式是否是必须首先寻求的方式而产生争议，笔者认为在两岸双向直接投资法律框架中，就此问题应该参考 NAFTA 的做法，即对于投资者—政府之间争端解决程序中的协商或者磋商，明确规定"应首先尝试"（should first attempt）①。由于台湾 FTAs 中实际上已经规定，争议双方应该首先尝试②或应首先寻求（should initially seek）协商和谈判方式解决争议，③ 所以，如果我方对此提出要求使用"应首先尝试"的措词应该不存在什么障碍。

在争议双方经由协商解决的 6 个月或者 180 天之内，如果没有解决争议，则应赋予投资者选择仲裁方式解决争议的权利。

对于提交仲裁，《华盛顿公约》、《ICSID 附加便利规则》和《UNCITRAL 仲裁规则》、《国际商会仲裁规则》和 1958 年《关于承认与执行外国仲裁裁决公约》中都规定，需要书面同意或争端方的书面协议来提交争端。④ 即使 OECD 起草的多边投资协议（MAI）规定，一旦接受该协议，缔约方无条件地接受了同意国际仲裁，但也规定或根据协议书面提交争端到国际仲裁，或投资者提

---

① Article 1118, NAFTA.

② Article 10.19，台湾—巴拿马 FTA；Article 10.19，台湾—危地马拉 FTA；Article 10.20，台湾—洪都拉斯、萨尔瓦多 FTA。

③ Article 10.15，台湾—尼加拉瓜 FTA。

④ See P. Malanczuk, *State - to - State and Investor - to - State Dispute Settlement in the OECD Draft Multilateral Investment Agreement*, in E. C. Nieuwenhuys and M. M. T. A. Brus（ed.），*Multilateral Regulation of Investment*，Kluwer Law International，2001，p. 150.

前书面同意这样的提交申请以及完成其他所需要的文件。① 所以笔者认为，在两岸投资协议中，对于提交仲裁也应该规定需要有书面的申请仲裁的请求。

二、关于当地救济问题

当地救济是指在东道国的司法机构或行政机构中依照东道国的程序法和实体法解决投资争议，② 所以也称为东道国当地救济。

尽管中国不同时期的 BITs 中对于当地救济规则有不同的规定，不过 2001 年之后的中国 BITs 实践中，当地救济规则已经被逐渐固定化，即要求投资者在提请国际仲裁前，必须穷尽当地行政复议程序，但时限最长不超过 3 个月。中国 FTAs 中，都规定了投资者要先寻求当地救济，但是并没有要求"穷尽当地救济"，只是规定东道国可以要求投资者寻求"国内行政复议程序"③ 或用尽"国内行政复议程序"，④ 且仅有中国—新西兰 FTA 中规定，该"行政复议程序不应超过 3 个月"。⑤

关于当地救济规则，台湾—巴拿马 FTA 和台湾—危地马拉 FTA 规定，任何缔约方都可以要求"先用尽缔约方内的行政救济程序作为缔约方同意提交仲裁"的先决条件之一。⑥ 且如果从开始诉诸行政救济程序已满 6 个月，而行政主管机关仍未能作出最终决定，投资者可以直接依据该 FTA 规定的程序提请仲裁。⑦ 显然，这两个 FTAs 仅仅规定了用尽当地行政救济程序，并没有要求"穷尽

---

① See Article D. 5，Draft MAI.

② 姚梅镇：《比较外资法》，武汉大学出版社 1993 年版，第 959 页。

③ 中国—新西兰 FTA 第 153 条、中国—东盟投资协议第 14 条第 6 款第 2 目、中国—秘鲁 FTA 附注 18。

④ 中国—巴基斯坦 FTA 第 54 条第 2 款第 2 目。

⑤ 中国—新西兰 FTA 第 153 条。

⑥ See Article 10.22 （2），台湾—巴拿马 FTA；Article 10.22 （2），2005 年台湾—危地马拉 FTA。

⑦ *Ibid.*

当地救济"。而 2006 年台湾—尼加拉瓜 FTA 和 2007 年台湾—洪都拉斯、萨尔瓦多 FTA 中已经没有类似先决条件的规定，即更大程度地接受了国际仲裁的趋势。

关于当地救济问题，由于有些台商或者学者对于中国大陆的法制水平和司法公正性方面一直以来就颇有微词，[①] 可能台湾方面会要求在争议双方协商未果后的一定期限即可以直接选择仲裁方式解决，而不必寻求当地行政救济程序。笔者认为，在两岸投资协议中，我方应该坚持可以要求投资者用尽当地行政救济程序作为提交仲裁的前提。一方面是基于两岸在 FTAs 中都有接受"用尽当地行政救济程序"的实践；另一方面则是目前两岸的投资主要还是台商对大陆的投资。尽管目前台商参与大陆资源开发、电力、道路等方面投资的数量还相当有限，[②] 但随着两岸投资关系的健康发展，台商无疑将有更多机会参与基础设施方面的建设与投资。虽然近年来我国政府干预"国家合同"性质的行为已经非常罕见，但是大量的国际投资合同都是由一些带有管理职能的公司与外国投资者订立，违反此类合同的争端时常出现。[③] 从国际仲裁实践来看，许多仲裁庭已经把此类带有管理职能的公司视为东道国政府的"工具"，从而确定其为投资争端的合格"政府方"。[④] 由此，如果发生涉及中国大陆带有管理职能的公司违反其与台商之间投资合同的情形，如何解决争议无疑是投资者和大陆政府非常关注的事项。

---

① 海基会：《"探讨大陆台商投保法实施细则修法内容"座谈会纪实》（2009 年 8 月 13 日），载《两岸经贸》2009 年 9 月号；林震岩：《〈台湾同胞投资保护法实施细则〉修订之研议》，载《两岸经贸》2009 年 12 月。

② 台湾"经济部"，《核准对中国大陆投资——按行业分》，台湾"经济部"网站，at http：//www. moea. gov. tw，2010 - 02 - 11。

③ 徐崇利：《"保护伞条款"的适用范围之争与我国的对策》，载《华东政法大学学报》2008 年第 4 期。

④ See N. Gallus, *State Enterprises as Organs of the State and BIT Claims*, The Journal of World Investment & Trade, Vol. 7, 2006, pp. 761 - 779。转引自徐崇利，同上。

三、关于仲裁机构与仲裁规则的选择

（一）两岸间不能适用 ICSID 机制

UNCTAD 的统计表明，解决国际投资争端方面的国际仲裁场所主要是 ICSID 和联合国国际贸易法委员会（UNCITRAL）以及瑞典斯德哥尔摩商会、国际商会等机构，其中 ICSID 和 UNCITRAL 最为典型。[①]

我国 21 世纪以来的 BITs 实践中，基本上接受 ICSID 仲裁或者其他国际仲裁解决方式；近来 FTAs 中也规定投资者可以将投资者与东道国之间的投资争议提交到 ICSID、UNCITRAL 或任何其他仲裁机构进行仲裁。且所选择适用的仲裁规则通常包括根据《华盛顿公约》及《ICSID 仲裁程序规则》、《UNCITRAL 规则》以及由争端所涉方同意任何其他仲裁规则进行仲裁。台湾的 BITs 和 FTAs 实践中，也涵盖了《UNCITRAL 规则》、《国际商会仲裁规则》和《华盛顿公约》及"中心"附加便利机制。[②] 尽管台湾方面极有可能以提高投资争端解决公平与效率，加强台商投资权益的法律保障为由，主张"应将世界银行的国际投资争端解决中心（ICSID）的仲裁与司法程序，列为投资人与大陆政府间投资争端解决的主要管道之一"[③]，但是笔者认为两岸间不能适用 ICSID 机制，理由如下：

《华盛顿公约》的缔约方仅限于主权国家，根据该公约成立的 ICSID 也是典型的政府间国际经济组织。《华盛顿公约》规定，ICSID 行使管辖权的必要条件中，其中一方当事人必须是公约缔约国或该缔约国指派到中心的该国的组成部分或机构，另一方当事人必

---

① See UNCTAD, *Latest Developments in Investor - State Dispute Settlement*, IIA Monitor, No. 1（2009），UNCITRAL/WEB/DIAE/IA/2009/6/Rev1, p. 2.

② See Article 10. 21（1），2003 年台湾—巴拿马 FTA；Article 10. 21（1），2005 年台湾—危地马拉 FTA。

③ 蔡宏明：《两岸投资协议促进双向投资》，载《中国评论月刊》2010年 12 月号。

须是"另一缔约方的国民"①。即要求争端国家方与投资者所属国家必须是该公约的不同缔约国。

尽管《华盛顿公约》规定，如果某法律实体与缔约国具有相同的国籍，只要该法律实体直接受到另一缔约国利益的控制，且如果双方同意，为了公约的目的，该法律实体也可被视为另一国国民，②台商在中国大陆举办的企业原则上也享受外商投资企业的待遇，但是台湾地区仅仅是中国行政区域的一部分，台湾不可能成为《华盛顿公约》的缔约方。如果台商与中国大陆政府之间就国有化或者征收赔偿问题发生争议，台商需要提交该类争议到 ICSID 进行仲裁，根据《华盛顿公约》第 25 条第 2 款中关于"该法律实体直接受到另一缔约国利益的控制"的规定，显然将排除台商在中国大陆举办的企业成为合格当事人的可能性。③

由于台湾不能成为《华盛顿公约》的缔约方，因此台湾在其对外签署的有关协定中实际上没有权利选择适用《华盛顿公约》。④对此，台湾方面的有关资料也已经予以了肯定。⑤

---

① See Article 25.1, the ICSID Convention.

② See Article 25 (2. b), the ICSID Convention.

③ 对此，台湾有学者建议为避免受到中国大陆的国有化和征收，台商"应该到 ICSID 成员国设立公司，再转投到中国大陆投资，较有保障。"参见易建明：《论大陆对台商直接投资之征收等法律问题》，载杨光华主编：《WTO 新议题与新挑战》，元照出版公司（台湾）2003 年版，第 305 页。

④ 台湾在其 BITs 和 FTAs 中，对于选择《华盛顿公约》的规定，都附加了"但须争端'缔约国'及投资人所属之'缔约国'双方均为该公约之'缔约国'"的条件。See Article 10.21 (1)，台湾—巴拿马 FTA；Article 10.21 (1)，台湾—危地马拉 FTA。

⑤ 台湾"法务部"公布的材料中指出，由于台湾并非《华盛顿公约》"会员国"，关于台湾投资者与东道国政府或者外国投资者与台湾政府之间的投资争端，尚无从利用 ICSID 的争端解决机制处理。参见台湾"法务部"：《仲裁及调解机制概况》，http://www.moj.gov.tw/ct.asp? xItem = 23540&CtNode = 64&mp = 001，2010 - 02 - 11。

即使根据现行 ICSID《附加便利规则》的规定，授权 ICSID 秘书处可以受理争端国家方（the State party）或者争端一方国民的国家（the State whose national is a party）不是公约缔约国的国家—投资者之间直接因投资产生的法律争端，① 但是，由于两岸关系的特殊性，坚持"九二共识"是两岸经济合作协议协商和达成的基础和基本原则。该《附加便利规则》中以上关于"争端国家方"和"或者争端一方国民的国家"的规定，恐怕会成为台商投资者与中国大陆政府之间投资争端适用 ICSID 机制解决争议的最大难题。

（二）不宜选择国际商会等国际仲裁机构

联合国国际贸易法委员会（UNCITRAL）"被视为联合国系统在国际贸易法领域的核心法律机构"。尽管该机构的成员都是从"联合国会员国中选出"，且该委员会的任务中含有典型的政府间国际机构所履行任务的性质，但是，由于"该委员会履行促进国际贸易法逐步统一和现代化的任务，拟订并促进使用和采纳一些重要商法领域的立法和非立法文书"，而且"这些文书经由涉及各种参与者的国际谈判达成，参与者包括代表不同法律传统和不同经济发展程度的贸易法委员会成员国、非成员国、政府间组织和非政府组织"，② 所以台湾在其对外 FTA 中选择适用《UNCITRAL 仲裁规则》在法理上没有什么问题。

至于国际商会本身是典型的非政府间国际组织，所以要选择该机构作为国际仲裁机构和选择《国际商会仲裁规则》适用涵盖台湾在内的非主权主体的投资争议在法理上也不存在什么争议。

那么，在两岸投资法律框架下，投资者与政府之间的投资争议是否需要求助于国际商会或者类似国际仲裁机构呢？笔者认为，在理论上选择这些机构没有问题，甚至正如有台湾学者所建议的"台商在合资双方协议书上最好规定较具规模，最好是国际仲裁机

---

① See Article 2 (a), ICSID Additional Facility Rules.
② 《联合国国际贸易法委员会指南》第 1 条。

构，较有保障"①。甚至台湾方面可能还会出于多种考虑积极主张和推动选择国际知名仲裁机构。

但是，台湾地区仅仅是中国行政区域的一部分，两岸同属于一个中国主权，"两会"协商机制的重新启动并取得包括 ECFA 在内的重大协商成果，是以坚持"九二共识"为前提和基础的，在 ECFA 框架下洽谈两岸投资协议，不同于国与国之间的 BIT 或 FTA 中的投资协议。两岸政府间的投资争议或两岸投资者与政府间的投资争端启动国际仲裁机制，显然很有可能被台湾方面不当解释或利用。

同时，我们也不能忽视的一个问题是，如本文第一章所述，尽管近年来国际投资仲裁发展迅猛，但是在那些仲裁案例中，对诸如公正与公平待遇、国民待遇、"保护伞条款"、投资透明度等问题的解释并非一致。这种国际投资仲裁实践也正在给国际社会带来新一轮的挑战和困境，如"由国际仲裁庭对条约义务的解释趋向分歧。这已经导致投资者新的不确定性和已经导致有冲突的裁决数量不断增加"②。又如"适用不同的仲裁规则，尽管给外国投资者在不同选择项之间提供了选择，但也导致了国际投资体制的不连贯性和缺乏可预见性"③。甚至"这种独特的仲裁机制正在造成相当的负担，特别是对发展中国家"④。所以，正如在 *SGS v. Pakistan* 案⑤和 *SGS v. Philippines* 案⑥中关于"保护伞条款"不一样的解释，如

---

① 易建明：《论大陆对台商直接投资之征收等法律保护问题》，载杨光华主编：《WTO 新议题与新挑战》，元照出版公司（台湾）2003 年版，第 329 页。

② UNCTAD, *Latest Developments in Investor - State Dispute Settlement*, IIA Monitor, No. 1 (2009), UNCTAD/WEB/DIAE/IA/2009/6/Rev1, p. 12.

③ *Ibid.*

④ *Ibid.*

⑤ *SGS v. Pakistan*, ICSID case No. ARB/01/13, decision on Jurisdiction, 6 August 2003.

⑥ *SGS v. Philippines*, *ICSID* case No. ARB/02/6, Decision on Jurisdiction, 29 January 2004.

果两岸的投资者与政府之间的投资争议选择其他国际仲裁机构，将来相同原因导致的争端或者类似争端可能面临不同解决结果的困惑。

加之如果选择国际商会或类似位于其他国家的国际仲裁机构，仅仅在律师代理费、差旅费等方面的开支，对于投资者和政府而言可能都不是一件轻松的事情。如阿根廷近年来的投资条约仲裁案件数量激增，那些投资仲裁案件平均每件单单律师费用等法律费用就需要耗费政府一两百万美元，仲裁庭的费用还需要 40 万美元左右。据此，估计阿根廷近几年仅仅为应付投资仲裁费每年就达数千万美元之多。① 加之，在仲裁中所使用的语言，无论是仲裁材料的书面语言还是仲裁庭开庭所使用的语言上，对两岸的投资者和主管机关无疑也会带来一定的不便甚至是困难，至少会增加一定的"诉讼成本"。所以笔者认为，不宜选择国际商会等国际仲裁机构来解决两岸投资者与政府间的投资争端。

（三）两岸现有仲裁机构无法满足需要

两岸各自现有的仲裁机构和仲裁规则是否可以作为选择项呢？中国国际经济贸易仲裁委员会（CIETAC）"是世界上主要的常设商事仲裁机构之一"②。该仲裁委员会以仲裁的方式，独立、公正地解决了大量的经济贸易争议。根据《CIETAC 仲裁规则》（2005年版）规定，该仲裁委员会受理的争议案件既包括国际的或涉外的争议案件、国内争议案件；也包括涉及香港特别行政区、澳门特别行政区或台湾地区的争议案件。③ 但是，由于《CIETAC 仲裁规则》是根据我国的《仲裁法》及有关法规制定，而我国《仲裁法》

---

① 单文华：《从"南北矛盾"到"公私冲突"：卡尔沃主义的复苏与国际投资法的新视野》，载《西安交通大学学报》（社会科学版）第 28 卷第 4 期（2008 年）。

② 中国国际经济贸易仲裁委员会网站，http：//cn. cietac. org/AboutUS/AboutUS. shtml，2010 - 02 - 02。

③ 《中国国际经济贸易仲裁委员会仲裁规则》（2005 年版）第 3 条。

中明确规定，不能仲裁的纠纷包括"依法应当由行政机关处理的行政争议"。① 仅仅"平等主体的公民、法人和其他组织之间发生的合同纠纷和其他财产权益纠纷，可以仲裁"。② 所以在我国目前的法律框架下，CIETAC 不能受理涉及争端一方为"政府"的投资争议。

台湾地区的仲裁机构中，受理具有涉外因素的仲裁机构主要是中华仲裁协会（CAA）。该机构以"仲裁'国内外'依法得和解之争议及调解有关之争议为宗旨，为一具有准司法功能之民间机构"。该机构受理仲裁事件范围是"凡依法得和解之民事争议，诸如工程、技术合作、海事、证券、保险、国际贸易、智慧财产权、房地产……皆可向本会申请调解与仲裁"③。即台湾的该仲裁机构也仅仅只能受理民事争议的仲裁，而无法对涉及两岸政府的争议进行仲裁。

尽管 CIETAC 已经聘请了部分台湾的专家、学者等作为该仲裁机构的仲裁员，以确保涉及台商争议案件的公正性，④ 海峡两岸仲裁机构之间也加强了联络沟通等工作，为两岸仲裁机构之间更好地开展工作奠定了基础。⑤ 但是海峡两岸的以上两个仲裁机构目前显然都无法受理和仲裁处理两岸政府为争端一方当事人的投资争端。

---

① 《中华人民共和国仲裁法》（1994）第 3 条。

② 同上，第 2 条。

③ （台湾）中华仲裁协会网站，http：//www. arbitration. org. tw/content/b1. htm，2010－03－01。

④ 截至 2008 年 5 月 1 日，中国国际经济贸易仲裁委员会已经聘请了台湾的专家、学者作为该仲裁机构的仲裁员 14 人。参见《中国国际贸易仲裁委员会网站仲裁员名册》（2008 年 5 月 1 日起施行），中国国际贸易仲裁委员会网站，http：//cn. cietac. org/Query/zhongcaiyuanNewen1. asp，2010－3－3。

⑤ 于健龙：《中国国际经济贸易仲裁委员会 2008 年度工作报告》，中国国际经济贸易仲裁委员会网站，http：//cn. cietac. org/，2010－03－12。

（四）特设投资者—政府争端解决机构或者选择香港国际仲裁中心

笔者认为，对于两岸的投资者与政府之间投资争端的解决，可特设投资者—政府争端解决机构，这是因为两岸之间语言相通、文化同源；[①] 即使在法律上由于历史的原因各自形成了单独的法律制度，但也同属于大陆法系的法律体制。尽管 CIETAC 和中华仲裁协会目前都无法管辖涉及争议一方为大陆政府或者台湾地区政府的争议，我们可以考虑依据两岸间 RTA 性质的协议，设置专门的争端解决机构和订定相应的争议解决规则来处理投资者与政府之间投资争议的案件。就此方面，可以参考 NAFTA 的做法，设立两岸自由贸易协议委员会作为协定的最高决策机构[②]，该机构的职能之一是负责解决协定解释、使用时发生的争端，含投资争端。不过，在该机构下的争端解决应该重视和强调用法律的方法来解决争端，而不是如《更紧密经贸关系安排》（CEPA）下的本质上用政治方法来解决争端。[③] 在争议双方首先尝试或者寻求协商未果后，允许投资者选择两岸自由贸易协议委员会下的仲裁机制解决投资争议。当然，两岸政府都应有权利要求投资者寻求当地行政救济作为提交仲

---

① 有学者认为，中华文化是两岸最大的资源，也是构建两岸自由贸易区的深层基础。参见俞荣根：《文化力：两岸两岸自由贸易区的深层基础》，载王贵国主编：《两岸四地经贸安排研究》，北京大学出版社 2006 年版，第 21—32 页。

② 根据 2010 年 6 月 20 日经由"两会"签署的 ECFA 第 11 条，双方成立了"两岸经济合作委员会"，其职能之一是"解决任何关于本协议解释、实施和适用的争端"。

③ 关于 CEPA 争端解决机制的评论，可参见陈立虎、赵艳敏：《区域贸易协定中的争端解决机制——兼析 CEPA 第十九条》；王贵国：《经济全球化下的区域性安排》，分别载王贵国主编《两岸四地经贸安排研究》，北京大学出版社 2006 年版，第 252—254 页、第 24—25 页。

裁的前提条件。①

　　另外，笔者认为可以考虑利用香港国际仲裁中心作为供选择的仲裁机构，并可选择该机构的仲裁规则作为争端解决适用的规则。② 理由如下：

　　其一，独立性和专业性。香港国际仲裁中心（下称 HKIAC，1985 年成立）是一个由商界及专业人士组成的委员会运作的、独立的非营利性机构。其目的是为香港本地以及国际仲裁提供服务，包括指定仲裁员、提供辅助服务，以及依该中心自身仲裁规则及联合国国际贸易法委员会（UNCITRAL）仲裁规则进行仲裁管理。从近几年该仲裁机构受理的案件来看，直追国际商会和美国仲裁协会等国际仲裁机构。③ 由此可见，HKIAC 吸引了众多国内外商事争议当事人将争议提交该中心仲裁，并被视为是亚太地区最重要的国际仲裁中心之一。

　　2008 年 9 月，HKIAC 推出了《HKIAC 机构仲裁规则》，该《仲裁规则》以《联合国国际商事示范法》为蓝本，并在此基础上

------

　　① 国内有学者建议可在已建立的"两岸经济合作委员会"下设投资合作委员会，将投资保护协议解释和适用中产生的有关问题，首先交由该委员会负责协调和解释。如果协商不成，也可通过专设仲裁庭来解决有关争端。余劲松：《两岸投资争端解决机制与合作》，第七届两岸经贸文化论坛论文，2011 年 5 月。

　　② 台湾地区现任中华仲裁协会理事长李念祖先生在论及关于两岸双向投资涉及之公部门征收或准征收的投资争端时，也主张可将香港仲裁中心作为可利用的第三地仲裁机构。参见李念祖：《海峡两岸投资纠纷解决机制与相互合作》，第七届两岸经贸文化论坛论文，2011 年 5 月。

　　③ 2006—2008 年香港国际仲裁中心受理的案件分别为 394、448、602件；国际商会受理的案件分别为 593、599、663 件、美国仲裁协会受理的案件分别为 586、621、703 件；而瑞典斯德哥尔摩仲裁院受理的案件分别为 141、84、176 件。http：//www. hkiac. org/schi/show _ content. php? article _ id = 9，2010 － 03 － 09。

参考了《瑞士国际仲裁规则》，采纳了由机构"轻微"管理模式。①

　　根据《HKIAC 机构仲裁规则》，"所有仲裁员在任何时候得保持对争端双方公正和独立"。② 即不论是当事人各自指定的仲裁员，还是当事人共同指定的仲裁员，都必须是独立的。如果存在任何情况，可能对其中立性或独立性产生合理怀疑，仲裁员或者仲裁员人选必须披露。仲裁员不得私下单独与任何一方当事人讨论争议实体问题。如果对仲裁员的中立性或独立性有合理的怀疑，或者仲裁员不具备要求的资格，当事人可要求仲裁员回避。如果仲裁庭不同意此要求，仲裁员也不自行回避，当事人可向法院申请撤换仲裁员。③

　　其二，灵活性和便利性。在 HKIAC 审理或者由 HKIAC 管理的仲裁中，当事人可以自由选择任何仲裁规则。即当事人既可以选择《香港国际仲裁中心机构仲裁规则》，也可以选择《UNCITRAL 仲裁规则》等。从目前 HKIAC 进行的国际仲裁案例来看，当事人通常适用《UNCITRAL 仲裁规则》。④ 两岸的 BITs 和 FTAs 中对于仲裁规则，比较多的协定选择了适用《UNCITRAL 仲裁规则》。且根据《HKIAC 机构仲裁规则》，对于香港《仲裁条例》和由当事人选择的仲裁规则没有规定的，仲裁员有权决定采用适当的程序，以保证仲裁能公正和有效地进行。当事人可以选择仲裁的语言，包括提交书面材料的语言和仲裁庭庭审中所使用的语言，⑤ 这将给两岸的投资者和政府带来极大的便利性。

---

　　① 张月明：《新加坡与香港国际仲裁中心仲裁规则修改之比较》，载《广西社会科学》2009 年第 10 期。

　　② Article 11, HKIAC Administered Arbitration Rules（2008）.

　　③ See Article 11, HKIAC Administered Arbitration Rules（2008）.

　　④ 香港国际仲裁中心：《香港仲裁 100 问》，http：//www. hkiac. org/documents/Arbitration/Q_ A/100Q&A_ C. pdf, 2010 - 03 - 01。

　　⑤ See Article 16, HKIAC Administered Arbitration Rules（2008）.

当然，选择 HKIAC 仲裁，还必须解决仲裁裁决的执行问题。由于台湾地区不是也不可能是《承认与执行外国仲裁裁决公约》（以下简称《纽约公约》）的缔约方，无法利用该公约的机制，因此台湾仲裁机构所作的仲裁裁决在《纽约公约》各该签约国无法获得该国法院的承认及执行，同时，对于《纽约公约》各该签约国仲裁机构的仲裁裁决，台湾的法院自然也可以不予承认与执行。依照台湾"仲裁法"的有关规定，对于不承认和执行台湾仲裁裁决的国家所作出的仲裁裁决，台湾的法院将裁定驳回承认的申请。① 相反，如果外国仲裁裁决的仲裁国或者仲裁地所适用的仲裁法承认台湾的仲裁裁决，台湾将基于互惠原则，也予以承认与执行。②

内地与香港之间仲裁裁决承认与执行的问题，随着 1999 年 6 月 18 日最高人民法院《内地与香港特别行政区相互执行仲裁裁决的安排》的出台，已经打破了相互间无法承认与执行的僵局。③

关于香港仲裁裁决在台湾执行的问题。台湾于 1997 年 4 月 2 日公布的《香港澳门关系条例》中规定："在香港或澳门作成之民事仲裁判断，其效力、声请法院承认及停止执行，准用商务仲裁条例第三十条至第三十四条之规定"④，为 1997 年 7 月 1 日和 1999 年 7 月 1 日之后中国香港、中国澳门作成的仲裁裁决提供了承认其效力的法律依据，使海峡彼岸的仲裁判断在台湾的认可或承认有全面的法律依据。⑤

但是，以上无论是大陆还是台湾的有关规定仅仅针对的是一般

---

① 台湾"仲裁法"第 49 条第 2 款。

② 台湾"法务部"：《仲裁及调解机制概况》，台湾"法务部"网站，http: //www. moj. gov. tw/ct. asp? xItem = 23540&CtNode = 64&mp = 001，2010 - 02 - 11。

③ 黄进、李剑强：《评内地和香港两地〈安排〉之走向——以仲裁裁决执行制度为中心》，载《政治与法律》2006 年第 1 期。

④ 《香港澳门关系条例》第 42 条第 2 款。

⑤ 《大陆及香港仲裁判断在台湾地区之认可与执行》，载（台湾）《两岸经贸仲裁（2001—2002）论文集》，第 123—137 页。

意义上的商事仲裁，所以对于涉及两岸政府作为争端一方的仲裁的承认与执行，还要依赖于两岸在 RTAs 性质的协议中予以明确承认与执行。

为了避免和减少"滥用仲裁"现象的发生，如果投资者选择香港国际仲裁中心机构进行，则两岸政府同样应有权利要求投资者用尽当地行政救济程序。

结 　 论

在全球化早已成为世界主要发展趋势的今天，全球化在经济上的表现形式远远超出了传统意义上国际范围的相互依赖。在全球化的大背景下，现代国际社会的相互依赖呈立体和交叉的态势，且伴随着"法律全球化"的发展。"在高度全球化的世界里，国内法与国际法的分界线正在淡化，经由条约（如 BITs）和国际组织（如 WTO）的国际标准正在稳定和持续地进入主权国家的法律体制当中。各国政府需要快速地审查和调整其法律和政策以适应不断变化之形势"①。

首先，全球化背景下的国际投资规则呈现出一体化的发展趋势。在国际投资法领域，发达国家在国际法层面上早已着手通过推动各种形式的国际协议来构建保护国际投资的法律机制。② 迄今为止不但在全球范围内建立了双边性的、区域性或地区性的和多边性的国际投资协定（IIAs）网络，而且 IIAs 的网络还在继续扩张。③ 因此，几乎所有国家都面临着既要履行其缔结的 BITs 义务，也要履行其签署的 RTAs 或其他 IIAs 义务。这些 IIAs 构成了东道国修订

---

① See Guiguo Wang, *China' Practice in International Investment Law: From Participation to Leadership in the World Economy*, The Yale Journal of International Law, Vol. 34, No. 2, 2009, p. 585.

② See UNCTAD, *International Investment Rule - making: Stocking, Challenges and the Way Forward*, United Nations, 2008, pp. 10 - 19.

③ See UNCTAD: *World Investment Report* 2009, United Nations, 2009, pp. 31 - 32.

其外国直接投资规则的外在压力,① 在一定程度上导致近二十年来，各国外资法的修改持续朝着对外资的管制更加宽松、对外资的限制更加减少的方向发展,② 调整外国直接投资的内国法投资规则呈现出一体化的发展态势。

国际投资保护是 IIAs 中最为核心的问题，甚至在新一代 IIAs 当中，投资保护依然是协定的核心特征。但是在全球化的进程中，随着一些发展中国家和转型经济国家的经济发展和对外投资能力的提升，以及发达国家在国际投资争端解决实践中不断成为被告，发达国家原来坚持的一些国际投资保护原则已经发生一定程度的改变。典型的代表莫过于美国关于国际投资保护政策的发展与变化，表现出美国意欲在投资保护和国家主权保护之间达到更好平衡的趋向。

在国际投资自由化方面，全球范围内各国外资法的修订不但表现出外资政策继续朝着更加自由化的方向发展，而且近来 BITs 开始强调投资自由化承诺，投资自由化已经成为 IIAs 中最为重要的内容之一，甚至近来对一些 BITs 的修订和将来的修订都将涉及投资政策朝着更加自由化方向发展。

其次，在全球化背景下，中国不但积极成为 IIAs 中的缔约方，也在履行国际投资保护与自由化义务，为外国直接投资创建了良好的法律环境，并推动着中国逐步成为对外投资的重要投资主体。

《华盛顿公约》及其 ICSID 提供的保护投资者权益的投资者——国家争端解决机制、《MIGA 公约》及其 MIGA 担保机制和投资促进机制、WTO 框架下的 TRIMs 协议、GATS、TRIPs 协议以及中国在双边投资条约（BITs）和区域贸易协定（RTAs）中为 FDI 提供的投资待遇、投资保护体制等，不仅有力地保护了外商投资中国的

---

① See UNCTAD, *The Role of International Investment Agreements in Attracting Foreign Direct Investment to Developing Countries*, United Nations, 2009, pp. 2 – 3.

② See UNCTAD, *World Investment Report* 2009, United Nations, 2009, p. 31.

合法权益，促进了中国外商投资法律环境的建设，也积极地推动着 FDI 流向中国，中国不仅在较长时间以来成为吸引 FDI 最多的国家之一，而且，即使在 2008 年金融危机的严峻形势下，中国也被跨国公司列为 FDI 最为理想的投资地区。同时，中国也成功地改变了自身的经济状况，增强了综合国力，对外投资能力得到了快速提升，逐步成为对外投资的重要投资主体。而且，中国在双边和区域性 IIAs 中，在投资待遇、征收保护及其补偿以及投资者—国家争端解决方面，表现出不同时期所坚持的投资保护和投资自由化义务的基本原则在发生变化。如征收补偿问题，事实上中国已经接受了"赫尔准则"的补偿标准；如投资者—国家争端解决，中国目前已经固定化地接受了 ICSID 的国际管辖。

　　第三，在全球化的大背景下，台湾当局不但及时出台和调整其吸引外资和海外投资的政策与法律制度，而且长期觊觎参与区域合作和多边性安排，积极地签署了一些 BITs 和推动 FTAs 的发展。

　　尽管台湾当局违反客观事实，擅自以"中华民国"或"中华民国政府"等"主权"主体身份的名义对外签署 BITs 和 FTAs 的行为既没有法理上的依据，也无法得到 ICSID 等政府间国际组织的认可和广泛的国际支持，更无法实现台湾借以拓展所谓"国际"空间的目的，但是台湾所签署的 BITs 和 FTAs 中的实体和程序方面的规定，在一定程度上反映了作为一个独立的经济体参与国际投资活动及国际投资规则制定是台湾当局所坚持的态度和原则。

　　从台湾签署的这些 BITs 和 FTAs 中关于投资问题的具体规定来看，在这些协定中，台湾作为主要投资方的立场得到了充分体现，而且台湾在 FTA 中的具体规定，如投资待遇、征收保护、投资争端解决等方面都已经非常接近美国、加拿大等国家的 FTAs 实践，甚至台湾当局希冀通过这些 FTAs 来寻求所谓"国际"空间的意图也有所展现。另一方面，台湾当局自 20 世纪 50 年代开始即启动并一直实施积极、开放的吸引外资和鼓励对外投资的政策与法律制度，这对于台湾在吸引外资和鼓励海外投资方面起到了非常积极的作用，也有效地推动了台湾经济的快速发展。

第四，两岸双向直接投资交流的法律制度目前有了可喜的发展变化，但是还不能满足两岸投资的潜在发展需要，也不符合全球化背景下的发展趋势，亟待构建持续、稳定、可预期的两岸直接投资法律体制。

尽管目前两岸经贸关系密切，但是由于台湾当局长期以来实施闭锁的两岸经贸政策，两岸之间的经贸往来实际上是长期建立在大陆单方面给予台湾优惠的基础之上，导致两岸间出现"投资带动贸易"、"投资单向"的经贸格局。在两岸直接投资问题上，陈水扁当局违反 WTO 规则及台湾"入世"承诺，采取了一系列限制或者禁止两岸直接投资的政策与法律制度。这不仅严重阻碍了两岸经贸交流的全面、深入发展，也影响了台湾的经济环境，导致台湾的投资环境恶劣。

随着马英九先生在台湾当政，经过两岸政府的积极努力，目前两岸之间不仅恢复了"两会"的正常磋商机制，也取得了两岸直接"三通"和 ECFA 等一系列突破性的成果。

在两岸直接投资交流方面，首先值得肯定的是，自 2009 年 6 月 30 日开始，台湾当局进一步放宽了台商投资大陆的政策，提高了台商投资大陆的投资上限比例，有限减少了禁止台商投资大陆的投资或技术合作项目，降低了审批门槛，简化了台商投资大陆的审批程序和手续，这对于台商投资大陆的投资布局和扩大投资等方面将产生积极的影响。同时，台湾当局也宣布有限度开放陆资入台投资，出台了开放陆资入台投资的《来台投资许可办法》和《在台设立分公司许可办法》等相关法规，公布了陆资入台投资的项目清单，两岸投资步入双向直接投资的新的历史发展阶段。尽管目前陆资入台直接投资已经取得了一定的成绩，其积极意义不容忽视，但是整体上，台湾当局对于进一步开放两岸直接投资非常谨慎，开放的程度仍然非常有限，甚至在很多方面依然停滞不前。不但

"与台湾目前对外国人投资的开放程度相比较，仍有不小的差距"，① 且表现出依然过于强调突出"台湾主体利益"，因而忽视了开放两岸直接投资"互惠互利"的本质；过于强调管制陆资入台，因而忽视了应该如何促进和鼓励陆资入台投资；过于强调陆资入台投资可能对台湾"国家安全"的影响，因而忽视了对于有着极强入台投资意愿的陆资应该明确提供必须的法律保护。目前台湾当局不但没有出台任何具体性的促进和鼓励陆资入台投资的政策与法律，而且对于陆资入台直接投资的法律保护问题也没有任何肯定的答案。这与其自 20 世纪 50 年代即着手开放引进外资，并采取一系列促进和鼓励侨外资投资台湾以及保护侨外资合法权益的做法形成了鲜明的对比。

中国大陆方面，自 1988 年国务院颁布了《关于鼓励台湾同胞投资的规定》以来，先后制定和发布了一系列促进、鼓励台湾同胞来大陆投资，保护台商在大陆投资合法权益的专门性法律法规，总体上，中国大陆已经建立了较为完善的保护台商权益的法律保护体系。但是，大陆在台商投资权益保障方面仍然存在一些问题。如"一些地方和部门对台湾同胞投资合法权益保护工作重视不够"；"一些地方和部门保护台湾同胞投资合法权益工作未落到实处"；"有关政策规定与《台胞投资保护法》及其《实施细则》不尽一致"；"保护台湾同胞投资合法权益工作机制需要进一步健全"②；等等。对于陆资入台直接投资，中国大陆及时出台了两个部门规章并后续进行了修订，确立了鼓励陆资入台投资的基本政策，表明中国大陆对于推动两岸双向直接投资的积极态度，但是从现有规定来看，中国大陆出台的调整大陆企业赴台投资的法规过于原则性和程

---

① 谭瑾瑜：《陆资来台效益评估》，载《交流》（台湾）第 106 期（2009 年 8 月号）。

② 陈云林：《国务院关于台胞投资合法权益保护工作情况的报告》，http://www.china.com.cn/policy/txt/2007-04/25/content_9252692.htm，2009-12-12。

序性，没有明确具体性的鼓励措施、促进方式。由此，将使得现有关于鼓励陆资入台直接投资的规定变得更多停留在具有宣示性和指导性，难以发挥实际推动或者促进陆资入台直接投资的作用，而且已有关于鼓励大陆企业赴台投资的《通知》仅仅属于部门规章，其法律地位在我国法律体系中的位阶过低，无法全面、系统地解决中国大陆企业赴台直接投资所面临的诸多问题。同时，对于如何保护赴台直接投资的陆资，中国大陆也缺乏相应的法律制度。

　　笔者认为，未来两岸双向直接投资关系持续、稳定的发展是两岸关系和平、稳定发展的重要标志之一。① 正如在 *Azurix v. Argentina* 一案中，仲裁庭所指出的"给予稳定的安全投资环境从投资者观点来看是非常重要的"②，两岸投资关系未来的发展必须建立在持续、稳定、可预期的两岸直接投资法律制度之上。

　　在全球化的大背景下，面对国际投资规则趋于一体化的发展趋势，台湾当局应该适时把握大"势"，全面理解两岸双向投资交流持续、稳定发展的积极意义，顺"势"而为。为此，台湾当局应该进一步放宽台商投资大陆的项目，改变某些投资类型项目的严格审查制度，给予台商投资大陆更大的自主权等；对待陆资入台直接投资，台湾当局须全面履行 WTO 义务及其"入世"承诺，公正、平等地对待陆资入台直接投资；台湾当局也应该更全面、正确地理解开放陆资入台直接投资的积极作用，而非"防范"在前，要进一步加大开放陆资入台直接投资力度，减少对陆资入台直接投资的限制，提高现有调整陆资入台直接投资法规的法律效力层次，及时出台促进和鼓励陆资入台直接投资的法律、法规，并建立相应的法律保护制度。大陆方面，需要进一步加快修改现行《台胞投资保护法》等相关法规和改善台商权益保护机制，全面落实具体的保

---

　　① See UNCTAD, *Latest Developments in Investor - State Dispute Settlement*, IIA Monitor, No. 1 (2008), UNCTAD/WEB/ITE/IIA/2008/3, p. 5.

　　② *Azurix v. Argentina*, ICISD Case No. ARB/01/12, Final Award, 14 July 2006, para. 408.

护措施，保护台商合法权益；同时，对于鼓励大陆企业入台直接投资的政策与法律制度需要更进一步具体化，应该尽快出台相应的鼓励和促进陆资入台直接投资的法律，还要出台保护陆资入台直接投资的专门法律以及建立保护陆资入台直接投资的海外投资保证制度等相应的法律保护体制。

    笔者认为，为了顺应全球化的发展趋势和满足两岸投资关系发展的内在需求，两岸直接投资的法律制度不应仅仅停留在两岸投资交流逐步正常化的程度，还应该长远谋划，建立持续、稳定、可预期的两岸直接投资法律体制，所以，两岸除了应建立和完善各自相应的政策与法律制度之外，应尊重两岸都是世界贸易组织（WTO）成员的事实，充分利用 WTO 框架下的区域贸易安排机制，建立有特色的两岸双向直接投资法律框架。为此，两岸在坚持"九二共识"和遵守 WTO 原则的前提下，可以参照中国—东盟自由贸易区建立进程中的中国—东盟投资协议达成的基本模式，互惠互利地就两岸直接投资所涉及的投资和投资者的定义、市场准入与非歧视待遇、公正与公平待遇、"保护伞条款"、政治风险保证、禁止履行要求、资金转移、透明度要求、投资者与政府间投资争端解决等方面进行平等协商，并达成相应的协定，为两岸直接投资从初步正常化走向正常化，最终走向自由化，提供持续、稳定、可预期的法律体制，同时也为两岸关系未来长期、稳定的发展以及谋求两岸人民的福祉奠定扎实的法律基础。

参考文献 （以出版时间为序）

一、英文文献

（一）著作和论文

1. Guiguo Wang, *China' Practice in International Investment Law: From Participation to Leadership in the World Economy*, The Yale Journal of International Law, Vol. 34, No. 2, 2009.

2. Ralph Alexander Lorz, *local Remedies Rule in Public International Law and in Investment Protection Law*, in *The International Law Association German Branch Sub - Committee on Investment Law* (ed.), General Public International Law and International Investment law, Dec. 2009.

3. Cai Congyan, *China - US BIT Negotiations and the Future of Investment' Treaty Regime: A Grand Bilateral Bargain with Mulatilateral Implications*, Journal of International Economic Law, Vol. 12, No. 2, 2009.

4. Rudolf Adlung, Martin Molinuevo, *Bilateralism in Services Trade: Is there Fire Behind the (BIT -) Smoke?* WTO Staff Working Paper, ERSD - 2008 - 01.

5. Weiqing Song, *Regionalisation, inter - regional cooperation and global governance*, AEJ (2007) 5.

6. Stephen Woolcock, *Competing Regionalism - Patterns, Economic Impact and Implications for the Multilateral Trading System*, Intereconomics, September/October 2007.

7. Jean Kalicki and Suzana Medeiros, *Fair, Equitable and Ambiguous: What Is Fair and Equitable Treatment in International Investment*

Law? ICSID Review Foreigh Investment Law Journal, Vol. 22, No. 1, 2007.

8. G. Raballand, A. Andrésy, *Why should trade between Central Asia and China continue to expand?* AEJ 5, 2007.

9. Claude Barfield, *US Trade Policy: The Emergence of Regional and Bilateral Alternatives to Multilateralism*, Intereconomics, September/October 2007.

10. Donald MacLaren, *Competing Regionalism: the Asia – Pacific Region*, Intereconomics, September/October 2007.

11. Georg Koopmann, Tripartite Regionalism in Latin America, Intereconomics, September/October 2007.

12. Simon J. Evenett, *EU Commercial Policy in a Multipolar Trading System, International Trade*, Intereconomics, May/June 2007.

13. Miroslaw N. Jovanovic, *The Economics of International Integration*, Edward Elgar Publishing, Inc. 2006.

14. Mina Mashayekhi and Taisuke Ito, *Multilateralism and Regionalism: the New Interface*, United Nations, 2006.

15. Vinod K. Aggarwal and Shujiro Urata (ed.), *Bilateral Trade Agreements in the Asia – Pacific: Origins, evolution, and implications*, Routledge Taylor & Francis Group, 2006.

16. Anil Hira, Jared Ferrie, *Fair Trade: Three Key Challenges for Reaching the Mainstream*, Journal of Business Ethics (2006) 63.

17. Roselyn Y. Hsueh, *Who rules the international economy? Taiwan' daunting attempts at bilateralism*, in Vinod K. Aggarwal and Shujiro Urata (ed.) *Bilateral Trade Agreements in the Asia – Pacific: Origins, evolution, and implications*, Routledge Taylor & Francis Group, 2006.

18. Marion Jansen, *Services Trade Liberalization at the Regional Level: Does Southern and Eastern Africa Stand to Gain From EPA Negotiations?* WTO Staff Working Paper, ERSD – 2006 – 06.

19. Roselyn Y. Hsueh, *Who rules the international economy? Taiwan' daunting attempts at bilateralism*, in Vinod K. Aggarwal and Shujiro Urata (ed.), *Bilateral Trade Agreements in the Asia – Pacific: Origins, evolution, and implications*, Routledge Taylor & Francis Group, 2006.

20. Gilbert Gagnéand Jean – Frédéric Morin, *The Evolving American Policy on Investment Protection: Evidence from Recent FTAs and the 2004 Model BIT*, Journal of International Economic Law, Vol. 9, No. 2, 2006.

21. Martin Roy, Juan Marchetti, Hoe Lim, *Services Liberalization in the New Generation of Preferential Trade Agreements (PTAs): How Much Further than the GATS?* WTO Staff Working Paper, ERSD – 2006 – 07.

22. Denis Medvedev, Beyond Trade: *the Impact of Preferential Trade Agreements on Foreign Direct Investment Inflows*, World Bank Policy Research Working Paper, 2006.

23. Edna Ramírez Robles, *Political& Quasi – Adjudicative Dispute Settlement Models in European Union Free Trade Agreement Is the quasi – adjudicative model a trend or is it just another model?* WTO Staff Working Paper, ERSD – 2006 – 09.

24. Janet Ceglowski, *Does Gravity Matter in a Service Economy?* Review of World Economics 2006.

25. *Experience as a Guide for North – South Integration?* Intereconomics, May/June 2006.

26. Dr. Richard H. Kreindler, *Fair and Equitable Treatment – A Comparative International Law Approach*, Transnational Dispute Management Issue, Vol. 3, June 2006.

27. Sanen Marshall, *A systemic perspective on regional integration after the end of the Cold War*, AEJ 3, 2005.

28. Ramasaranya Chopparapu, *The European Union: A model for*

East Asia? Asia Europe Journal（2005）3.

29. Enrico Spolaore, Romain Wacziarg, *Borders and Growth*, Journal of Economic Growth, 10, 2005.

30. Filip Abraham, Jan Van Hove, *The Rise of China: Prospects of Regional Trade Policy*, Review of World Economics 2005, Vol. 141 (3).

31. Brigid Gavin, *The Euro – Mediterranean Partnership An Experiment in North – South – South Integration*, Intereconomics, November/December 2005.

32. Jo – Ann Crawford and Robert V. Fiorentino, *The Changing Landscape of Regional Trade Agreement*, Geneva, Switzerland, WTO, 2005.

33. ANDREW K. ROSE, *Does the WTO Make Trade More Stable?* Open economies review 16, 2005.

34. Wälde, *The Umbrella Clause in Investment Arbitration – A Comment on Original Intentions and Recent Cases*, The Journal of World Investment and Trade, Vol. 6 No. 2, April 2005.

35. Guiguo Wang, *The Law of The WTO: China and the Future of Free Trade*, Hong kong. Singapore. Malaysia. Sweet & Maxwell Asia, 2005.

36. C. F. Amerasinghe, *Local Remedies in International Law*, Cambridge University Press, 2004.

37. Jung Hur, Donghyun Park, *Welfare Implications of RTAs Within the WTO System in the Presence of FDI*, Open Economies Review 15, 2004.

38. Geoff Moore, *The Fair Trade Movement: Parameters, Issues and Future Research*, Journal of Business Ethics 53, 2004.

39. A. C. Sinclair, *The Origins of the Umbrella Clause in the International Law of Investment Protection*, Arbitration International, Vol. 20, No. 4, 2004.

40. S. Alexandrov, *Breaches of Contract and Breaches of Treaty – The Jurisdiction of Treaty – based Arbitration Tribunals to Decide Breach of Contract Claims in SGS v. Pakistan, and SGS v. Philippines*, The Journal of World Investment and Trade, No. 4, Vol. 5, August 2004.

41. Schreuer, *Travelling the BIT Route: Of Waiting, Umbrella Clauses and Forks in the Road*, The Journal of World Investment & Trade, 5 (2004).

42. Jeffery Atik, *Legitimacy, Transparency and NGO Participation in the NAFTA Chapter 11 Process*, in Todd Weiler (ed), *NAFTA Investment Law and Arbitration: Past Issues, Current Practice, Future Prospects*, Ardsley: Transnational Publishers, 2004.

43. Rubins, *The Arbitral Innovations of Recent US Free Trade Agreements: Two Steps Forward, One Step Back*, 8 International Business Law Journal, 2003.

44. Locknie Hsu, *Dispute Settlement System in Recent Free Trade Agreements of Singapore: ANZSCEP, JSEPA and ESFTA*, 4 (2) The Journal of World Investment, 2003.

45. Dana Krueger, *The Combat Zone: Mondev International, Ltd. V. United States and the Backlash Against NAFTA Chapter 11'*, 21 Boston University International Law Journal 399 (2003).

46. Dick Aykut and Dilip Ratha, *South – South FDI flows: how big are they?* Transnational Corporations, VO. 13, No. 1, April 2003.

47. Mitsuo Matsushita, Thomas J. Schoenbaum and Petros C. Mavroidis, *The World Trade Organization Law, Practice and Policy*, Oxford University Press, 2003.

48. John H. Jackson, William J. Davey, Aan O. Sykes, Jr. (ed.), *Legal Problems of International Economic Relations, Cases, Materials and Text*, Fourth Edition, West Group, 2002.

49. E. C. Nieuwenhuys and M. M. T. A. Brus (ed.), *Multilateral Regulation of Investment*, Kluwer Law International, 2001.

50. John Gilbert and Robert Scollay and Bijit Bora, *Assessing Regional Trading Arrangements in the Asia – Pacific*, Policy Issues in International Trade and Commodities Study Series, No. 15, United Nations, 2001.

51. M. Koulen, *Foreign Investment in the WTO*, in E. C. Nieuwenhuys and M. M. T. A. Brus（ed.）, *Multilateral Regulation of Investment*, Kluwer Law International, 2001.

52. John H. Jackson, *The Jurisprudence of GATT and the WTO—Insights on Treaty Law and Economic Relations*, Cambridge University Press, 2000.

53. Theodore H. Moran, *Foreign Direct Investment and Development*, *Institute for International Economics*, Washington, 1998.

54. Ian Brownlie, *Principles of Public International Law*, 5th（ed.）, Oxford, Clarendon Press, 1998.

55. Paul, E. Comeaux & N. Stephan Kinsella, *Protecting Foreign Investment under International Law*, Oceana Publications Inc. 1997.

56. G. Teubner, *Global Law without a State*, Dartmouth, 1996.

57. I. Shihata, *Applicable Law in International Arbitration: Specific Aspects in Case of the Involvement of State Parties*, in I. F. I. Shihata and J. D. Wolfensohn（ed.）, *The World Bank in a Changing World: Selected Essays and Lectures*, Vol. II, Brill Academic Publishers, Leiden, Netherlands, 1995.

58. A. C. Aman, Jr., *Introduction*, Indian Journal of Global Legal Studies, Vol. 1, No. 1, 1993.

59. M. Shapiro, *The Globalization of Law*, Indian Journal of Global Legal Studies, Vol. 1, No. 1, 1993.

60. A. Mann, *British Treaties for the Promotion and Protection of Investments*, British Yearbook of International Law, 1981.

（二）国际组织出版物

1. UNCTAD, *The Role of International Investment Agreements in At-*

tracting Foreign Direct Investment to Developing Countries, *UNCTAD Series on International Investment Policies for Development*, United Nations, 2009.

2. UNCTAD, *Latest Developments in Investor - State Dispute Settlement*, IIA Monitor, No. 1 (2009), UNCTAD/WEB/DIAE/IA/2009/6/Rev1.

3. UNCTAD, *Recent Developments in International Investment Agreements* (*2008 - June* 2009), United Nations, 2009.

4. OECD, *Beyond the Crisis*: *International Investment for a Stronger*, *Cleaner*, *Fairer Global Economy*, OECD Global Forum on International Investment Ⅷ, Paris, 2009.

5. MIGA, 2009 *World Investment and Political Risk*, 2009.

6. OPIC, *OPIC* 2008 *Annual Report*, 2009.

7. UNCTAD, *Trade and Development Report* (2003 - 2009), United Nations.

8. WTO, *WTO Annual Report* (2003 - 2009), Geneva, WTO.

9. WTO, *World Trade Report* (2003 - 2009), Geneva, WTO.

10. WTO, *Report of the committee on Regional Trade Agreements to the General*.

11. UNCTAD, *South - South Investment Agreement Proliferating*, United Nations, 2008.

12. UNCTAD, *Latest Developments in Investor - State Dispute Settlement*, IIA Monitor, No. 1 (2008), UNCTAD/WEB/ITE/IIA/2008/3.

13. UNCTAD, *International Investment Rule - making*: *Stocking*, *Challenges and the Way Forward*, United Nations, 2008.

14. *Council* (2001 - 2008), WT/REG.

15. OECD, *Interpretation of the Umbrella Clause in Investment Agreements*, in *International Investment Law*: *Understanding Concepts and Tracking Innovations*, 2008.

16. OECD, *International Investment Perspectives* 2007: *Freedom of investment in a changing world*, 2007.

17. UNCTAD, *bilateral investment treaties* 1995 – 2006: *Trends in Investment Rulemaking*, United Nations, 2007.

18. UNCTAD, *Investor - State Dispute Settlement and Impaction on Investment Rulemaking*, United Nations, 2007.

19. WTO, *Trade Policy Review of Chinese Taipei*, *Report by Chinese Taipei*, WT/TPR/G/165, 16 May 2006.

20. WTO, *Trade Policy Review of Chinese Taipei*, *Report by the WTO Secretariat*, WT/TPR/S/165, 16 May 2006.

21. WTO, *Trade Policy Review of Chinese Taipei*, *Minutes of Meeting*, *Revision*, WT/TPR/M/165/Rev. 1, 10 October 2006.

22. UNCTAD, *International Investment Arrangements*: *Trends and Emerging Issues*, United Nations, 2006.

23. OECD, *policy Framework for Investment*, 2006.

24. UNCTAD, *Investment Provisions in Economic Integration Agreements*, United Nations, 2005.

25. UNCTAD, *Investment - State Disputes Arising from Investment Treaties*: *a Review*, United Nations, 2005.

26. UNCTAD, *International Trade Negotiations*, *Regional Integration and South - South Trade*, *Especially in Commodities*, Background Note, United Nations, 2004.

27. UNCTAD, *International Trade Negotiations*, *Regional Integration and South - South Trade*, *Especially in Commodities*, *Background Note*, UNCTAD/DITC/TNCD/MISC/2004/3.

28. UNCTAD, *South - South Trade*, *Especially in Commodities*, *Background Note*, UNCTAD/DITC/TNCD/MISC/2004.

29. UNCTAD, *Dispute Settlement*: *Investor - State*, *UNCTAD Series on Issues in International Investment Agreements*, United Nations, 2003.

30. UNCTAD, *Admission and Establishment*, *UNCTAD Series on*

issues in international investment agreements, United Nations, 2002.

31. UNCTAD, *Transfer of Funds*, *UNCTAD Series on issues in international investment agreements*, United Nations, UNCTAD/ITE/IIT/20, 2000.

32. UNCTAD, *bilateral investment treaties 1959 – 1999*, United Nations, 2000.

33. UNCTAD, *International Investment Agreement*: *Flexibility for Development*, United Nations, 2000.

34. UNCTAD, *Fair and Equitable Treatment*, *UNCTAD Series on Issues in International Investment Agreements*, United Nations, 1999.

35. UNCTAD, *Most – Favoured – Nation Treatment*, *UNCTAD Series on issues in international investment agreements*, UNCTAD/ITE/IIT/10 (Vol. III), United Nations, 1999.

36. UNCTAD, *Bilateral Investment Treaties in the mid – 1990s*, United Nations, 1998.

37. WTO, *Working Party on the Accession of Chinese Taipei*, WT/ACC/TPKM/18.

38. WTO, *Report of the Working Party on the Accession of Chinese Taipei*, *Part II – Schedule of Specific Commitments on Services List of Article II MFN Exemptions*, WT/ACC/TPKM/18/Add. 2.

（三）案例

1. *Azurix v. Argentina*, ICISD Case No. ARB/01/12, Final Award, 14 July 2006. *Siemens A. G. v. Argentine Republic*, ICSID Case No. ARB/02/08, Award, 6 February 2007.

2. *Compañiá de Aguas del Aconquija S. A. and Vivendi Universal v. Argentine Republic*, ICSID Case No. ARB/97/3, Award, 20 August 2007.

3. *LG&E Energy v. Argentine*, ICSID case No. ARB/02/1, Decision on Liability, 3 October 2006.

4. *Methanex v. United States*, UNCITRAL, Final Award, 3 August 2005.

5. *Sempra Energy International v. Republic of Argentina*, ICSID case No. ARB/02/16, Decision on Objections to Jurisdiction, 11 May 2005.

6. *SGS v. Philippines*, ICSID case No. ARB/02/6, Decision on Jurisdiction, 29 January 2004.

7. *Salini v. Jordan*, ICSID Case No. ARB/02/13, Decision on Jurisdiction, 9 November 2004.

8. *Siemens v. Argentina*, ICSID Case No. ARB/02/8, Decision on Jurisdiction, 3 August 2004.

9. *Salini Costruttori S. p. A. and Italstrade S. p. A. v. Jordan*, ICSID Case No. ARB/02/13, Decision on Jurisdiction, 9 November 2004.

10. *Waste Management Inc. v. Mexico*, ICSID Case No. ARB (AF) /00/3, Final Award, 30 April 2004.

11. *GAMI Investments Inc. v. Mexico*, UNCITRAL, Final Award, 15 November 2004.

12. *Loewen Group, Inc. and Raymond Loewen v. United State*, ICSID Case No. ARB (AF) /98/3, Award on the Merits, 26 June 2003.

13. *ADF Group v. United States*, ICSID Case No. ARB (AF) / 00/1, Final Award, 9 January 2003.

14. *SGS v. Pakistan*, ICSID case No. ARB/01/13, Decision on Jurisdiction, 6 August 2003.

15. *Mondev International Inc v. United States*, ICSID Case No. ARB (AF) /99/2, Award, 11 October 2002.

16. *Marvin Roy Feldman v. the United Mexican States*, ICSID Case No. ARB (AF) /99/1, Award on the Merits, 16 December 2002.

17. *Pope & Talbot v. Canada*, UNCITRAL, Award on the Merits, 10 April 2001.

18. *Metalclad v. Mexico*, ICSID Case No. ARB (AF) /97/1, Award, 30 August 2000.

19. *S. D. Myers v. Canada*, UNCITRAL, first Partial Award, 13 November 2000.

20. *Maffezini v. Spain*, ICSID Case No. ARB/97/7, Decision on Jurisdiction, 25 January 2000.

二、中文文献

（一）中国大陆出版著作（含译著、教材等）

1. 陈安主编：《国际经济法学刊》，北京大学出版社 2005—2011 年各期。

2. 梁咏：《中国投资者海外投资法律保障与风险防范》，法律出版社 2010 年版。

3. 余劲松、吴志攀主编：《国际经济法》，北京大学出版社、高等教育出版社 2009 年版。

4. 张万明：《涉台法律问题总论》，法律出版社 2009 年版。

5. 王贵国：《国际投资法》，北京大学出版社 2008 年版。

6. 余劲松：《跨国公司法律问题专论》，法律出版社 2008 年版。

7. 周鲠生：《国际法》（上、下册），武汉大学出版社 2007 年版。

8. 曾令良：《欧洲联盟法总论——以〈欧洲宪法条约〉为新视角》，武汉大学出版社 2007 年版。

9. 杨泽伟：《国际法析论》，中国人民大学出版社 2007 年版。

10. 单文华：《欧盟对华投资的法律框架：解构与建构》，蔡从燕译，北京大学出版社 2007 年版。

11. 陈安主编：《国际经济法学专论》，高等教育出版社 2007 年版。

12. 游劝荣主编：《区域经济一体化与权益保障研究》，人民法院出版社 2007 年版。

13. ［英］伊恩·H. 布朗利：《国际公法原理》，曾令良、余敏友等译，法律出版 2007 年版。

14. 曾华群：《国际经济法导论》，法律出版社 2007 年版

15. 余劲松主编：《国际投资法》，法律出版社 2007 年版。

16. 贾文华：《法国与英国欧洲一体化政策比较研究——欧洲一体化成因与动力的历史考察（1944—1973）》，中国政法大学出版社 2006 年版。

17. 王贵国主编：《两岸四地经贸安排研究》，北京大学出版社 2006 年版。

18. ［美］路易斯·亨金：《国际法：政治与价值》，张乃根等译，中国政法大学出版社 2005 年版。

19. 张海冰：《欧洲一体化制度研究》，上海社会科学院出版社 2005 年版。

20. 曾令良主编：《21 世纪初的国际法与中国》，武汉大学出版社 2005 年版。

21. 阎学通、漆海霞编：《国际形势与台湾问题预测》，北京大学出版社 2005 年版。

22. 曾令良、余敏友主编：《全球化时代的国际法——基础、结构与挑战》，武汉大学出版社 2005 年版。

23. 陈安主编：《国际经济法概论》，北京大学出版社 2005 年版。

24. 陈安：《国际经济法学刍言》（上、下卷），北京大学出版社 2005 年版。

25. 王贵国主编：《区域安排法律问题研究》，北京大学出版社 2004 年版。

26. 李浩培：《条约法概论》，法律出版社 2003 年版。

27. 王贵国：《世界贸易组织法》，法律出版社 2003 年版。

28. 邓正来编：《王铁崖文选》，中国政法大学出版社 2003 年版。

29. 汪慕恒、周明伟：《东盟国家外资投资发展趋势与外资投资政策演变》，厦门大学出版社 2002 年版。

30. 刘笋：《国际投资保护中的国际法制——若干重要法律问

题研究》，法律出版社 2002 年版。

31. 余劲松主编：《国际经济交往法律问题研究》，人民法院出版社 2002 年版。

32. 邵沙平、余敏友主编：《国际法问题专论》，武汉大学出版社 2002 年版。

33. 对外贸易经济合作部世界贸易组织司译：《中国加入世界贸易组织法律文件》（中英文对照），法律出版社 2002 年版。

34. 余先予主编：《台湾民商法与冲突法》，东南大学出版社 2001 年版。

35. ［美］约翰·H. 杰克逊：《世界贸易体制——国际经济关系的法律与政策》，张乃根译，复旦大学出版社 2001 年版。

36. 杨泽伟：《宏观国际法史》，武汉大学出版社 2001 年版。

37. 滕家国：《外商对华直接投资研究》，武汉大学出版社 2001 年版。

38. 陈安主编：《国际投资争端仲裁——"解决投资争端国际中心"机制研究》，复旦大学出版社 2001 年版。

39. 赵维田：《世贸组织（WTO）的法律制度》，吉林人民出版社 2000 年版。

40. 李浩培：《李浩培文选》，法律出版社 2000 年版

41. 刘笋：《WTO 法律规则体系对国际投资法的影响》，中国法制出版社 2000 年版。

42. 对外贸易经济合作部世界贸易组织司译：《世界贸易组织乌拉圭回合多边贸易谈判结果法律文件》（中英文对照），法律出版社 2000 年版。

43. ［英］伯纳德·霍克曼、迈克尔·考斯泰基：《世界贸易体制的政治经济学——从关贸总协定到世界贸易组织》，刘平、洪晓东、许明德等译，法律出版社 1999 年版。

44. 沈娟：《中国区际冲突法研究》，中国政法大学出版社 1999 年版。

45. 曾华群主编：《国际投资法学》，北京大学出版社 1999

年版。

46. ［英］詹宁斯、瓦茨修订：《奥本海国际法》（第一卷第二分册），王铁崖等译，中国大百科全书出版社 1998 年版。

47. 王铁崖：《国际法引论》，北京大学出版社 1998 年版

48. 万鄂湘、石磊等：《国际条约法》，武汉大学出版社 1998 年版。

49. 杨泽伟：《新国际经济秩序研究——政治与法律分析》，武汉大学出版社 1998 年版。

50. 中华人民共和国对外贸易经济合作部编：《国际投资条约汇编》，警官教育出版社 1998 年版。

51. 薛荣久：《世界贸易组织与中国大经贸发展》，对外经济贸易大学出版社 1997 年版。

52. 曾令良：《世界贸易组织法》，武汉大学出版社 1996 年版。

53. 陈安主编：《MIGA 与中国——多边投资担保机构述评》，福建人民出版社 1995 年版。

54. 王铁崖主编：《国际法》，法律出版社 1995 年版。

55. ［英］詹宁斯、瓦茨修订：《奥本海国际法》（第一卷第一分册），王铁崖等译，中国大百科全书出版社 1995 年版。

56. 李双元主编：《市场经济与当代国际私法趋同化问题研究》，武汉大学出版社 1994 年版。

57. 姚梅镇：《比较外资法》，武汉大学出版社 1993 年版。

58. 刘进庆：《战后台湾经济分析》，厦门大学出版社 1990 年版。

59. 姚梅镇：《国际投资法》，武汉大学出版社 1989 年（修订版）。

（二）中国大陆出版论文类

1. 余劲松：《两岸投资争端解决机制与合作》，第七届两岸经贸文化论坛论文 2011 年 5 月。

2. 李念祖：《海峡两岸投资纷争解决机制与相互合作》，第七届两岸经贸文化论坛论文，2011 年 5 月。

3. 曾华群：《ECFA："两岸特色"的区域贸易协定实践》，载《厦门大学学报》（哲学社会科学版）2011 年第 4 期。

4. 王俊峰：《ECFA 与两岸关系和平发展》，载《台湾研究集刊》2011 年第 2 期。

5. 彭莉：《论 ECFA 框架下两岸经贸争端解决机制的建构》，载《台湾研究集刊》2010 年第 6 期

6. 蔡宏明（台湾）：《两岸 ECFA 涉及的复杂问题与挑战》，载《理论参考》2010 年第 4 期。

7. 曾令良：《WTO 框架下两岸经济合作框架协定的法律定位》，载《时代法学》2009 年第 6 期。

8. 罗智波：《中国利用外资的形式与对策》，载《社会科学研究》2009 年第 5 期。

9. 蔡恩泽：《外资难舍长三角》，载《中国外资》2009 年第 3 期。

10. 车丕照：《从国际法角度看我国物权法草案中的征收补偿标准》，载《时代法学》2009 年第 1 期。

11. 李贵英：《国际投资条约之伞状条款研究：对两岸未来处理投资争议之启示》，载《时代法学》2009 年第 6 期。

12. 季烨：《中国双边投资条约政策与定位的实证分析》，载《国际经济法学刊》第 16 卷第 3 期（2009 年）。

13. 聂平香：《台商投资内地新形势及对策》，载《国际经济合作》2009 年第 9 期。

14. 郑晓东：《台商大陆投资现状与趋势》，载《发展研究》2009 年第 8 期。

15. 王治：《台商大陆投资发展成因研究》，载《现代管理科学》2009 年第 5 期。

16. 莫世健：《台商隐名投资产生的法律问题思考》，载《时代法学》2009 年第 6 期。

17. 徐崇利：《"保护伞条款"的适用范围之争与我国的对策》，载《华东政法大学学报》2008 年第 4 期。

18. 王贵国：《经济全球化与全球法治化》，载《中国法学》2008 年第 1 期。

19. 刘震涛：《对两岸双向投资权益保障问题的探讨》，第四届两岸经贸文化论坛（上海）2008 年。

20. 李非、汤韵：《海峡两岸双向投资的方式和领域》，第四届两岸经贸文化论坛（上海）2008 年。

21. 单文华：《从"南北矛盾"到"公私冲突"：卡尔沃主义的复苏与国际投资法的新视野》，载《西安交通大学学报》（社会科学版）第 28 卷第 4 期（2008 年 7 月）。

22. 吴智：《从 WTO 法角度审视台湾限制大陆直接投资的非法性与不当性》，载《国际经济法学刊》第 15 卷第 1 期（2008 年）。

23. 姚思远：《ACFTA 冲击下的两岸经贸关系》，载游劝荣主编：《区域经济一体化与权益保障研究》，人民法院出版社 2007 年版。

24. 曾令良：《两岸贸易便利与自由化的法律形式》，载王贵国主编：《两岸四地经贸安排研究》，北京大学出版社 2006 年版。

25. 俞荣根：《文化力：两岸自由贸易区的深层基础》，载王贵国主编：《两岸四地经贸安排研究》，北京大学出版社 2006 年版。

26. 黄建忠：《"两岸共同市场"的特殊构架与机制设计》，载《国际贸易问题》2006 年第 1 期。

27. 刘京莲：《阿根廷经济危机后的"国际投资法律危机"研究——兼及对中国的借鉴意义》，载《太平洋学报》2006 年第 6 期。

28. 陈安：《南南联合自强五十年的国际经济立法反思——从万隆、多哈、坎昆到香港》，载《中国法学》2006 年第 2 期。

29. 彭莉：《陈水扁执政后台湾当局对两岸经贸立法的调整》，载《世界经济与政治论坛》2005 年第 2 期。

30. 曾华群：《CEPA：两岸四地经合模式之展望》，载王贵国主编：《区域安排法律问题研究》，北京大学出版社 2004 年版。

31. 余劲松：《区域性安排中的投资自由化问题研究》，载王贵国主编：《区域安排法律问题研究》，北京大学出版社 2004 年版。

32. 余敏友：《中国和平崛起与全球治理》，载《法学家》2004 年第 6 期。

33. 邓利娟：《大陆成为台湾经济发展的重要动力》，载《两岸关系》2004 年第 2 期。

34. 彭莉：《台湾侨外投资条例探析——兼评台湾的陆资对台投资政策法规》，载《台湾研究集刊》2003 年第 4 期。

35. 叶兴平：《外国直接投资最新趋势与变迁中的国际投资规则——宏观考察》，载《法学评论》2002 年第 4 期。

36. 徐崇利：《经济一体化与当代国际经济法的发展》，载《法律科学》2002 年第 5 期。

37. 陈安：《中国"入世"后海峡两岸经贸问题"政治化"之防治》，载《国际经济法论丛》第六卷（2002 年）。

38. 车丕照：《法律全球化——是现实？还是幻想？》，载《国际经济法论丛》第 4 卷（2001 年）。

39. 王贵国：《经济全球化与中国法制兴革的取向》，载《国际经济法论丛》第 3 卷（2000 年）。

40. 王贵国：《理一分殊——刍论国际经济法》，载《比较法研究》1999 年第 13 卷第 3—4 期。

41. 李悦：《台湾引进侨外直接投资法律体系的特点》，载《世界经济研究》1987 年第 6 期。

42. 张子凤：《浅析台湾侨外资政策》，载《国际贸易》1987 年第 12 期。

（三）台湾地区出版的著作、论文等文献

1. 李允杰、王铃慧：《两岸投资保障协议之研究》，海峡学术出版社 2010 年版。

2. 吴荣义主编：《解构 ECFA：台湾的命运与机会》，新台湾"国策"智库 2010 年版。

3. 罗致政：《ECFA 大冲击：台湾的危机与挑战》，新台湾"国策"智库 2010 年版。

4. 许忠信：《ECFA 东西向贸易对台湾之冲击》，新学林出版有限公司 2010 年版。

5. 陈添枝主编：《不能没有 ECFA：东亚区域经济整合对台湾的挑战》，远景基金会 2010 年版。

6. 李允杰：《透视两岸·财经》，海峡学术出版社 2009 年版。

7. 李贵英：《世界贸易组织与欧洲联盟》，元照出版公司 2008 年版。

8. 钟启宾：《搞懂规则，赚遍大陆——WTO 下的两岸经贸》，秀威资讯科技股份有限公司 2007 年版。

9. 林彩瑜：《WTO 贸易救济与争端解决之法律问题》，元照出版公司 2006 年版。

10. 刘铁铮、陈荣传：《国际私法论》，三民书局 2006 年版（修订版）。

11. 丘宏达：《现代国际法》，三民书局 2006 年版（修订二版）。

12. 陈丽娟：《国际贸易法精义》，新学林出版有限公司 2006 年版。

13. 萧万长：《一加一大于二——迈向两岸共同市场之路》，天下文化出版社 2005 年版。

14. 黄立、李贵英、林彩瑜：《WTO：国际贸易法论》，元照出版公司 2005 年版（第三版）。

15. 郑玉波：《法学绪论》，元照出版公司 2005 年版。

16. 罗昌发：《国际贸易法》，元照出版公司 2004 年版。

17. 李贵英：《国际投资法专论——国际投资争端之解决》，元照出版公司 2004 年版。

18. 杨光华主编：《WTO 新议题与新挑战》，元照出版公司 2003 年版。

19. 丘宏达教授六秩晋五华诞祝寿论文集编辑委员会：《国际法论集——丘宏达教授六秩晋五华诞祝寿论文集》，三民书局 2001 年版。

20. 李英明：《以 ECFA 与九二共识催生投保协议》，国民党智库——财团法人"国家"政策研究基金会出版物（电子版）：内政（评）100－148 号，2011 年 9 月 30 日。

21. 台湾"经济部"：《两岸经济协议之内涵及可能影响》，载《两岸经贸》（海基会出版品）2010 年 3 月号。

22. 江丙坤（海基会董事长）：《两岸经济协议之目的与内涵》，载《两岸经贸》（海基会出版品）2010 年 4 月号。

23. 蔡宏明：《两岸投资协议促进双向投资》，载《中国评论月刊》2010 年 12 月号。

24. 姜志俊：《两岸投资保障协议架构趋向初探》，载《两岸经贸》（海基会出版品）2010 年 10 月号。

25. 李允杰：《两岸签署投资保障协议可行策略分析》，载《两岸经贸》（海基会出版品）2010 年 10 月号。

26. 海基会：《探讨大陆台商投保法实施细则修法内容座谈会纪实》（2009 年 8 月 13 日），载《两岸经贸》（海基会出版品）2009 年 9 月号。

27. 林震岩：《〈台湾同胞投资保护法实施细则〉修订之研议》，载海基会：《两岸经贸》（海基会出版品）2009 年 12 月号。

28. 魏艾：《经济全球化下两岸经贸关系的战略选择》，载《海峡评论》第 217 期（2009/01/01）。

29. 林祖嘉：《两岸签署 ECFA 范围要大时程要快》，国民党智库——财团法人"国家"政策研究基金会出版物（电子版）："国政分析"，科经（析）098－040 号，2009 年 8 月 24 日。

30. 陈华升：《对两岸签订 ECFA 相关政治问题之评析》，国民党智库——财团法人"国家"政策研究基金会出版物（电子版）："国政"评论，内政（评）098－13 号，2009 年 8 月 3 日。

31. 庄奕琦：《以 ECFA 做为台湾全方位对外双边协议名称》，国民党智库——财团法人"国家"政策研究基金会出版物（电子版）："国政"评论，科经（评）098－097 号，2009 年 9 月 18 日。

32. 林建甫：《ECFA 的真正效益与落实》，载《经济日报》

2009 年 7 月 30 日 A4 版（电子版）。

33. 谭瑾瑜：《陆资来台效益评估》，载《交流》（海基会出版品）第 106 期（2009 年 8 月号）。

34. 李允杰：《两岸新形势下签署双向投资保障协议之分析》，载《展望与探索》第 7 卷第 2 期（2009 年 2 月）。

35. 林则宏：《大陆〈台商投资保护法〉拟修法，有助保障台商投资权益》，载《交流》（海基会出版品）第 108 期（2009 年 12 月号）。

36. 谢英士：《两岸协议的法律定位——一个文本之粗略观察》，载《台湾国际法季刊》第 5 卷第 4 期（2008 年 12 月）。

37. 林祖嘉：《从美韩自由贸易协议看台湾经济困境》，国民党智库——财团法人"国家"政策研究基金会出版物："国政分析"，科经（析）096 - 012 号，2007 年 3 月 3 日。

38. 唐慧琳：《台湾经济消失的七年：薪资恶化，所得不增，分配恶化》，国民党智库——财团法人"国家"政策研究基金会出版物（电子版）：科经（研）096 - 004，号 2007 年 4 月 30 日。

39. 陈彦佑：《中国双边投资保障协定与台商投资保护法令之比较研究》，"国立"中正大学法律学研究所硕士论文（2006）。

40. 林祖嘉：《两岸投资环境消长、外资用脚投票》，国民党智库——财团法人"国家"政策研究基金会出版物（电子版）：科经（析）095 - 026 号，2006 年 11 月 22 日。

41. 谭瑾瑜：《东亚区域整合新趋势及"我国"处境》，国民党智库——财团法人"国家"政策研究基金会出版物（电子版）：科经（研）094 - 015 号，2005 年 6 月 30 日。

42. 邓哲伟：《外资没信心，本土企业也出走》，国民党智库——财团法人"国家"政策研究基金会出版物（电子版）：财金（评）094 - 024 号，2005 年 1 月 28 日。

43. 许振明：《台湾的两岸经贸政策及两岸经济之合作分析》，载《"国家政策"论坛》（季刊）春季号 2004 年 1 月。

44. 林祖嘉：《WTO 与 CEPA 对台湾金融业海外与大陆投资影

响分析》，载《"国家政策"论坛》（季刊）春季号 2004 年 1 月。

45. 李纪珠：《主控权渐失的两岸经贸政策》，国民党智库——财团法人"国家"政策研究基金会出版物（电子版）：财金（评）093 - 084 号，2004 年 6 月 23 日。

46. 易建明：《论大陆对台商直接投资之征收等法律问题》，载杨光华主编：《WTO 新议题与新挑战》，元照出版公司 2003 年版。

47. 王泰铨、杨士慧：《加入 WTO 对两岸投资规范之影响》，载《律师杂志》第 269 期（2002 年 2 月号）。

48. 李梦舟：《陆资入台促进两岸经贸双向交流交往》，资料来源：法律图书馆论文资料库网站。

49. 台湾工业总会：《陆资来台投资趋势研析》，工业总会服务网。

三、其他文献

（一）有关报告、统计资料等

1. 胡锦涛：《携手推动两岸关系和平发展，同心实现中华民族伟大复兴——在纪念〈告台湾同胞书〉发表 30 周年座谈会上的讲话》（2008 年 12 月 31 日）。

2. 商务部、国家统计局等：《2010 年中国对外直接投资统计公报》。

3. 台湾"经济部"：《核准华侨及外国人投资统计总表》。

4. 台湾"经济部"：《台湾"经济部"近三年执政绩效》。

5. 台湾"大陆事务委员会"：《开放陆资来台从事事业投资政策说明》。

（二）相关网站：

1. UNCTAD 网站：http：//www. unctad. org

2. WTO 网站：http：//www. wto. org

3. MIGA 网站：http：//www. miga. org

4. OECD 网站：http：//www. oecd. org

5. ICSID 网站：http：//icsid. worldbank. org

6. 中国商务部网站：http：//www. mofcom. gov. cn

7. 台湾法规数据库网站：http：//law. moj. gov. tw

8. 台湾"经济部"网站：http：//www. moea. gov. tw

9. 海基会网站：http：//www. sef. org. tw

10. 台湾经贸网：http：//www. taiwantrade. com. tw

11. "国家" 政 策 研 究 基 金 会 全 球 资 讯 网 （台 湾）：http：//www. npf. org. tw

12. 海基会两岸经贸网：http：//www. seftb. org

后　记

　　现在呈现在读者面前的是本人对博士论文《全球化背景下两岸直接投资法律制度研究》修订后的总结。2006 年，承蒙恩师曾令良教授不嫌学生资质愚钝，使我有机会投身于先生麾下学习。曾记得在就读博士第一学期开学不久，先生即结合本专业的特点和要求面授博士培养的目标、要求，并以先生自身的经验和感受点拨学生，过后先生又对学生提交的论文从论文标题、摘要、关键词到内容等方面进行系统的指导，这一切至今都历历在目。特别是先生在为人和为学方面的示范作用更是让学生感佩至深。虽恐学生一辈子之竭力也无法望其项背，但从先生身上所学到、看到、感悟到的东西对我今后的为人与治学旅程都将产生重要的影响，学生深感荣幸能有机会授业于恩师门下。在本书即将付梓之际，恩师又欣然作序，令本书增添诸多亮色。为此首先感谢恩师曾令良教授，没有先生的精心指导，自然无法达成本博士论文现有的初步成果，尽管研究中的一切错误或纰漏应由学生全权负责。

　　感谢香港城市大学法律学院院长、湖南师范大学特聘教授王贵国先生对本人多年来的指导和对本文写作所提供的大力支持。作为王贵国先生任湖南省"芙蓉学者"特聘教授的科研秘书，本人由此非常荣幸地获得接受王先生亲自指导的机缘，并有机会参加由王先生在香港和内地先后筹备和举办的"WTO 与大中华经济圈法律研讨会"、"两岸四地区域安排法律问题研讨会"、"两岸投资法律问题研讨会"等系列国际学术会议，让我能够近距离地向学界精英和前辈们学习和讨教；为了帮助本人完成博士论文，王先生还不遗余力地支持本人赴香港城市大学进行短期的访问和查阅资料，这些对于本文的顺利完成都是非常重要的因素。

全球化背景下两岸直接投资法律制度研究

感谢中国人民大学法学院邵沙平教授、浙江工商大学"西湖学者"古祖雪特聘教授和武汉大学国际法研究所余敏友教授、杨泽伟教授、黄德明教授、黄志雄教授、石磊副教授、冯洁涵副教授对本文中的不足之处提出的重要建议。

在就读博士之前和攻读博士期间，湖南师范大学法学院的许多领导和老师给予了非常多的关注、支持和帮助。德高望重的李双元教授不但领我进入国际法领域的学习，而且在指导本人完成硕士论文之后，一直鼓励、支持我更上一个台阶。法学院的前任院长蒋新苗教授、李先波教授和现任院长肖北庚教授、副院长李爱年教授，无论对于本人的工作还是求学之路一直给予师长般的关心和支持，这些都将让我永远铭记在心。

文章的写作也得到了台湾东吴大学法律学院国际法学专家李贵英教授和台湾海洋大学周怡博士的大力支持和帮助，借此表示由衷的谢意！

还有其他一些老师、同事和朋友所提供的支持和帮助，虽然在此无法一一列举，但是对于自己成长路上所感受到的这些关爱，唯有加倍努力以求回报。

当然，本人这么多年的求学之路上，必须要感谢家人的"后方"鼎力支持，乃至这种"后方"的支持是自己不断努力的最大动力。如母亲大人虽然没有进过一天学堂，对于我的博士求学之路也不能说完全理解，但无法割舍的是她对已近不惑之年却仍在读书的儿子默默地牵挂与关心；岳母大人十多年来一直帮助照顾小孩和家庭付出甚多，且毫无怨言，这些都是值得我感恩至极的大爱。爱人瞿海燕女士一直以来不仅承担了家庭琐事的重担，对于我的学业和工作的支持与鼓励更是无法用言语表达，以致在她无私的关爱之下，我都觉得自己这支"潜力股"的"潜伏"期太久而常生愧疚。由于自己的学业，也减少了太多的时间来陪伴儿女一凡和非凡，庆幸在爱人的全心培养和正确教育之下，这两个小家伙不但健康成长，而且姐弟俩对我的体贴和带给我的欢乐并没有因为我的无暇照顾而有所递减。时常想，自己一路走来，有那么多的师长、同事、朋友的关心、支持和帮助，有这么好的家人的关爱、理解和陪伴，真乃"夫复何求"！

　　关于博士论文本身，需要说的是，尽管自己对两岸直接投资法律制度的关注已经六年有余，为此也想尽可能全面、系统地收集相关资料，也曾抓住机会赴台湾进行短期的感悟，但是在本文写作过程中，时常感到"书到用时方恨少"的困惑。尽管时时告诫自己需要加倍用功以期达到应有的要求，甚至也曾奢望能为未来两岸直接投资持续、稳定地发展添上学人的"一砖"或"一瓦"，但是对于现在所提交的这份"作业单"，总是感觉达成的效果与自己原来预期的目标还有一定的距离，只叹自己"功力"不够，尚需时日"修炼"，唯愿今后继续努力为之、奋斗之。

　　本书的出版，得到了湖南省重点学科资助和教育部人文规划课题《两岸投资关系法律问题研究》的支持，也得到了中国检察出版社及许睿编辑的大力支持，借此一并表示感谢！

吴　智

二〇一一年十二月

于麓山脚下

图书在版编目（CIP）数据

全球化背景下两岸直接投资法律制度研究/吴智著. —北京：
中国检察出版社，2012.9
ISBN 978 - 7 - 5102 - 0724 - 2

Ⅰ.①全…　Ⅱ.①吴…　Ⅲ.①海峡两岸 - 直接投资 - 法律 -
研究　Ⅳ.①D922.294.4

中国版本图书馆 CIP 数据核字（2012）第 201290 号

全球化背景下两岸直接投资法律制度研究

吴　智　著

出版发行：	中国检察出版社
社　　址：	北京市石景山区鲁谷东街 5 号（100040）
网　　址：	中国检察出版社（www.zgjccbs.com）
电　　话：	（010）68658769（编辑）　68650015（发行）　68636518（门市）
经　　销：	新华书店
印　　刷：	三河市西华印务有限公司
开　　本：	A5
印　　张：	10.25 印张
字　　数：	284 千字
版　　次：	2012 年 9 月第一版　2012 年 9 月第一次印刷
书　　号：	ISBN 978 - 7 - 5102 - 0724 - 2
定　　价：	28.00 元